新时代高等教育"互联网+"创新型教材

# 基础会计

## Basic Accounting

主　编　饶水林　刘　靖　孙雪梅
副主编　王淑秀　袁美华　何　玲

中国经济出版社
CHINA ECONOMIC PUBLISHING HOUSE

图书在版编目（CIP）数据

基础会计 / 饶水林，刘靖，孙雪梅主编 . -- 北京：中国经济出版社，2022.3 （2025.2重印）
中经金课会计专业精品课程
ISBN 978-7-5136-6819-4

Ⅰ．①基… Ⅱ．①饶… ②刘… ③孙… Ⅲ．①会计学－高等学校－教材 Ⅳ．①F230

中国版本图书馆CIP数据核字（2022）第025950号

选题策划　雷　生
责任编辑　彭　欣
责任印制　李　伟
封面设计　高鹏博

出版发行　中国经济出版社
印　刷　者　宝蕾元仁浩（天津）印刷有限公司
经　销　者　各地新华书店
开　　　本　889mm×1194mm　1/16
印　　　张　13
字　　　数　375千字
版　　　次　2022年3月第1版
印　　　次　2025年2月第7次
定　　　价　59.00元

广告经营许可证　京西工商广字第8179号

**中国经济出版社**　网址 www.economyph.com　**社址** 北京市东城区安定门外大街58号　**邮编** 100011
本版图书如存在印装质量问题，请与本社销售中心联系调换（联系电话：010-57512564）

**版权所有　盗版必究**（举报电话：010-57512600）
国家版权局反盗版举报中心（举报电话：12390）　　服务热线：010-57512564

# EDITORIAL BOARD 编委会

**主　任**　唐大鹏（东北财经大学教授）
**成　员**　蔡启茂　　高　源　　何　玲
　　　　　　李宝锋　　刘　靖　　刘　榕
　　　　　　刘雪峰　　卢有秀　　穆　婵
　　　　　　饶水林　　单　蕊　　时长洪
　　　　　　孙雪梅　　王彩峰　　王立新
　　　　　　王淑秀　　王英兰　　徐德安
　　　　　　杨净雯　　杨　珊　　杨银开
　　　　　　尹常君　　殷俊杰　　永　恒
　　　　　　袁美华　　袁　敏　　张慧娟
　　　　　　张　穆　　张晓毅　　赵　月

（以姓名拼音排序）

# PREFACE 前言

"基础会计"既是会计专业的基础课程,也是普及性课程,还是管理类非会计专业、财务管理专业的核心课程。根据初学者的认知规律,编者对本书的结构和内容进行了精心的组织与安排,做到基本理论深入浅出,基本方法讲解清晰明了,达到易学易教的目的,让学生掌握基本理论、基本方法和基本技能,从而为其后续会计课程的学习打下坚实基础。

为了便于学生学习,本书由具有丰富教学经验、长期工作在教学一线的教师精心编写,适合应用型会计专业、财务管理专业学生的学习。本书具有以下特点。

### 1. 前沿性

编者注意把握国内外会计理论发展的最新动态,结合我国财务会计法规和会计准则的修订,来构建本书的架构,力图实现教学内容的更新。

### 2. 易懂性

本书力求克服专业教材僵硬枯燥的传统形式,在编写上简洁化、步骤化、案例化,以达到直观、清晰的认知效果,加强学员的理解和操作能力,本书内容新颖,实用性强,接近实际,更适应学生的学习和实际操作应用能力培养的需要。

### 3. 系统性

编者继承了基础会计教材的编写理念,结合多年基础会计课程教学和会计学教材编写的实践探索,在教学内容安排上,对章节顺序和结构进行了调整,使体系合理、内容完整,更符合教学规律,并与后续课程紧密衔接。

本书可作为高等院校财会、税务、审计及经济管理等相关专业学生的专业基础课教材,也可供想掌握会计基础知识的社会各界人士自学使用。

在编写过程中,本书参考了许多财务会计类专著、教材,以及网上相关资料,在此一并向作者表示感谢。

由于编者水平有限,书中难免存在疏漏和不足。我们期待使用本教材的各位专家及广大读者不吝指正,以便我们进一步修订和完善。

编 者

2022 年 3 月

# CONTENTS 目录

前言 ……………………………………… V

## 项目 1 总论 …………………………………… 1
任务 1.1　会计概述 ……………………… 2
任务 1.2　会计基本假设和会计基础 …… 6
任务 1.3　会计信息质量要求 …………… 8
任务 1.4　会计的方法 …………………… 10
项目小结 …………………………………… 11
思考与练习 ………………………………… 11

## 项目 2 会计要素与会计账户 ……………… 14
任务 2.1　会计要素 ……………………… 15
任务 2.2　会计要素之间的关系 ………… 21
任务 2.3　会计科目 ……………………… 22
任务 2.4　会计账户 ……………………… 25
项目小结 …………………………………… 26
思考与练习 ………………………………… 26

## 项目 3 复式记账法原理 …………………… 29
任务 3.1　借贷记账法 …………………… 30
任务 3.2　账户的对应关系和会计分录 … 32
任务 3.3　总分类账户与明细分类账户的平行登记 … 34
项目小结 …………………………………… 37
思考与练习 ………………………………… 37

## 项目 4 复式记账法应用 …………………… 40
任务 4.1　企业的主要经济业务 ………… 41
任务 4.2　资金筹集业务的核算 ………… 43
任务 4.3　固定资产业务的核算 ………… 51
任务 4.4　采购业务的核算 ……………… 55
任务 4.5　生产业务的核算 ……………… 66
任务 4.6　销售业务的核算 ……………… 73
任务 4.7　期间费用业务的核算 ………… 80
任务 4.8　利润及利润分配业务的核算 … 82
项目小结 …………………………………… 88
思考与练习 ………………………………… 89

## 项目 5 会计凭证 ……………… 92

任务 5.1 会计凭证的概述 …………… 93
任务 5.2 原始凭证 …………………… 94
任务 5.3 记账凭证 …………………… 102
任务 5.4 会计凭证的传递和保管 …… 109
项目小结 …………………………… 111
思考与练习 ………………………… 111

## 项目 6 会计账簿 ……………… 114

任务 6.1 会计账簿的意义和种类 …… 115
任务 6.2 会计账簿的设置 …………… 118
任务 6.3 记账规则 …………………… 123
任务 6.4 错账的查找与更正 ………… 128
任务 6.5 对账与结账 ………………… 133
任务 6.6 会计账簿的管理 …………… 137
项目小结 …………………………… 140
思考与练习 ………………………… 140

## 项目 7 财产清查 ……………… 143

任务 7.1 财产清查概述 ……………… 144
任务 7.2 财产清查的种类和方法 …… 145
任务 7.3 财产清查结果的处理 ……… 154
项目小结 …………………………… 158
思考与练习 ………………………… 158

## 项目 8 会计报表 ……………… 161

任务 8.1 会计报表概述 ……………… 162
任务 8.2 编制会计报表前的账项调整
　　　　 任务 ………………………… 164
任务 8.3 资产负债表 ………………… 167
任务 8.4 利润表 ……………………… 176
任务 8.5 现金流量表 ………………… 180
任务 8.6 所有者权益变动表 ………… 184
项目小结 …………………………… 186
思考与练习 ………………………… 186

## 项目 9 会计核算程序 ………… 189

任务 9.1 会计核算程序的意义和
　　　　 种类 ………………………… 190
任务 9.2 记账凭证会计核算程序 …… 191
任务 9.3 科目汇总表会计核算程序 … 192
任务 9.4 汇总记账凭证会计核算
　　　　 程序 ………………………… 194
项目小结 …………………………… 197
思考与练习 ………………………… 197

## 参考文献 ……………………… 200

# 项目 1　总论

### 知识目标

◎ 了解会计的含义；
◎ 知晓会计核算的对象；
◎ 掌握会计的基本假设和会计基础；
◎ 掌握会计信息质量要求。

### 技能目标

◎ 掌握会计的方法。

### 案例导入

2021年8月9日，某市审计局财务审计组对市属水泥厂进行年度财务检查，在查阅记账凭证时发现该厂一张记账凭证上的会计分录为：借记燃料及动力66 400元，贷记应收账款66 400元。但是，经检查发现调入的烟煤没有原始发票，也没有入库单，只是在记账凭证下面附了一张由该厂开具给A公司的收款收据；经查，A公司既不耗用也不经营烟煤。通过调查了解，原来该厂以购烟煤为名，行以车抵债之实。进一步追问，得知A公司以一台吉普车抵还了欠该厂的货款，由于厂长叮嘱会计不要将其计入固定资产，于是会计就将其做烟煤处理了。审计组就此责令市属水泥厂调整会计账务，并给予了经济处罚。

**案例思考**

该水泥厂的会计处理违背了什么原则？

### 本章导语

会计是以货币为主要计量单位，核算和监督企业、政府和非营利组织等单位经济活动的一种经济管理工作。本项目是学习后面会计知识的基础环节，更是会计入门的关键。

# 任务1.1 会计概述

## 1.1.1 会计的概念

**1. 会计的基本概念**

会计是以货币为主要计量单位,以提高经济效益为主要目标,以凭证为依据,采用一系列专门的方法和程序,对一定主体的经济活动进行全面、连续、系统、综合的核算和监督,并向有关方面提供会计信息的一种经济管理活动。

**2. 会计的产生和发展**

会计的产生和发展经历了古代会计、近代会计和现代会计三个阶段。

(1) 古代会计阶段(旧石器时代中晚期至封建社会末期)。旧石器时代——复式簿记的产生。主要是奴隶、封建社会对实物的记录(山洞绘图、结绳记事等)。

(2) 近代会计阶段(1494年至20世纪40年代末期)。企业的产生、蒸汽机的发明、产品成本的计算、泰罗的科学管理理念。15世纪末期,意大利数学家卢卡·巴其阿勒有关复式记账论著《算术、几何、比及比例概要》的问世,标志着近代会计的开端。明末清初时期,我国山西帮商人傅山在"四柱清册"记账方法的基础上,设计出一种适合民间商业的会计核算方法——"龙门账",将全部账目划分为"进、缴、存、该"四大类。"进"指全部收入;"缴"指全部支出;"存"指资产并包括债权;"该"指负债并包括业主投资。它们之间的数量关系是:进-缴=存-该。"龙门账"的诞生标志着我国复式记账法的开始。

(3) 现代会计阶段(20世纪30年代至今)。成本会计出现并不断完善,在此基础上管理会计形成并与财务会计相分离,是现代会计的开端。管理会计主要是为内部信息使用者提供服务,财务会计主要是为外部信息使用者提供服务。一般认为,现代会计是从20世纪30年代开始,更确切地讲是以1939年第一份美国"公认会计原则"的"会计研究公报"出现为起点。

**3. 会计目标**

(1) 会计目标。会计目标也称"会计目的",是要求会计工作完成的任务或达到的标准,即向财务会计报告使用者提供与企业财务状况、经营成果和现金流量等有关的会计信息,反映企业管理层受托责任履行情况,有助于财务会计报告使用者做出经济决策。

①反映企业管理层受托责任履行情况。现代企业制度强调企业所有权和经营权相互分离,企业管理层是受委托人之托经营管理企业及其各项资产,负有受托责任。会计应当反映企业管理层受托责任的履行情况,以便外部投资者和债权人等受托人评价企业的经营管理责任和资源使用的有效性。

②向财务会计报告使用者提供与决策有关的信息。财务会计报告使用者主要包括投资者、债权人、政府及有关部门和社会公众等。会计主要通过财务会计报告向其使用者提供与企业财务状况、经营成果和现金流量等有关的会计信息,有助于财务会计报告使用者做出是否投资或继续投资、是否发放或收回贷款的决策,有助于政府及有关部门做出促进经济资源分配公平与合理、市场经济秩序公正和有序的宏观经济决策。

(2) 会计信息使用者。一般区分为国家宏观经济管理部门、企业内部管理者和企业外部使用者。国家宏观经济管理部门,如财政、税收、统计等相关部门;企业内部管理者主要包括企业的权力机构及其管理者,如董事会、监事会、总经理等;企业外部使用者包括投资人、债权人、客户、供应单位等,他们是会计信息的主要对象。会计信息使用者如图1-1所示。

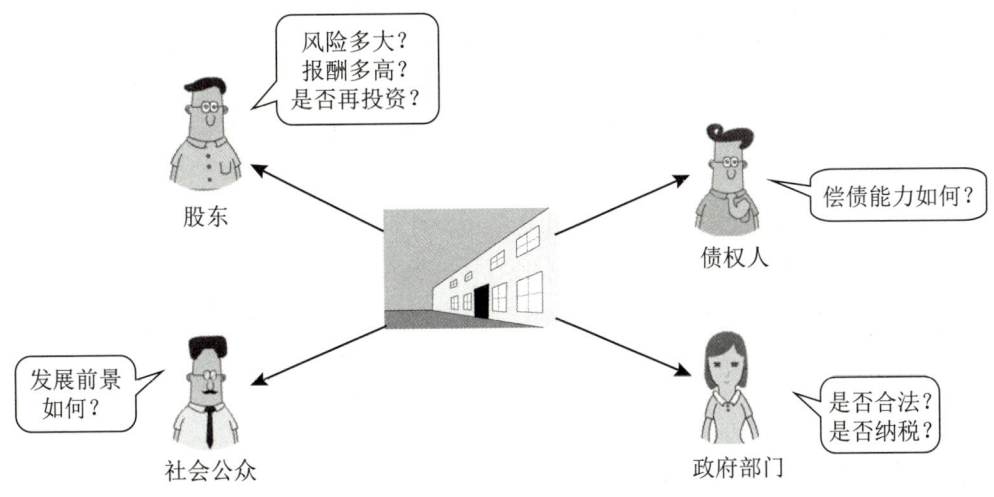

图 1-1 会计信息使用者

## 1.1.2 会计的职能

**1. 会计的基本职能**

（1）核算职能。

①核算职能的概念。会计核算职能，又称"会计反映职能"，是指会计以货币为主要计量单位，对特定主体的经济活动进行确认、计量和报告。

②核算职能的内容。款项和有价证券的收付；财物的收发、增减和使用；债权、债务的发生和结算；资本、基金的增减；收入、支出、费用、成本的计算；财务成果的计算和处理；需要办理会计手续、进行会计核算的其他事项。

（2）监督职能。

①监督职能的概念。会计监督职能，又称"会计控制职能"，是指对特定主体经济活动和相关会计核算的真实性、合法性和合理性进行监督检查。

②监督职能的内容。会计监督是一个过程，分为事前监督、事中监督和事后监督。

事前监督是对未来经济活动的合法性、合理性和可行性进行审查。

事中监督是对正在发生的经济活动过程和取得的会计核算资料进行审查、分析，并据以纠错纠偏，控制经济活动按预定目的和要求进行。

事后监督是对已经发生的经济活动的合法性、合理性和有效性进行考核及评价。

合法性审查，是指检查各项经济业务是否符合国家有关法律法规，遵守财经纪律，执行国家的各项方针政策，以杜绝违法乱纪行为；合理性审查，是指检查各项财务收支是否符合客观经济规律及经营管理方面的要求，保证各项财务收支符合特定的财务收支计划，实现预算目标。

【情景 1-1】北京市惠达股份有限公司采购部门购入 100 千克白糖，12 元／千克，共 1 200 元，运费 500 元。对于这笔经济业务，会计需要查看票据是否真实、合法，采购价格是否合理，款项是否正确等，待全部审核无误后，会计才能进行相关核算。

**提示**

会计核算是会计最基本的职能，没有核算就没有监督。

（3）核算与监督的关系。上述两个会计职能是相辅相成、辩证统一的。核算是监督的基础，没有核算提供的各种信息，监督就失去了依据；而监督又是核算质量的保障，若只有核算，而没有监督，就难以保证核算提供信息的真实性、可靠性。

### 2. 会计的拓展职能

会计作为经济管理的一种活动，其职能随着会计的发展而发展。理论界认为，会计除了传统的核算、监督职能外，还有预测经济前景、参与经济决策及评价经营业绩等职能。

（1）预测经济前景。预测经济前景是指根据财务会计报告等信息，定量或者定性地判断和推测经济活动的发展变化规律，以指导和调节经济活动，提高经济效益。

（2）参与经济决策。参与经济决策是指根据财务会计报告等信息，运用定量分析和定性分析方法，对备选方案进行经济可行性分析，为企业生产经营管理提供与决策相关的信息。

（3）评价经营业绩。评价经营业绩是指利用财务会计报告等信息，采用适当的方法，对照相应的评价标准，对一定经营期间企业的资产运营、经济效益等经营成果，进行定量及定性对比分析，做出真实、客观、公正的评判。

## 1.1.3 会计核算的对象

会计核算的对象是社会主义再生产过程中能以货币表现的资金及其运动。凡是特定主体能够以货币表现的资金运动，都是会计核算和监督的内容，也就是会计的对象。以货币表现的经济活动通常又称为"价值运动"或"资金运动"。

### 1. 资金运动

前已述及，会计需要以货币为主要计量单位，对特定主体的经济活动进行核算与监督。也就是说，凡是特定主体能够以货币表现的经济活动，都是会计核算和监督的内容，即会计对象。换言之，会计对象就是能用货币表现的经济活动。以货币表现的经济活动，在实际工作中主要反映在一个一个的原始凭证中，如图1-2、图1-3所示。

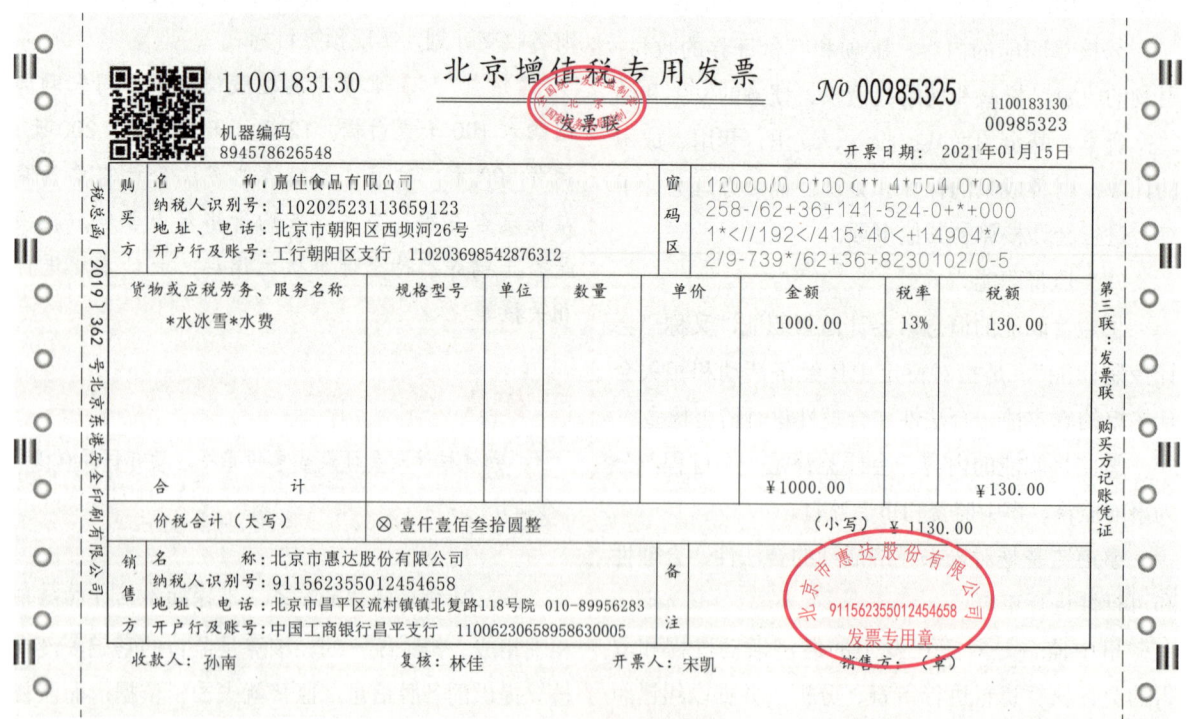

图 1-2　增值税专用发票

项目1　总论

图1-3　转账支票存根

用（资金的循环与周转）、资金退出等过程，而具体到企业、行政单位、事业单位又有较大差异。即使是工业、商业、建筑业及金融业等不同行业的企业，也有其各自的资金运动特点，其中以工业企业最具代表性。

**2. 工业企业的资金运动**

下面以工业企业为例，说明企业会计的具体对象。

工业企业是从事工业产品生产和销售的营利性经济组织。为了从事产品的生产和销售活动，企业必须拥有一定数量的资金，用于建造厂房、购买机器设备、采购原材料、支付职工工资、支付经营管理必要的开支等，生产出的产品经过销售后，收回的货款还要补偿生产中的垫付资金、偿还有关债务、缴纳税金等。由此可见，工业企业的资金运动表现为资金的投入、资金的循环与周转（包括供应过程、生产过程和销售过程三个阶段）和资金的退出三部分，如图1-4所示。

资金运动包括各特定对象的资金投入、资金运

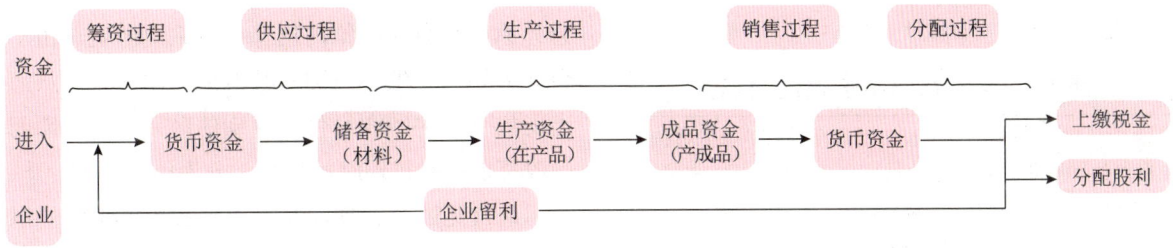

图1-4　资金运动过程

资金的投入，包括企业所有者投入的资金和债权人投入的资金两部分，前者属于企业所有者权益，后者属于企业债权人权益——企业负债。投入企业的资金，一部分构成流动资产，另一部分构成非流动资产。

资金的循环与周转，分为供应、生产、销售三个阶段。在供应阶段，企业要购买材料等劳动对象，发生材料买价、运输费、装卸费等采购成本，与供应单位发生货款结算关系。在生产阶段，劳动者借助劳动手段将劳动对象加工成特定的产品，发生相应的材料消耗费用、固定资产磨损与折旧费用、生产工人劳动耗费等费用，构成产品使用价值和价值的统一体。同时，还将发生企业与工人之间的工资结算关系、与有关单位之间的劳务结算关系等。在销售阶段，将生产的产品销售出去，发生销售费用、收回货款、缴纳税金等业务活动，并同购货单位发生货款结算关系、同税务机关发生税务结算关系等。企业获得的销售收入，除扣除各项费用后的利润外，还要提取盈余公积并向所有者分配利润。

资金的退出包括偿还各项债务、缴纳各项税金、向所有者分配利润等。

# 任务1.2 会计基本假设和会计基础

## 1.2.1 会计基本假设

会计基本假设是企业会计确认、计量和报告的前提,是对会计核算所处的时间、空间环境等所做的合理假定。会计基本假设包括会计主体、持续经营、会计分期和货币计量。

**1. 会计主体**

会计主体是指企业会计确认、计量和报告的空间范围,即会计核算和监督的特定单位或组织。会计主体作为会计工作的基本前提之一,为日常的会计处理提供了空间依据。

会计主体不同于法律主体。一般而言,法律主体必然是一个会计主体。例如,一个企业作为一个法律主体,应当建立财务会计系统,独立反映其财务状况、经营成果和现金流量。但是,会计主体不一定是法律主体,如表1-1所示。

表1-1 会计主体不同于法律主体示例

| 组织 | 法律主体 | 会计主体 |
| --- | --- | --- |
| 惠达集团(母公司+子公司) | × | √ |
| 惠达集团股份有限公司(母公司) | √ | √ |
| 惠达商业管理有限公司(子公司) | √ | √ |
| 惠达信息建设部(事业部) | × | √ |
| 惠达河北区域部(分公司) | × | √ |

**2. 持续经营**

持续经营是指在可以预见的未来,企业将会按当前的规模和状态继续经营下去,而不会停业,不会大规模削减业务。企业是否持续经营对会计政策的选择,科学确定和计量财产与收益,都具有很大的影响。

【情景1-2】王达今年已经59岁了,自己成立了一家独资公司。当年购买一台机器设备支付900 000元,用于生产。设备的使用期限为20年,会计采用平均年限法计提折旧,计提年限为20年。王达对此不理解,认为再过20年他早就不干了,或者已经不在人世了,企业未必存在,为什么计提20年折旧?会计告诉他,依据是持续经营假设。

**3. 会计分期**

会计分期是指将一个企业持续经营的经济活动划分为一个个连续的、长短相同的期间,以便分期结算账目和编制财务会计报告。会计分期对会计原则和会计政策的选择有着重要影响。由于会计分期,产生了当期与其他期间的差别,从而出现权责发生制和收付实现制的区别。会计期间一般可以按照日历时间划分,分为年、半年、季、月。最常见的会计期间是一年,按年度编制的财务会计报表也称为"年报"。

【情景1-3】2021年3月31日,北京市惠达股份有限公司编制了第一季度财务报表,及时向管理层提供本季度财务状况和经营成果。2021年12月31日,该公司又编制了年度财务报告,反映本公司年度财务状况。

会计期间如图1-5所示。

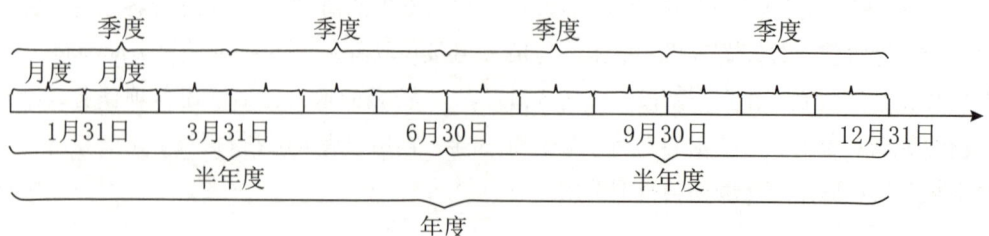

图1-5 会计期间

**4. 货币计量**

货币计量是指会计主体在会计确认、计量和报告时以货币作为计量尺度，反映会计主体的经济活动。

我国会计核算以人民币为记账本位币。业务收支以人民币以外的货币为主，也可以选定其中一种货币作为记账本位币，但编制的财务报表应当折算为人民币反映。在境外设立的中国企业向国内报送的财务报表，也应当折算为人民币反映。

【情景1-4】北京市惠达股份有限公司是一家跨国企业，主要使用美元计量收支，但编制的财务报表折算为人民币。小王非常不理解，问：为什么这么烦琐？会计主管告诉他，会计准则规定：业务收支以人民币以外的货币为主的单位，也可以选定其中一种货币作为记账本位币，但编制的财务报表应当折算为人民币反映。

## 1.2.2 会计基础

**1. 权责发生制**

权责发生制又称"应收应付制"，是指收入、费用的确认应当以收入和费用的实际发生作为确认的标准，是合理确认当期损益的一种会计基础。《企业会计准则》规定，企业应当以权责发生制为基础进行会计确认、计量和报告。

权责发生制规定：

（1）凡是当期已经实现的收入和已经发生或应当负担的费用，无论款项是否收付，都应当作为当期的收入和费用，记入利润表；

（2）凡是不属于当期的收入或费用，即使款项已在当期收付，也不应当作为当期的收入或费用。

**2. 收付实现制**

收付实现制又称"现收现付制"，是以是否收到或支付现金作为确认收入或费用的标准，是与权责发生制相对应的一种会计基础。

收付实现制规定：

（1）行政单位会计核算采用收付实现制；

（2）事业单位会计核算一般采用收付实现制，但是事业单位部分经济业务或者事项，以及部分行业事业单位的会计核算采用权责发生制核算的，相关用法在财政部相关会计制度中有具体规定。

【情景1-5】北京市惠达股份有限公司6月发生下列业务：

（1）本期销售瓷砖888 000元，货款下月收；

（2）本期利息250元，下月付；

（3）本期预收东江公司200 000元商品销货款；

（4）本期支付下月电费5 000元；

（5）本期预付华谊百货50 000元购货款。

按权责发生制、收付实现制确定收入、费用。

根据权责发生制，888 000元为本期收入；250元为本期费用。

根据收付实现制，200 000元为本期收入；55 000（50 000+5 000）元为本期费用。

# 任务1.3 会计信息质量要求

会计信息质量要求是对企业财务报告中提供会计信息质量的基本要求，是使财务报告中所提供会计信息对投资者等使用者决策有用应具备的基本特征，主要包括可靠性、相关性、清晰性、可比性、实质重于形式、重要性、谨慎性和及时性八项。

### 1. 可靠性

可靠性要求企业应当以实际发生的交易或者事项为依据进行确认、计量和报告，如实反映符合确认和计量要求的各项会计要素及其他相关信息，保证会计信息真实可靠、内容完整。

会计信息有用，必须以可靠为基础，如果财务报告提供的会计信息是不可靠的，就会对投资者等使用者的决策产生误导甚至使其蒙受损失。

> **理解**
>
> 2021年末，北京市惠达股份有限公司发现企业销售萎缩，无法实现年初确定的销售收入目标，但考虑到在2022年春节前后，公司销售可能会出现较大幅度的增长，公司为此提前预计商品销售，在2021年末制作了若干存货出库凭证，并确认销售收入实现。公司的这种处理方式不是以其实际发生的交易事项为依据，而是虚构了交易事项，违背了会计信息质量要求的可靠性原则。

### 2. 相关性

相关性要求企业提供的会计信息应当与投资者等财务报告使用者的经济决策需要相关，有助于投资者等财务报告使用者对企业过去、现在或者未来的情况做出评价或者预测。

会计信息质量的相关性，要求企业在确认、计量和报告会计信息的过程中，充分考虑使用者的决策模式和信息需要。但是，相关性是以可靠性为基础的，两者之间并不矛盾，不应将两者对立起来。也就是说，会计信息应在可靠性前提下，尽可能地做到相关，以满足投资者等财务报告使用者的决策需要。

> **理解**
>
> 北京市惠达股份有限公司在2021年12月31日资产负债表中充分披露了其偿债能力信息，有助于银行等金融机构了解企业的偿债能力，决定是否对其发放贷款。在2021年利润表中充分披露了其盈利方面的信息，使投资者充分了解企业盈利情况，决定是否对其继续投资。

### 3. 清晰性

清晰性也称"可理解性"，要求企业提供的会计信息应当清晰明了，便于投资者等财务报告使用者理解和使用。

企业编制财务报告、提供会计信息的目的在于使用，而要实现使用者有效使用会计信息，应当能让其了解会计信息的内涵，弄懂会计信息的内容，这就要求财务报告所提供的会计信息清晰明了，易于理解。只有这样，才能提高会计信息的有用性，实现财务报告的目标，满足向投资者等财务报告使用者提供决策有用信息的要求。

### 4. 可比性

可比性要求企业提供的会计信息应当相互可比。这主要包括两层含义。

（1）同一企业不同时期可比（纵向可比）。为了便于投资者等财务报告使用者了解企业财务状况、经营成果和现金流量的变化趋势，比较企业在不同时期的财务报告信息，全面、客观地评价过去、预测未来，从而做出科学决策，会计信息质量的可比性要求同一企业不同时期发生的相同或者相似的交易或者事项，应当采用一致的会计政策，不得随意变更。但是，满足会计信息可比性要求，并非表明企业不得变更会计政策，如果按照规定或者在会计政策变更后可以提供更可靠、更相关的会计信息，可以变更会计政策。有关会计政策变更的情况，应当在附注中予以说明。

**理解**

北京市惠达股份有限公司自2015年成立后，存货发出成本一直采用月末一次加权平均法核算，企业每年都编制当年每个月月发出存货的成本趋势分析图，并与上年进行比较。存货发出方法的一致性，决定了可以进行不同时期存货项目的比较，该比较为纵向比较。

（2）不同企业相同会计期间可比（横向可比）。为了便于投资者等财务报告使用者评价不同企业的财务状况、经营成果和现金流量及其变动情况，会计信息质量的可比性要求，不同企业同一会计期间发生的相同或者相似的交易或者事项，应当采用规定的会计政策，确保会计信息口径一致、相互可比，以使不同企业按照一致的确认、计量和报告要求，提供有关会计信息。

**理解**

北京市惠达股份有限公司是一家上市食品公司，该企业发生的产品广告费记入销售费用，同行业的其他单位同样也将产品广告费记入销售费用，即无论哪家企业，都应遵循国家统一的会计准则，这种比较方法为横向比较。

### 5. 实质重于形式

实质重于形式要求企业应当按照交易或者事项的经济实质进行会计确认、计量和报告，而不仅仅是以交易或者事项的法律形式为依据。

【情景1-6】北京市惠达股份有限公司以融资租赁的形式租入固定资产，虽然从法律形式来讲企业并不拥有其所有权，但是由于租赁合同中规定的租赁期相当长，接近于该资产的使用寿命，在租赁期结束时承租企业有优先购买的选择权，在租赁期内承租企业有权支配资产并从中受益。从实质上看，企业控制了该项资产的使用权及受益权。所以在会计核算上，将融资租赁的固定资产视为企业的资产。

### 6. 重要性

重要性要求企业提供的会计信息应当反映与企业财务状况、经营成果和现金流量有关的所有重要交易或者事项。

**理解**

2021年6月，北京市惠达股份有限公司以银行存款3 500元购买一批办公用品，由于这项支出金额较小，可不作摊销处理，而是一次性直接记入当期管理费用。该公司的会计处理体现了重要性原则。

### 7. 谨慎性

谨慎性要求企业对交易或者事项进行会计确认、计量和报告应当保持应有的谨慎，不应高估资产或者收益、低估负债或者费用。

【情景1-7】北京市惠达股份有限公司在一项诉讼中认为很可能败诉赔偿100万元。会计小王认为，虽然法院没有判决，但是满足了预计负债的确认条件而确认了100万元的预计负债，这在会计中，体现会计信息质量要求的谨慎性。

### 8. 及时性

及时性要求企业对于已经发生的交易或者事项，应当及时进行确认、计量和报告，不得提前或者延后。

**理解**

2021年7月，北京市惠达股份有限公司购入植物油500升，每升价格12元，价款已由银行存款支付。该项业务发生在2021年7月，因此应在当月入账，而不得提前在6月或延后到8月入账。

# 任务1.4　会计的方法

会计核算体系亦称"会计方法体系"，是指由各种彼此独立而又互相联系的会计方法所组成的有机统一整体。包括会计核算方法、会计分析方法、会计检查方法、会计预测方法、会计决策方法和会计控制方法。

会计的核算方法，是对会计对象进行连续、系统、全面的核算和监督所应用的方法。主要包括以下七种专门方法：设置会计科目及账户、复式记账、填制和审核会计凭证、登记账簿、成本计算、财产清查、编制会计报表。这七种方法相互联系，共同组成会计核算的方法体系。

### 1. 设置会计科目及账户

设置会计科目及账户，是对会计对象具体内容进行的分类。会计对象包含的内容纷繁复杂，设置会计科目及账户就是根据会计对象具体内容的不同特点和经济管理的不同要求，选择一定的标准进行分类，并事先规定分类核算项目，在账簿中开设相应的账户，以取得所需要的核算指标。正确、科学地设置会计科目及账户，能够细化会计对象，提供会计核算的具体内容，是满足经营管理需要、完成会计核算任务的基础。

### 2. 复式记账

复式记账是对每一项经济业务都要在两个或两个以上的相互联系的账户中进行登记的一种方法。

复式记账，一方面能全面、系统地反映经济业务引起资金运动增减变化的来龙去脉；另一方面能通过账户之间的平衡关系，检查会计记录的正确性。

### 3. 填制和审核会计凭证

会计凭证是记录经济业务、明确经济责任的书面证明，是登记账簿的依据。

各单位发生的任何会计事项都必须取得原始凭证，证明经济业务的发生或完成。原始凭证要送交会计进行审核，审核填制的内容是否完备、手续是否齐全、业务的发生是否合理合法等。经审核无误后，才能编制记账凭证。记账凭证是记账的依据，原始凭证和记账凭证统称为"会计凭证"。填制和审核会计凭证是会计核算的一种专门方法，它能保证会计记录的完整、可靠，提高会计核算质量。

### 4. 登记账簿

账簿是具有一定格式，用来记录经济业务的簿籍。登记账簿就是根据会计凭证，采用复式记账方法，把经济业务分门别类、内容连续地在有关账簿中进行登记的方法。借助账簿，就能将分散的经济业务进行分类汇总，系统地提供每一类经济活动的完整资料，了解一类或全部经济活动发展变化的全过程，更加适应经济管理的需要。账簿记录的各种数据资料也是编制财务报表的重要依据。所以，登记账簿是会计核算的主要方法。

### 5. 成本计算

成本计算是按照一定对象归集和分配生产经营过程中发生的各种费用，以便确定各对象各项成本（包括总成本和单位成本）的一种专门方法。

例如，工业企业要计算生产产品的成本，就要把企业进行生产活动所耗用的材料、支付的工资，以及发生的其他费用加以归集，并计算产品的总成本和单位成本。产品成本是综合反映企业生产经营活动的一项重要指标。正确进行成本计算，可以考核生产经营过程的费用支出水平，同时又是确定企业盈亏和制定产品价格的基础，并为企业进行经营决策提供重要数据。

### 6. 财产清查

财产清查就是通过对各项财产物资、货币资金进行实物盘点，对往来款项进行核对，以查明实存数与账存数是否相符的一种专门方法。

如果在财产清查中发现财产、资金账面数额与实存数额不符的情况，应该立即调整账簿记录，使账存数与实存数一致，并查明账实不符的原因，明确责任。通过财产清查，可以查明各项财产物资、债权债务、所有者权益的情况，可以促进企业加强物资管理，保证财产完整，并能为编制会计报表提供真实、准确的资料。

### 7. 编制会计报表

编制会计报表是根据账簿记录的数据资料，采用一定的表格形式，概括、综合地反映各单位在一定时期内经济活动过程和结果的一种方法。编制会计报表是对日常核算工作的总结，是在账簿记录基础上对会计核算资料的进一步加工整理。会计报表提供的资料是进行会计分析、会计检查的重要依据。

会计处理程序与会计核算方法之间的关系，如图1-6所示。

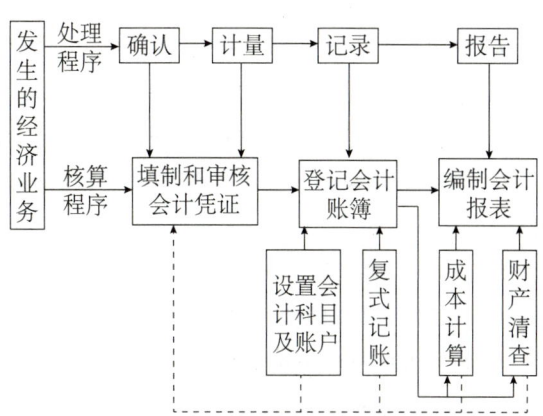

图 1-6　会计处理程序与会计核算方法之间的关系

图1-6描绘了七种方法之间的关系，实线表明主要联系，虚线表明次要联系。例如，设置会计科目及账户和复式记账这两种方法主要应用于登记会计账簿；同时，在编制记账凭证上的会计分录时，也需要应用预先设置的账户，并符合复式记账法的要求。同理，成本计算和财产清查这两种方法主要应用于编制会计报表；同时，需要将成本计算和财产清查的结果通过填制记账凭证后登记入账。

## 项目小结

本项目介绍了会计的概念、会计的职能、会计核算的对象、会计基本假设、会计基础、会计信息质量要求和会计的方法等内容。

## 思考与练习

### 一、单项选择题

1. 下列不属于会计核算环节的是（　　）。

A. 确认　　B. 审核　　C. 计量　　D. 报告

2. 下列各项不属于会计核算职能的是（　　）。
A. 确定经济活动是否应该或能够进行会计处理
B. 审查经济活动是否违背内部控制制度的要求
C. 将已经记录的经济活动内容进行计算和汇总
D. 为编制财务会计报表提供特定主体的经济信息

3. 会计(　　)通常被认为是财务会计的核心问题。
A. 确认　　B. 计量　　C. 记录　　D. 报告

4. 企业用现金购买办公用品，用于总经理日常办公，故将该项支出作为管理费用处理。关于上述过程，表述正确的是（　　）。
A. 该项处理属于会计确认
B. 该项处理属于会计计量
C. 该项处理属于会计记录
D. 该项处理属于会计报告

5. A企业在年初用银行存款支付本年租金120 000元，于1月末仅将其中的10 000元计入本月费用，这符合（　　）。
A. 收付实现制　　B. 权责发生制
C. 谨慎性原则　　D. 历史成本计价原则

6. 会计是以货币为主要计量单位，反映与监督一个单位经济活动的一种（　　）。
A. 方法　　B. 手段
C. 信息工具　　D. 经济管理活动

7. 会计期间发生的一切经济业务，都要依次经过的基本核算环节是（　　）。
A. 设置会计科目、成本计算、复式记账
B. 复式记账、财产清查、编制会计报表
C. 填制审核凭证、复式记账、编制会计报表
D. 填制审核凭证、登记账簿、编制会计报表

## 二、多项选择题

1. 下列各项中，属于会计核算重要环节的有（　　）。
A. 会计确认　　B. 会计计量
C. 会计分析　　D. 会计计划

2. 会计监督职能遵循的原则有（　　）。
A. 合法性　　B. 合理性
C. 真实性　　D. 谨慎性

3. 下面关于会计对象说法正确的有（　　）。
A. 会计对象是指会计所要核算与监督的内容
B. 特定主体能够以货币表现的经济活动，都是会计核算和监督的内容
C. 企业日常进行的所有活动都是会计对象
D. 会计对象就是社会在生产过程中的资金运动

4. 会计核算的内容是特定主体的资金活动，包括（　　）等阶段。
A. 资金的投入　　B. 资金的循环与周转
C. 资金的管理　　D. 资金的退出

5. 会计对象是指（　　）的内容。
A. 会计核算　　B. 实物流转
C. 会计监督　　D. 财务活动

6. 会计的核算与监督具有全面性、连续性、系统性、综合性的特点。其中"连续性"是指会计对一定主体的经济活动进行不间断的（　　）。
A. 确认　　B. 计量
C. 记录　　D. 报告

7. 在下列组织中，可以作为会计主体的是（　　）。
A. 事业单位　　B. 分公司
C. 生产车间　　D. 销售部门

8. 下列根据权责发生制原则设置的账户是（　　）。
A. 财务费用　　B. 待摊费用
C. 预提费用　　D. 管理费用

## 三、判断题

1. 会计主体指会计所核算和监督的内容。（　　）
2. 某一特定的资金运动，主要包括资金的投入和折算、循环与收回、支付与赔偿、资金退出。（　　）
3. 会计对象在企业中具体表现为企业再生产过程中以货币表现的经济活动。（　　）
4. 企业的资金运动包括资金的投入、资金的

循环与周转和资金的退出三个环节。（　）

5. 会计能够核算和监督社会再生产过程中的所有经济活动。（　）

6. 会计监督职能是指会计人员在进行会计核算之后，对特定的主体经济活动的合法性、合理性进行审查。（　）

7. 在实际工作中，会计核算的七种专门方法并不是完全按照固定的顺序来进行的，可以交叉使用。（　）

8. 在会计核算方法体系中，其主要的工作程序是填制和审核凭证、登记账簿和编制会计报表。（　）

## 四、简答题

1. 简述会计的概念。
2. 会计基本假设包括哪些？
3. 会计信息质量要求包括哪几个方面？

# 项目 2　会计要素与会计账户

### 知识目标

◎ 掌握资产、负债与所有者权益的基本特征和内容；
◎ 掌握收入、费用与利润的基本特征和内容；
◎ 了解会计要素的计量；
◎ 掌握会计科目。

### 技能目标

◎ 掌握会计恒等式；
◎ 掌握会计账户的结构。

### 案例导入

小李和小张于 2021 年 3 月 1 日用 10 000 元银行存款投资开办了一家电脑维修部，从事电脑维修业务，并附带销售电脑配件。

他们租了一间小店面，每月房租 1 000 元，第一个月房租已经支付；花费 2 500 元购买了一些修理用的工具和配件；为了方便出行花费 400 元买了一辆自行车；在报纸上做了广告，广告费 750 元，其中 250 元的广告费未支付；支付请来帮助修理电脑同学的报酬 300 元；3 月 15 日，小李和小张从银行提取 1 000 元用于个人生活支出；3 月 31 日，收到水电费缴费单，共计 100 元尚未支付。当月电脑维修全部收入已存入银行，到 31 日银行账户余额为 7 000 元。

小李和小张认为他们第一个月经营情况不错，虽然亏损了 3 000 元，但是打开了市场。

#### 案例思考

1. 分析小李和小张依据什么计算亏损了 3 000 元。依据正确吗？
2. 分析电脑维修部 3 月底的六大要素有哪些？
3. 计算电脑维修部 3 月的收入和费用是多少？

### 本章导语

会计六要素是对企业经济业务的六种分类。会计账户是用来记录经济交易或事项及其所引起的会计要素具体内容变动情况的一种工具。它们是会计账务处理的基础，财务人员应重点掌握。

# 任务 2.1  会计要素

## 2.1.1 会计要素的含义及分类

会计要素是指根据交易或者事项的经济特征确定的财务会计对象的基本分类。

我国《企业会计准则》将会计要素划分为资产、负债、所有者权益、收入、费用和利润六类。其中，前三类属于反映财务状况的会计要素，在资产负债表中列示；后三类属于反映经营成果的会计要素，在利润表中列示。

## 2.1.2 资产

**1. 资产的概念**

资产是指企业过去的交易或事项形成的、由企业拥有或者控制的、预期能够给企业带来经济利益的资源。

**2. 资产的基本特征**

（1）资产预期能够直接或间接地给企业带来经济利益。预期给企业带来经济利益，是指直接或者间接导致现金和现金等价物流入企业的能力。

（2）资产是为企业所拥有的，或者即使不为企业所拥有，也是企业能够控制的。由企业拥有或者控制，是指企业享有某项资源的所有权，或者虽然不享有某项资源的所有权，但是该资源能被企业所控制。

（3）资产是由过去的交易或事项形成的。企业过去的交易或事项包括购买、生产、建造行为或其他交易、事项。预期在未来发生的交易或事项不形成资产。

（4）该资源的成本或者价值能够可靠计量，不能确认和计量价值的，不能作为资产。

**3. 资产的确认条件**

（1）与该资源有关的经济利益很可能流入企业。

判断经济利益流入企业的不确定性程度是确认资产的关键。

【情景 2-1】北京市惠达股份有限公司赊销 1 000 000 元商品给客户，其中有 40% 很可能收不回来，企业只能把其中的 60% 确认为应收账款。

> **提示**
>
> "很可能"表示经济资源流入企业的概率大于 50%。

（2）该资源的成本或者价值能够可靠计量。

只有当有关资源的成本或者价值能够可靠计量时，资产才能予以确认。不能确认和计量其价值的，不能确认为资产。

可计量性是所有会计要素确认的重要前提。

【情景 2-2】北京市惠达股份有限公司外包新建一座厂房，该工程的实体建造（包括安装）工作已经全部完成，即达到预定可使用状态，但出于工程物资及人力成本上涨等原因，暂不能可靠计量，此时不能将该工程确认为固定资产。

**4. 资产的内容**

（1）按照流动性不同，可以将资产分为流动资产和非流动资产。

①流动资产。流动资产是指预计在一个正常营业周期中变现、出售或耗用，或者主要为交易目的而持有，或者预计在资产负债表日起一年内（含一年）变现的资产，以及自资产负债表日起一年内交换其他资产或清偿负债的能力不受限制的现金或现金等价物。一个正常营业周期是指企业从购买用于加工的资产起至实现现金或现金等价物的期间。正

常营业周期通常短于一年，在一年内有几个营业周期。但是，也存在正常营业周期长于一年的情况。在这种情况下，与生产循环相关的产成品、应收账款、原材料尽管是超过一年才能变现、出售或耗用，但仍应作为流动资产。

> **提示**
> 当正常营业周期不能确定时，应当以一年（12个月）作为一个正常营业周期。

流动资产主要包括库存现金、银行存款、交易性金融资产、应收账款、预付账款、存货等。

- 库存现金：是指企业存放在出纳处的库存现金。
- 银行存款：是指企业存入银行或其他金融机构的各种款项。
- 交易性金融资产：是指企业以赚取差价为目的所持有的各种债券、股票、基金等投资。
- 应收账款：是指企业因销售商品或提供劳务而向客户收取的款项。
- 预付账款：是指企业按照合同规定预先支付给供货方的款项。
- 存货：是指企业在生产经营中为销售或耗用而储备的各种货物，包括原材料、在产品、库存商品等。

②非流动资产。非流动资产是指流动资产以外的资产，即不能在一年或者超过一年的一个营业周期内变现或者耗用的资产，主要包括长期投资、固定资产、无形资产等。

- 长期投资：是指企业出于某种特定目的而准备长期持有的投资，包括其他债权投资和长期股权投资。
- 固定资产：是指使用年限在一年以上，单位价值在规定标准以上，并在使用过程中保持原来实物形态的资产，包括房屋、建筑物、机器设备、运输设备、工具器具等。
- 无形资产：是指企业为生产或管理目的而持有的、无实物形态且具有较高价值的长期资产，包括专利权、商标权、著作权等。

（2）按照形态特征，可以将资产分为货币形态资产、债权形态资产、实物形态资产和无形资产。

①货币形态资产主要有库存现金、银行存款和其他货币资金。

②债权形态资产主要有应收票据、应收账款、其他应收款、长期应收款等。

③实物形态资产主要有原材料、库存商品、周转材料、固定资产等。

④无形资产主要有专利权、非专利技术、商标权、著作权、土地使用权、特许权等。

## 2.1.3 负债

**1. 负债的概念**

负债是指企业过去的交易或者事项形成的、预期会导致经济利益流出企业的现时义务。

**2. 负债的基本特征**

（1）负债是由企业过去的交易或者事项形成的。企业在未来发生的承诺、签订的购买合同等交易或者事项，不形成负债。

（2）负债是企业承担的现时义务，现时义务是指企业在现行条件下已承担的义务。未来发生的交易或者事项形成的义务，不属于现时义务，不应当确认为负债。这里所指的义务，可以是法定义务，也可以是推定义务。

> **提示**
> 法定义务是指具有约束力的合同或者法律法规规定的义务，必须依法执行；推定义务是指根据企业多年来的习惯做法、公开的承诺或者公开宣布的政策而导致企业将承担的责任。

（3）负债预期会导致经济利益流出企业。负债通常要用资产、劳务、举借新债和债转股等方式偿还，但无论哪种方式，都会导致经济利益流出企业。

**3. 负债的确认条件**

（1）与该义务有关的经济利益很可能流出企业。

（2）未来流出经济利益的金额能够可靠计量。只有当现时义务的成本或价值能够可靠计量时，才能够确认负债。

**4. 负债的内容**

按照偿还期长短，可以将负债分为流动负债和非流动负债。

（1）流动负债。流动负债是指预计在一个正常营业周期中偿还，或者主要为交易目的而持有，或者自资产负债表日起一年内（含一年）到期应予以清偿，或者企业无权自主地将清偿推迟至资产负债表日以后一年以上的负债。此处对一个正常营业周期的界定与流动资产定义中涉及的一个正常营业周期的界定是一致的。

流动负债主要包括短期借款、应付票据、应付账款、预收账款、应付职工薪酬、应交税费、应付股利等。

①短期借款：是指企业为维护正常生产经营用资金，而向银行或其他金融机构借入的，偿还期限在一年以内的各种借款。

②应付票据：是指由出票人出票，委托付款人在指定日期无条件支付特定金额给收款人或者持票人的票据。

③应付账款：是指企业因购买材料、物资商品或接受劳务供应等应该支付给供货方的款项。

④预收账款：是指企业按照合同规定预先从购货方收取的款项。

⑤应付职工薪酬：是指企业支付给职工的各种薪酬，如职工工资、职工福利费、社会保险费、住房公积金等。

⑥应交税费：是指企业按税法规定计算的，应向税务部门缴纳的各种税费。

⑦应付股利：是指企业应该支付给投资者的股利。

（2）非流动负债。非流动负债是指流动负债以外的负债，包括长期借款、应付债券、长期应付款等。

①长期借款：是指企业向银行或其他金融机构借入的，偿还期限在一年以上的各种借款。

②应付债券：是指企业为了筹集资金，按照规定程序向社会发行，按约定日期还本付息的企业债券。

③长期应付款：是指除长期借款和应付债券以外的长期应付款项，如融资租入固定资产应付款、分期付款购入固定资产应付款等。

## 2.1.4 所有者权益

**1. 所有者权益的概念**

所有者权益是指企业资产扣除负债后，由所有者享有的剩余权益。股份公司的所有者权益又称为"股东权益"。

**2. 所有者权益的基本特征**

（1）除非发生减资、清算或分派现金股利，否则企业不需要偿还所有者权益。

（2）当企业清算时，只有在清偿所有的负债后，所有者权益才能返还给所有者。

（3）所有者凭借所有者权益能够参与利润分配。

**3. 所有者权益的内容**

所有者权益的来源，包括所有者投入的资本、直接计入所有者权益的利得和损失、留存收益等。

直接计入所有者权益的利得和损失，是指不应计入当期损益、会导致所有者权益发生增减变动的、与所有者投入资本或者向所有者分配利润无关的利得或损失。

利得是指由企业非日常活动形成的、会导致所有者权益增加的、与所有者投入资本无关的经济利益的流入。

损失是指由企业非日常活动所形成的、会导致所有者权益减少的、与向所有者分配利润无关的经济利益的流出。

## 2.1.5 收入

### 1. 收入的概念

收入是指企业在日常活动中形成的、能够导致所有者权益增加的、与所有者投入资本无关的经济利益的总流入。

### 2. 收入的基本特征

（1）收入是企业在日常活动中形成的。日常活动是指企业为完成经营目标所从事的经常性活动以及与之相关的活动。企业日常活动中形成的经济利益的流入应确认为企业的收入，但非日常活动中形成的经济利益的流入不应确认为企业的收入，而应计入利得。

【情景2-3】北京市惠达股份有限公司发生以下业务：

①销售瓷砖一批，售价60 000元；
②来料加工，收取加工费1 000元；
③出租厂房，收取租金5 000元；
④出售一台不使用的设备，售价40 000元。

①②③为收入，④为利得。

（2）收入会导致所有者权益的增加。

收入-费用=利润，收入增加，相应的利润也会增加，最终形成所有者权益。

与收入相关的经济利益的流入会导致所有者权益的增加，不会导致所有者权益增加的经济利益流入不符合收入的定义，不应确认为收入。例如，企业向银行借入款项，尽管导致了企业经济利益的流入，但该流入并不导致所有者权益的增加，反而使企业承担了一项现时义务。企业对于因借入款项所导致的经济利益的增加，不应确认为收入，应当确认为一项负债。

（3）收入会导致经济利益的流入，该流入不包括所有者投入的资本。

所有者投入的资本形成实收资本和资本公积，而收入增加部分是利润，最终形成留存收益。

### 3. 收入的确认条件

收入的确认除了应当符合定义外，还必须满足以下三个条件：

（1）与收入相关的经济利益应当很可能流入企业。

（2）经济利益流入企业的结果会导致资产的增加或者负债的减少。

（3）经济利益的流入额能够可靠计量。

### 4. 收入的内容

收入包括主营业务收入和其他业务收入。

主营业务收入是由企业的主营业务所带来的收入；其他业务收入是除主营业务活动以外的，其他经营活动实现的收入。

按性质不同，可以将收入分为销售商品收入、提供劳务收入、让渡资产使用权收入等。

（1）销售商品收入，是指企业通过销售商品实现的收入。如工商企业销售商品取得的收入。

（2）提供劳务收入，是指企业通过提供劳务实现的收入。如安装公司提供安装服务等实现的收入。

（3）让渡资产使用权收入，是指企业通过出租资产实现的收入。如利息收入、使用费收入等。

## 2.1.6 费用

### 1. 费用的概念

费用是指企业在日常活动中发生的、会导致所有者权益减少的、与向所有者分配利润无关的经济利益的总流出。

### 2. 费用的基本特征

（1）费用是企业在日常活动中发生的。这里日常活动的界定与收入定义中日常活动的界定相一致。企业非日常活动形成的经济利益的流出不能确认为费用，而应当计入损失。

【情景2-4】北京市惠达股份有限公司发生以下业务：

①领用木板，成本30 000元，用于生产加工；
②购买办公用品支付500元；

③捐赠给光明小学现金50 000元；
④缴纳税收滞纳金150元。
①②为费用，③④为损失。

（2）费用会导致所有者权益的减少。

收入－费用＝利润，费用增加，利润减少，最终导致所有者权益的减少。

（3）费用是与向所有者分配利润无关的经济利益的总流出。费用的发生会导致经济利益的流出，从而导致资产的减少或者负债的增加。

> **注意**
>
> 企业向所有者分配利润也会导致经济利益的流出，而该经济利益的流出属于投资者投资回报的分配，是所有者权益的直接抵减项目，所有者权益减少，不应确认为费用，而应当将其排除在费用的定义之外。

**3. 费用的确认条件**

费用的确认除了应当符合定义外，至少还应当符合以下条件：

（1）与费用相关的经济利益应当很可能流出企业。

（2）经济利益流出企业的结果会导致资产的减少或者负债的增加。

（3）经济利益的流出额能够可靠计量。

符合费用定义和费用确认条件的项目，应当列入利润表。

**4. 费用的内容**

按照费用的性质关系，可以将费用分为生产费用和期间费用。

（1）生产费用是指与企业日常生产经营活动有关的费用，按其经济用途可以分为直接材料、直接人工和制造费用。

（2）期间费用包括管理费用、销售费用和财务费用。

①管理费用是指企业行政管理部门为组织和管理生产经营活动而发生的各种费用。

②销售费用是指企业在销售商品、提供劳务等日常活动中发生的，除营业成本以外的各项费用以及专设销售机构的各项经费。

③财务费用是指企业为筹集生产经营活动所需资金而发生的费用。

在进行核算时，为了将产品的制造成本单独进行反映，必须将计入产品成本的生产费用与不计入产品成本的期间费用区分开来。生产费用最后都要计入产品成本。生产单位以外的行政管理部发生的管理费用、销售部门为销售产品发生的销售费用、为筹集生产经营资金发生的财务费用（不符合资本化条件的）等，一般都列入期间费用。期间费用不计入产品成本，直接计入当期损益。

## 2.1.7 利润

**1. 利润的概念**

利润是企业在一定会计期间的经营成果，包括收入减去费用后的余额、直接计入当期利润的利得和损失等。

**2. 利润的基本特征**

通常情况下，如果企业实现了利润，就表明企业的所有者权益将增加，业绩提升；反之，如果企业发生了亏损（即利润为负数），就表明企业的所有者权益将减少，业绩下降。

利润是评价企业管理层业绩的指标之一，也是投资者等财务会计报告使用者进行决策的重要参考依据。

**3. 利润的确认条件**

利润反映收入减去费用、直接计入当期利润的利得减去损失后的净额。利润的确认主要依赖收入和费用，以及直接计入当期利润的利得和损失的确认，其金额的确定也主要取决于收入、费用、利得、损失金额的计量。

**4. 利润的内容**

利润由营业利润、利润总额和净利润构成。

（1）营业利润。

营业利润＝营业收入－营业成本－税金及附加－销售费用－管理费用－研发费用－财务费用＋其他收益＋投资收益（－投资损失）＋净敞口套期收益（－净敞口套期损失）＋公允价值变动收益（－公允价值变动损失）－信用减值损失－资产减值损失＋资产处置收益（－资产处置损失）

其中：

营业收入＝主营业务收入＋其他业务收入

营业成本＝主营业务成本＋其他业务成本

投资净收益＝投资收益－投资损失

公允价值变动净收益＝公允价值变动收益－公允价值变动损失

（2）利润总额。

利润总额＝营业利润＋营业外收支净额

（3）净利润。

净利润＝利润总额－所得税费用

## 2.1.8 会计要素的计量属性

会计计量是根据一定的计量标准和计量方法，将符合确认条件的会计要素登记入账并列报于财务报表而确定金额的过程。会计计量属性是会计计量的方式和手段。企业在将符合确认条件的会计要素登记入账并列报于会计报表及其附注时，应当按照规定的会计计量属性进行计量，确定其金额。会计计量属性包括历史成本、重置成本、可变现净值、现值和公允价值。

**1. 历史成本**

在历史成本计量下，资产按照购置时支付的现金或者现金等价物的金额，或者按照购置资产时所支付对价的公允价值计量。会计主体可以按照因承担现时义务而实际收到的款项或者资产的金额，或者承担现时义务的合同金额，或者按照日常活动中为偿还负债预期需要支付的现金或者现金等价物的金额，对负债进行计量。

【情景2-5】北京市惠达股份有限公司购入螺丝一批，买价10 000元，运费100元，共计10 100元，按历史成本法，该批原材料的入账价值为10 100元。

**2. 重置成本**

在重置成本计量下，资产按照当前购买相同或者相似资产所需支付的现金或者现金等价物的金额计量。负债按照当前偿付该项债务所需支付的现金或者现金等价物的金额计量。

【情景2-6】北京市惠达股份有限公司盘盈设备一台，重置成本为8 000元，按8 000元入账。

**3. 可变现净值**

在可变现净值计量下，资产按照正常对外销售所能收到的现金或现金等价物的金额扣减该项资产至完工时估计将要发生的成本、估计的销售费用以及相关税费后的金额计量。

【情景2-7】北京市惠达股份有限公司期末废料成本为15 000元，该批废料为加工瓷砖而购进，该瓷砖售价共30 000元，加工成本5 000元，销售税金3 900元，该废料可变现净值为：

30 000－5 000－3 900＝21 100（元）

**4. 现值**

在现值计量下，资产按照预计从持续使用和最终处置中所产生的未来净现金流入量的折现金额计量；负债按照预计期限内需要偿还的未来净现金流出量的折现金额计量。

【情景2-8】北京市惠达股份有限公司期初购买一台粉碎机，采用延期付款方式，一年后支付30 000元。假定30 000元的现值为20 000元，那么该固定资产的入账价值为20 000元。

**5. 公允价值**

在公允价值计量下，资产和负债按照市场参与者在计量日发生的有序交易中，出售资产所能收到或者转移负债所需支付的价格计量。

【情景2-9】北京市惠达股份有限公司购买甲公司股票1 000股，每股20元，划分为交易性金融资产。资产负债表日，该股票公允价值为每股15元，该股票在资产负债表日以15 000元入账。

# 任务 2.2 会计要素之间的关系

## 2.2.1 会计要素的概念

会计要素又叫"会计对象要素",是指按照交易或事项的经济特征所做的基本分类,也是对会计对象按经济性质所做的基本分类,是会计核算和监督的具体对象和内容,是构成会计对象具体内容的主要因素。包括反映企业财务状况的会计要素和反映企业经营成果的会计要素。

## 2.2.2 会计恒等式

### 1. 会计恒等式的内容

会计恒等式又称"会计等式""会计方程式"或"会计平衡公式",它是表明各会计要素之间基本关系的等式。

(1) 静态等式。创办任何一个企业都必须筹集一定数额的资金,这些资金可以通过吸收别人投资获得,也可以通过负债方式取得。取得资金后企业根据生产经营需要,购置必要的厂房、设备、原材料等资产,开展正常的经济活动。这些资产一方面表现为以特定形式的物质实体存在,如现金、固定资产等;另一方面表现为相应的要求权,即这些资产是如何取得的,为谁所有,如向别人借钱要支付利息、吸收别人投资要向人家分红等。业界通常把对资产的要求权称为"权益"。由此可见,资产与权益是一笔资金的两个方面,而且在总额上存在必然的相等关系,即资产=权益。其中,权益包括所有者权益和债权人权益。因此,静态会计等式为:

资产 = 负债 + 所有者权益

这一等式是复式记账法的理论基础,也是编制资产负债表的依据。

(2) 动态等式。企业在持续经营过程中,通过开展业务取得收入,同时也发生费用,通过收入和费用要素可以确定企业的经营成果(利润)。因此,会计动态等式为:

利润 = 收入 - 费用

会计动态等式揭示了在某一特定期间内,企业收入、费用、利润之间的相互关系:利润是实现的收入减去相关费用后的差额;当收入大于费用时为利润,当收入小于费用时为亏损。利润会随着收入的增减呈正比例变化,随着费用的增减呈反比例变化。

会计动态等式反映了利润的实现过程,是编制利润表的依据。

(3) 扩展等式。综合上述静态等式和动态等式,即可得出会计的扩展等式:

资产 = 负债 + 所有者权益 + 利润

或:资产 = 负债 + 所有者权益 + 收入 - 费用

会计的扩展等式主要体现在尚未结账的会计期间。

### 2. 经济业务的发生对会计恒等式的影响

按经济业务对财务状况等式的影响,可以将企业的所有经济业务分为以下 9 种基本类型:

(1) 资产内项目的一增一减。
(2) 负债内项目的一增一减。
(3) 所有者权益内项目的一增一减。
(4) 负债项目增加,所有者权益项目减少。
(5) 负债项目减少,所有者权益项目增加。
(6) 资产项目增加,负债项目增加。
(7) 资产项目增加,所有者权益项目增加。
(8) 资产项目减少,负债项目减少。
(9) 资产项目减少,所有者权益项目减少。

【情景 2-10】经济业务对会计等式的影响如表 2-1 所示。

表2-1 经济业务对会计等式的影响

单位：元

| 资产 | 金额 | 负债及所有者权益 | 金额 |
|---|---|---|---|
| 银行存款 | 150 000 | 短期借款 | 60 000 |
| 库存商品 | 30 000 | 应付账款 | 30 000 |
| 固定资产 | 200 000 | 实收资本 | 320 000 |
| 无形资产 | 30 000 | | |
| 合计 | 410 000 | 合计 | 410 000 |

2021年6月1日（5月31日）的资产负债状况如下：

资产 = 负债 + 所有者权益

410 000（元）= 90 000 + 320 000

【情景2-11】沿用【情景2-10】，北京市惠达股份有限公司从供应单位购买15 000元石灰，货款尚未支付。

这项经济业务发生后，一方面使资产方的原材料增加了15 000元，另一方面使负债方的应付账款增加了15 000元，会计等式两边同时增加15 000元，双方总额仍然保持平衡。具体资产负债状况如下：

资产 = 负债 + 所有者权益

425 000（元）= 105 000 + 320 000

【情景2-12】沿用【情景2-11】，北京市惠达股份有限公司收到北京市光明投资公司追加投入的资本100 000元，当即存入银行。

这项经济业务发生后，一方面使资产方的银行存款增加了100 000元，另一方面使所有者权益方的实收资本增加了100 000元，会计等式两边同时增加100 000元，双方总额仍然保持平衡。具体资产负债状况如下：

资产 = 负债 + 所有者权益

525 000（元）= 105 000 + 420 000

【情景2-13】沿用【情景2-12】，北京市惠达股份有限公司以银行存款20 000元偿还前欠供应单位货款。

这项经济业务发生后，一方面使资产方的银行存款减少20 000元，另一方面使负债方的应付账款减少了20 000元，会计等式两边同时减少20 000元，双方总额仍然保持平衡。具体资产负债状况如下：

资产 = 负债 + 所有者权益

505 000（元）= 85 000 + 420 000

# 任务2.3　会计科目

## 2.3.1　会计科目设置的原则

会计科目的设置关系到会计信息使用者对信息需求的满足程度，关系到会计核算的效率，因此会计科目的设置，必须遵循以下原则。

（1）合法性原则。为了保证会计信息的可比性，企业设置的会计科目应当符合国家有关法律法规的规定。对于国家统一会计制度规定的会计科目，只有在不影响会计核算要求和会计报表指标汇总，以及对外提供统一的财务报表的前提下，企业才能根据自身的生产经营特点，适当自行增设、减少或合并某些会计科目。

（2）相关性原则。会计科目的设置，应为提供有关各方所需要的会计信息服务，满足对外报告与对内管理的要求。设置会计科目要求充分考虑会计信息的使用者对本企业会计信息的需要，以提高会计核算所提供会计信息的相关性，满足各利益相关方的信息需求。

（3）实用性原则。在合法性原则基础上，企业应当根据组织形式、所处行业、经营内容、业务种类等特点，设置符合企业需要的会计科目。

## 2.3.2 会计科目的等级

**1. 按提供信息的详细程度及其统驭关系分类**

会计科目按提供信息的详细程度及其统驭关系，可以分为总分类科目和明细分类科目。

（1）总分类科目，又称"总账科目"或"一级科目"，是对会计要素的具体内容进行总括分类，提供总括信息的会计科目，如应收账款、原材料、库存商品、固定资产等。

（2）明细分类科目，又称"明细科目"，是对总分类科目做进一步分类，提供更详细和更具体的会计信息的科目，如在原材料科目下按原材料类别设置明细科目。如果某一总分类科目所属的明细分类科目较多，则可在总分类科目下设置二级明细科目，在二级明细科目下设置三级明细科目，如表2-2所示。

表2-2 明细分类科目

| 总分类科目 | 明细分类科目 | |
|---|---|---|
| （一级科目） | 二级科目 | 三级科目 |
| 生产成本 | 基本生产成本 | 办公桌 |
| | | 立柜 |
| | 辅助生产成本 | 供电供水 |
| | | 机修劳务 |

**2. 按经济业务内容分类**

会计科目按经济业务内容分类，可以分为资产类、负债类、共同类、所有者权益类、成本类和损益类科目，如表2-3所示。

表2-3 常用会计科目表

| 顺序 | 编号 | 会计科目名称 | 顺序 | 编号 | 会计科目名称 |
|---|---|---|---|---|---|
| | | 一、资产类 | 16 | 1403 | 原材料 |
| 1 | 1001 | 库存现金 | 17 | 1404 | 材料成本差异 |
| 2 | 1002 | 银行存款 | 18 | 1405 | 库存商品 |
| 3 | 1004 | 备用金 | 19 | 1406 | 发出商品 |
| 4 | 1012 | 其他货币资金 | 20 | 1407 | 商品进销差价 |
| 5 | 1101 | 交易性金融资产 | 21 | 1408 | 委托加工物资 |
| 6 | 1121 | 应收票据 | 22 | 1411 | 周转材料 |
| 7 | 1122 | 应收账款 | 23 | 1471 | 存货跌价准备 |
| 8 | 1123 | 预付账款 | 24 | 1473 | 合同资产 |
| 9 | 1131 | 应收股利 | 25 | 1474 | 合同资产减值准备 |
| 10 | 1132 | 应收利息 | 26 | 1475 | 合同履约成本 |
| 11 | 1221 | 其他应收款 | 27 | 1476 | 合同履约成本减值准备 |
| 12 | 1231 | 坏账准备 | 28 | 1477 | 合同取得成本 |
| 13 | 1321 | 受托代销商品 | 29 | 1478 | 合同取得成本减值准备 |
| 14 | 1401 | 材料采购 | 30 | 1481 | 持有待售资产 |
| 15 | 1402 | 在途物资 | 31 | 1485 | 应收退货成本 |

续表

| 顺序 | 编号 | 会计科目名称 | 顺序 | 编号 | 会计科目名称 |
|---|---|---|---|---|---|
| 32 | 1482 | 持有待售资产减值准备 | 73 | 2201 | 应付票据 |
| 33 | 1501 | 债权投资 | 74 | 2801 | 预计负债 |
| 34 | 1502 | 债权投资减值准备 | 75 | 2801 | 预计负债 |
| 35 | 1503 | 其他债权投资 | 76 | 2901 | 递延所得税负债 |
| 36 | 1504 | 其他权益工具投资 | | | 三、共同类 |
| 37 | 1511 | 长期股权投资 | 77 | 3101 | 衍生工具 |
| 38 | 1512 | 长期股权投资减值准备 | 78 | 3201 | 套期工具 |
| 39 | 1521 | 投资性房地产 | 79 | 3202 | 被套期项目 |
| 40 | 1531 | 长期应收款 | | | 四、所有者权益类 |
| 41 | 1532 | 未实现融资收益 | | | |
| 42 | 1601 | 固定资产 | 80 | 4001 | 实收资本 |
| 43 | 1602 | 累计折旧 | 81 | 4002 | 资本公积 |
| 44 | 1603 | 固定资产减值准备 | 82 | 4003 | 其他综合收益 |
| 45 | 1604 | 在建工程 | 83 | 4101 | 盈余公积 |
| 46 | 1605 | 工程物资 | 84 | 4103 | 本年利润 |
| 47 | 1606 | 固定资产清理 | 85 | 4104 | 利润分配 |
| 48 | 1701 | 无形资产 | 86 | 4201 | 库存股 |
| 49 | 1702 | 累计摊销 | 87 | 4301 | 专项储备 |
| 50 | 1703 | 无形资产减值准备 | 88 | 4401 | 其他权益工具 |
| 51 | 1711 | 商誉 | | | 五、成本类 |
| 52 | 1801 | 长期待摊费用 | 89 | 5001 | 生产成本 |
| 53 | 1811 | 递延所得税资产 | 90 | 5101 | 制造费用 |
| 54 | 1901 | 待处理财产损溢 | 91 | 5201 | 劳务成本 |
| | | 二、负债类 | 92 | 5301 | 研发支出 |
| 55 | 2001 | 短期借款 | | | 六、损益类 |
| 56 | 2101 | 交易性金融负债 | 93 | 6001 | 主营业务收入 |
| 57 | 2202 | 应付账款 | 94 | 6051 | 其他业务收入 |
| 58 | 2203 | 预收账款 | 95 | 6101 | 公允价值变动损益 |
| 59 | 2205 | 合同负债 | 96 | 6111 | 投资收益 |
| 60 | 2211 | 应付职工薪酬 | 97 | 6115 | 资产处置收益 |
| 61 | 2221 | 应交税费 | 98 | 6117 | 其他收益 |
| 62 | 2231 | 应付利息 | 99 | 6301 | 营业外收入 |
| 63 | 2232 | 应付股利 | 100 | 6401 | 主营业务成本 |
| 64 | 2241 | 其他应付款 | 101 | 6402 | 其他业务成本 |
| 65 | 2245 | 持有待售负债 | 102 | 6403 | 税金及附加 |
| 66 | 2314 | 受托代销商品款 | 103 | 6601 | 销售费用 |
| 67 | 2401 | 递延收益 | 104 | 6602 | 管理费用 |
| 68 | 2501 | 长期借款 | 105 | 6603 | 财务费用 |
| 69 | 2502 | 应付债券 | 106 | 6701 | 资产减值损失 |
| 70 | 2701 | 长期应付款 | 107 | 6711 | 营业外支出 |
| 71 | 2702 | 未确认融资费用 | 108 | 6801 | 所得税费用 |
| 72 | 2711 | 专项应付款 | 109 | 6901 | 以前年度损益调整 |

# 任务 2.4　会计账户

## 2.4.1　会计账户

**1. 会计账户的概念**

会计账户是根据会计科目设置的，具有一定的格式和结构，用于分类反映会计要素增减变动情况及其结果的载体。

**2. 会计账户的分类**

（1）根据核算的经济内容，会计账户可分为资产类账户、负债类账户、共同类账户、所有者权益类账户、成本类账户和损益类账户六类。其中，有些账户存在备抵账户。备抵账户，又称"抵减账户"，是指用来抵减被调整账户余额，以确定被调整账户实有数额而设置的独立账户。例如，"固定资产"账户反映固定资产的原始价值，"累计折旧"账户反映固定资产因磨损而减少的价值，"固定资产"账户的价值减去"累计折旧"账户的价值后反映的是固定资产的现实价值，所以"累计折旧"账户是"固定资产"账户的备抵账户。此外，"利润分配"账户是"本年利润"账户的备抵账户，"未确认融资费用"账户是"长期应付款"账户的备抵账户。

（2）根据提供信息的详细程度及其统驭关系，会计账户可分为总分类账户和明细分类账户。

总分类账户，又称"总账账户"或"一级账户"，是根据总分类科目设置的、用于对会计要素具体内容进行总括分类核算的账户。它是提供总括核算资料指标的账户，在总分类账户中只能使用货币计量单位反映经济业务。

明细分类账户是根据明细分类科目设置的、用来对会计要素具体内容进行明细分类核算的账户，简称"明细账账户"。它是提供明细分类核算资料指标的账户，是对总分类账户资料的具体化和补充说明。除用货币计量反映经济业务外，必要时还需要以实物或劳动计量单位从数量和时间上进行反映，以满足经营管理的需要。

总分类账户和所属明细分类账户核算的内容相同，只是反映内容的详细程度不同，两者相互补充、相互制约、相互核对。总分类账户统驭和控制明细分类账户，明细分类账户对总分类账户起补充说明的作用。

## 2.4.2　会计账户与会计科目的关系

**1. 会计账户与会计科目的联系**

（1）会计账户是根据会计科目设置的，会计科目是会计账户的名称。

（2）两者开设的目的一致，都是对经济业务进行分类、整理，以提供管理所需要的会计信息。

（3）两者的内容相同。

**2. 会计账户与会计科目的区别**

（1）会计科目和会计账户的具体作用不同。会计科目的作用主要表现为将会计对象的具体内容分为若干个相对独立的项目；而会计账户则是在会计科目的基础上，再赋予一定的结构，指明记账的方向，以核算各会计要素的增减变动情况和余额。

（2）会计科目和会计账户设置的方法不同。会计科目由国家统一设置，是会计制度的组成部分；而会计账户则是由各单位根据会计科目的要求，结合本单位的实际情况开设的。在实际工作中，先有会计科目，后有会计账户。

### 2.4.3 会计账户的结构

账户的结构是指账户的组成部分及其相互关系。从账户名称、记录增加额和减少额的左右两方来看，账户结构在整体上类似于汉字"丁"或大写的英文字母"T"。因此，为方便使用，账户的基本结构在实务中被形象地称为"丁"字账户或者"T"形账户，如图2-1所示。

| 借 | 会计科目（账户） | 贷 |
|---|---|---|

图2-1 "丁"字账户

账户通常由以下内容组成。

（1）账户名称，即会计科目。

（2）日期，即所依据的记账凭证中注明的日期。

（3）凭证字号，即所依据记账凭证的编号。

（4）摘要，即经济业务的简要说明。

（5）金额，即增加额、减少额和余额。

（6）期末余额，账户的期初余额、期末余额、本期增加发生额和本期减少发生额统称为"账户的四个金额要素"。对于同一账户而言，它们之间的基本关系为：

$$\text{期末余额} = \text{期初余额} + \text{本期增加发生额} - \text{本期减少发生额}$$

账户上期的期末余额转入本期，即为本期的期初余额；账户本期的期末余额转入下期，即为下期的期初余额。

## 项目小结

本项目介绍了会计要素的含义及分类、资产、负债、所有者权益、收入、费用、利润、会计要素的计量属性、会计要素的概念、会计恒等式、会计科目设置的原则、会计科目的等级、会计账户、会计账户与会计科目的关系、会计账户的结构等内容。

## 思考与练习

### 一、单项选择题

1. 会计要素是对（　　）的基本分类。
A. 会计核算　　B. 会计对象
C. 会计主体　　D. 会计科目

2. 反映企业经营成果的会计要素，也称为"动态会计要素"，构成利润表的基本框架，下列不属于动态会计要素的是（　　）。

A. 收入　　B. 负债
C. 费用　　D. 利润

3. （　　）是会计核算对象的基本分类。
A. 会计科目　　B. 会计账户
C. 会计要素　　D. 会计账簿

4. 下列各项中反映企业财务状况的会计要素

是（　　）。

A. 收入　　　　B. 所有者权益

C. 费用　　　　D. 利润

5. 下列应确认为资产的是（　　）。

A. 长期闲置且不再使用和转让的没有经济价值的厂房

B. 已超过保质期，不能食用的食品

C. 自然使用寿命已满但仍在使用的设备

D. 已签订合同拟于下月购进的材料

6. 下列关于会计要素的表述中，不正确的是（　　）。

A. 会计要素用于反映企业财务成果和经营状况

B. 会计要素包括资产、负债、所有者权益、收入、费用和利润

C. 资产、负债和所有者权益称为"动态会计要素"

D. 利润要素的确认主要依赖于收入和费用

7. 某企业用盈余公积转增实收资本，此业务对会计要素的影响是（　　）。

A. 负债减少　　　　B. 资产增加

C. 所有者权益增加　　D. 所有者权益不变

8. 会计科目是对（　　）的具体内容进行分类核算的项目。

A. 经济业务　　　　B. 会计主体

C. 会计对象　　　　D. 会计要素

## 二、多项选择题

1. 以下等式正确的有（　　）。

A. 全部账户本期借方发生额合计＝全部账户本期贷方发生额合计

B. 全部账户的借方期末余额合计＝全部账户的贷方期末余额合计

C. 全部账户的借方期初余额合计＝全部账户的贷方期初余额合计

D. 某一总账账户的期末余额＝该总账账户所属的所有明细账账户期末余额的合计

2. 企业用银行存款购买原材料300万元，关于这笔业务对会计要素的影响，以下说法正确的有（　　）。

A. 资产增加300万元

B. 负债增加300万元

C. 资产内部一项资产增加，一项资产减少，总额不变

D. 不影响任何会计要素的总额

3. 导致所有者权益减少的经济事项包括（　　）。

A. 购买原材料　　　B. 费用的发生

C. 向投资者分配利润　D. 提取盈余公积

4. 以下符合借贷记账法规则的有（　　）。

A. 资产与权益同时减少，总额减少

B. 资产与负债一增一减，总额增加

C. 资产与权益同时增加，总额不变

D. 权益内部一增一减，总额不变

5. 下列经济业务会引起资产总额发生变化的有（　　）。

A. 以银行存款购买原材料

B. 购入材料50 000元，货款未付

C. 投资者投入设备一台

D. 以银行存款归还前欠贷款

6. 下列各项表述中，错误的有（　　）。

A. 费用会导致资产的增加或负债的减少

B. 企业处置非流动资产发生的净损失应确认为企业的费用

C. 费用最终会导致所有者权益的减少

D. 企业向投资者分配利润发生的现金流出应确认为企业的费用

7. 下列事项中，可以引起资产和负债同时增加的有（　　）。

A. 融资租入固定资产

B. 计提专门借款费用化利息

C. 收回应收账款

D. 分期付款购入固定资产

8. 发生下列业务，不影响所有者权益总额的有（　　）。

A. 宣告分配现金股利　B. 发放现金股利

C. 提取盈余公积　　　D. 增发股票

## 三、判断题

1. 收入、费用和利润三项会计要素表现资金运动的相对静止状态，即反映企业的经营结果。（　）
2. 所有者权益是指企业的所有者对企业资产的要求权。（　）
3. 根据企业会计准则的规定，企业会计要素包括资产、负债、所有者权益、收入、费用和利润六大要素，其中资产、负债和所有者权益是反映企业财务状况的要素；而收入、费用和利润则是反映企业经营成果的要素。（　）
4. 会计要素是对会计对象进行的基本分类，是会计核算对象的具体化。（　）
5. 资产是企业拥有或控制的具有实物形态的经济资源，该资源预期会给企业带来经济利益。（　）
6. 尽管所有者权益和负债都对企业资产拥有要求权，但它们的权利和义务是不一样的。（　）
7. 当企业本期收入大于费用时，表示企业取得了盈利，最终导致企业所有者权益的增加。（　）
8. 会计科目是对会计对象的详尽分类，会计账户是对会计科目的进一步分类。（　）

## 四、简答题

1. 会计六要素有哪些？
2. 什么是资产？
3. 简述资产的确认条件。

# 项目 3　复式记账法原理

### 知识目标

◎ 了解账户的对应关系；
◎ 掌握会计分录的编制。

### 技能目标

◎ 掌握借贷记账法；
◎ 掌握编制试算平衡表；
◎ 掌握总分类账户与明细分类账户的平行登记。

### 案例导入

小王办了一家个体加工厂，因没有接受过会计知识培训，他认为只要一借一贷就可以，于是他对本厂的业务是这样记录的：

1. 赊购原材料，价值 10 000 元，用于生产产品。
　借：生产成本　　　　　　　　　　10 000
　　　贷：应收账款　　　　　　　　　　10 000
2. 向银行贷款 50 000 元，购买机器一台。
　借：固定资产　　　　　　　　　　50 000
　　　贷：银行存款　　　　　　　　　　50 000
3. 收到投资人投入现金 100 000 元。
　借：现金　　　　　　　　　　　100 000
　　　贷：资本公积　　　　　　　　　100 000
4. 支付业务招待费 1 000 元。
　借：财务费用　　　　　　　　　　　1 000
　　　贷：银行存款　　　　　　　　　　 1 000

**案例思考**

请向小王解释记录的错误，并帮助改正。

### 本章导语

复式记账法可以全面地、相互联系地反映各项经济业务的全貌，并可利用会计要素之间的内在联系和试算平衡，来检查账户记录的准确性。复式记账法与会计分录是财务人员做账具体运用的工具。

# 任务 3.1　借贷记账法

## 3.1.1　记账方法

### 1. 记账方法的概念

所谓记账方法，就是根据一定的记账原理、记账符号、记账规则，采用一定的计量单位，利用文字和数字记录经济业务的一种专门方法。

### 2. 记账方法的种类

记账方法有两种，一种是单式记账法，另一种是复式记账法。

（1）单式记账法。单式记账法一般是指对发生的经济业务的内容和金额只在一个账户中进行记录的方法。例如，用银行存款购买材料，仅在银行存款账户上记录存款减少，而对购买来的材料不作记录。这种记账方法不能反映经济业务的全部、资金运动的全过程，也不能全面、系统地反映经济业务的来龙去脉。由于每笔经济业务都只在一个账户中记录，使得各账户之间不产生直接联系，也不产生平衡关系，不便于检查账户记录的正确性和真实性。

（2）复式记账法。

①复式记账法的概念。复式记账法是指对于每一笔经济业务，都必须以相等的金额，同时在两个或两个以上相互关联的账户中进行登记，是全面系统反映会计要素增减变动的一种记账方法。现代会计运用的是复式记账法。

【情景3-1】北京市惠达股份有限公司购买办公用品900元，款项以现金支付。

按复式记账法，这项经济业务应在"管理费用"和"库存现金"两个相互关联的账户中同时进行登记。即在"管理费用"账户记增加900元，同时在"库存现金"账户记减少900元。

复式记账法可分为借贷记账法、增减记账法和收付记账法等。

**提示**

借贷记账法是目前国际上通用的记账方法，我国《企业会计准则》规定企业应当采用借贷记账法记账。

②复式记账法的特点。

Ⅰ. 对于每项经济业务，都在两个或两个以上相互关联的账户中进行记录，不仅可以了解每项经济业务的来龙去脉，而且在全部经济业务都登记入账以后，可以通过账户记录全面、系统地反映经济活动的过程和结果。

Ⅱ. 由于每项经济业务发生后，都是以相等的金额在有关账户中进行记录，因而可据以进行试算平衡，检查账户记录的正确性。

## 3.1.2　借贷记账法和借贷记账符号

### 1. 借贷记账法的概念

借贷记账法是指以会计等式作为记账原理，以借、贷作为记账符号，来反映经济业务增减变化的复式记账方法。

借贷记账法最早出现于中世纪的意大利沿地中海一带城市。"借"和"贷"的概念是在借贷资本运动过程中产生的。借贷资本家对于吸收的存款，记在"贷主"（Creditor）的名下，表示自身债务的增加；对于放出去的款项，记在"借主"（Debitor）的名下，表示自身债权的增加。所以，"借"和"贷"两个字最初是适应借贷资本家记录货币资金的存入和放出的，"借""贷"两个字表示借贷资本的债权、债务及其增减变化。随着商品经济的发展，经济活动内容日益丰富，记账内容逐步扩展，非借贷行业也开始使用"借""贷"两个字来说明其财产物资、成本费用和经营损益的增减变动情况，"借"和"贷"两个字逐渐失去原来的含义而转化为纯粹的记账符号，作为专门的会计术语。

> **提示**
> 借贷记账法，目前已成为我国法定的记账方法。

借贷记账法的记账符号是"借"和"贷"，包括前述的资产类、负债类和所有者权益类等账户结构，都具有避免记账差错、灵活设置账户、便于会计信息处理的电算化和智能化等优点。

**2. 借贷记账符号的概念**

记账符号，是会计核算采用的一种抽象标记，代表经济活动内容增减变化的方向。借贷记账法以"借"和"贷"作为记账符号，"借"表示记入账户的借方，"贷"表示记入账户的贷方。

当然，借贷记账法中的借和贷与具体的账户相结合，可以表示不同的意义。

（1）代表账户中两个固定的部位。如上所述，一切账户均需设置两个部位记录数量和金额上的增减变化，其中，左方称为"借方"，右方称为"贷方"。

（2）与不同类型的账户相结合，分别表示增加或减少。借和贷本身不等于增或减，只有当其与具体类型的账户相结合以后，才可以表示增加或减少。如对资产类账户而言，"借"表示增加，"贷"表示减少；对负债类账户而言，正好相反，"贷"表示增加，"借"表示减少。

（3）表示余额的方向。通常，资产、负债和所有者权益类账户期末都会有余额。其中，资产类账户的正常余额在借方，负债和所有者权益账户的正常余额在贷方。

"借""贷"符号的含义如表3-1所示。

表3-1 "借""贷"符号的含义

| 会计要素 | 资产 | 费用 | 负债 | 所有者权益 | 收入 | 利润 |
|---|---|---|---|---|---|---|
| "借" | 增加 | 增加 | 减少 | 减少 | 减少 | 减少 |
| "贷" | 减少 | 减少 | 增加 | 增加 | 增加 | 增加 |

### 3.1.3 借贷记账法下的账户结构

**1. 资产类、成本类账户结构**

在借贷记账法下，资产类成本类账户的借方登记增加额，贷方登记减少额，期末余额一般在借方，有些账户可能无余额。余额计算公式为：

$$\begin{matrix}期末借方\\余额\end{matrix} = \begin{matrix}期初借方\\余额\end{matrix} + \begin{matrix}本期借方\\发生额\end{matrix} - \begin{matrix}本期贷方\\发生额\end{matrix}$$

资产类备抵账户的结构与所调整账户的结构正好相反。

资产类、成本类账户结构如图3-1所示。

| 借 | 资产类、成本类账户 | 贷 |
|---|---|---|
| 期初余额 | | |
| 本期增加发生额 | | 本期减少发生额 |
| 期末余额 | | |

图3-1 资产类、成本类账户结构

**2. 负债类、所有者权益类账户结构**

在借贷记账法下，负债类、所有者权益类账户的借方登记减少额，贷方登记增加额，期末余额一般在贷方，有些账户可能无余额。余额计算公式为：

期末贷方余额 = 期初贷方余额 + 本期贷方发生额 − 本期借方发生额

负债类、所有者权益类账户结构如图 3-2 所示。

| 借 | 负债类、所有者权益类账户 | 贷 |
|---|---|---|
| | | 期初余额 |
| 本期减少发生额 | | 本期增加发生额 |
| | | 期末余额 |

图 3-2　负债类、所有者权益类账户结构

资产类、负债类和所有者权益类账户一般都有余额，在资产负债表中列示，也称为"实账户"。

**3. 费用账户结构**

费用的发生将抵减所有者权益，在性质上与所有者权益相反。因此，费用类账户的结构与所有者权益类账户的结构相反，与资产类账户和成本类账户的结构相同，借方登记费用的增加额，贷方登记减少额或转出额；所不同的是，该类账户期末结转后，没有期末余额。费用类账户结构如图 3-3 所示。

| 借 | 费用类账户 | 贷 |
|---|---|---|
| 本期增加发生额 | | 本期减少发生额 |

图 3-3　费用类账户结构

**4. 收入类账户结构**

收入类账户结构与负债类账户和所有者权益类账户的结构基本相同，贷方登记收入的增加额，借方登记收入的减少额或转出额；所不同的是，会计期末当收入结转后，收入类账户没有期末余额。收入类账户结构如图 3-4 所示。

| 借 | 收入类账户 | 贷 |
|---|---|---|
| 本期减少发生额 | | 本期增加发生额 |

图 3-4　收入类账户结构

# 任务 3.2　账户的对应关系和会计分录

## 3.2.1　账户的对应关系

账户的对应关系是指在采用借贷记账法对每笔经济业务进行记录时，相关账户之间形成的应借应贷的关系，即一个账户的借方与另一个或另几个账户的贷方相对应，或者一个或几个账户的借方与另一个账户的贷方相对应。账户之间的这种互相依存关系称为"账户的对应关系"。存在对应关系的账户称为"对应账户"。

## 3.2.2　会计分录

会计分录是指对某项经济业务标明其应借应贷账户方向及金额的记录，简称"分录"。会计分

录由应借应贷方向、对应账户（科目）名称及应记金额三要素构成。按照所涉及账户的多少，会计分录分为简单会计分录和复合会计分录。

（1）简单会计分录是指只涉及一个账户借方和另一个账户贷方的会计分录，即一借一贷的会计分录。

**【情景3-2】** 北京市惠达股份有限公司从银行提取现金1 000元备用，编制会计分录如下：

借：库存现金　　　　　　　　　1 000
　　贷：银行存款　　　　　　　　　1 000

（2）复合会计分录是指由两个（不含两个）以上对应账户组成的会计分录，即一借多贷、多借一贷或多借多贷的会计分录。

**【情景3-3】** 北京市惠达股份有限公司购买一台机器设备，价值100 000元（不含税价），款项用银行存款支付，编制会计分录如下：

借：固定资产　　　　　　　　　100 000
　　应交税费　　　　　　　　　 13 000
　　贷：银行存款　　　　　　　　113 000

（3）为了保持账户对应关系清晰，一般不应把不同经济业务合并在一起，编制多借多贷的会计分录。

一笔复合会计分录可以分解为若干笔简单会计分录，但若干笔简单会计分录一般不能简单地复合为一笔复合分录。

**【情景3-4】** 根据【情景3-3】资料，拆成简单分录。

借：固定资产　　　　　　　　　100 000
　　贷：银行存款　　　　　　　　100 000
借：应交税费　　　　　　　　　 13 000
　　贷：银行存款　　　　　　　　 13 000

## 3.2.3　过账

所谓过账是指将经济业务编制会计分录后，登记到账簿中的过程。过账后，月终加计本期发生额，并结出各账户的期末余额。根据各账户本期发生额及余额编制试算平衡表。借贷记账法下的试算平衡是根据"有借必有贷，借贷必相等"的综合平衡关系来体现的。

## 3.2.4　编制试算平衡表

由于每笔会计分录的借、贷方以相等的金额入账，因此全部会计分录过账后，全部账户的本期借方发生额合计数必然等于全部账户本期贷方发生额合计数。试算平衡表如表3-2所示。

表3-2　试算平衡表

单位：元

| 项目 | 期初余额 | | 本期发生额 | | 期末余额 | |
| --- | --- | --- | --- | --- | --- | --- |
| | 借方 | 贷方 | 借方 | 贷方 | 借方 | 贷方 |
| 库存现金 | 1 900 | | 1 000 | 1 300 | 1 600 | |
| 银行存款 | 411 100 | | 54 000 | 34 000 | 431 100 | |
| 短期借款 | | 200 000 | 100 000 | | | 100 000 |
| 应付账款 | | 113 000 | 113 000 | | | |
| 盈余公积 | | 100 000 | 90 000 | | | 10 000 |
| 实收资本 | | | | 322 700 | | 322 700 |
| 合　计 | 413 000 | 413 000 | 358 000 | 358 000 | 432 700 | 432 700 |

通过表 3-2 的试算平衡可以看出，借贷记账法的平衡关系，包括以下三个方面：

（1）全部账户的期初借方余额合计数等于全部账户的期初贷方余额合计数。

（2）全部账户的本期借方发生额合计数等于全部账户的本期贷方发生额合计数。

（3）全部账户的期末借方余额合计数等于全部账户的期末贷方余额合计数。

# 任务 3.3　总分类账户与明细分类账户的平行登记

## 3.3.1　总分类账户和明细分类账户平行登记的原理

在整个账簿体系中，总分类账户提供总括核算信息，起统驭作用；明细分类账户提供详细信息，起辅助和补充作用。但它们的内容是一致的，会计上要求两者进行平行登记。所谓平行登记就是每项经济业务都要以审核无误的会计凭证为依据，既要在总分类账户上登记，又要在所属明细分类账户上登记的方法。

平行登记的要点如下。

（1）依据相同。对发生的经济业务，都要以相同的会计凭证为依据。

（2）方向相同。方向是指记账方向，即指"借方"和"贷方"。方向相同就是总分类账户登记"借方"，明细分类账户也要登记"借方"。同样，总分类账户登记"贷方"，明细分类账户也要登记"贷方"。

（3）期间相同。对每项经济业务都要在同一会计期间（如每月）进行平行登记。

（4）金额相等。每笔经济业务都要以相等的金额既登记总分类账户，又登记其所属明细分类账户。

## 3.3.2　总分类账户与明细分类账户平行登记举例

以"原材料"和"应付账款"两个总分类账户为例，具体说明总分类账户和明细分类账户平行登记的方法。

【情景3-5】北京市惠达股份有限公司2021年6月1日"原材料"总账账户余额为138 000元，"应付账款"总账账户余额为500 000元。两个总分类账户明细资料如下。

"原材料"账户余额：

废钢：80 000 千克，单价1.5 元，共计120 000 元。

石灰：9 000 千克，单价2 元，共计18 000 元。

合计：138 000 元。

"应付账款"账户余额：

北京建材公司：300 000 元。

北京光明公司：200 000 元。

合计：500 000 元。

北京市惠达股份有限公司2021年6月相关业务如下。

（1）6 日向北京建材公司购入废钢600 000 千克，每千克1.5 元，货款尚未支付。

借：原材料——废钢　　　　　　900 000

　　贷：应付账款——北京建材公司 900 000

(2) 7日以银行存款偿还北京建材公司货款300 000元。

借：应付账款——北京建材公司　　300 000
　　贷：银行存款　　　　　　　　　　　　300 000

(3) 12日向北京盛大公司购入石灰2 000千克，每千克2元，以银行存款支付。

借：原材料——石灰　　　　　　　4 000
　　贷：银行存款　　　　　　　　　　　　4 000

(4) 27日以银行存款偿还北京光明公司货款200 000元。

借：应付账款——北京光明公司　　200 000
　　贷：银行存款　　　　　　　　　　　　200 000

根据以上业务登记明细账，如图3-5至图3-10所示。

**原材料总分类账**

| 2021年 | | 凭证号 | 摘要 | 借方 | 贷方 | 借或贷 | 余额 |
|---|---|---|---|---|---|---|---|
| 月 | 日 | | | | | | |
| 6 | 1 | | 期初余额 | | | 借 | 1 380 000.00 |
| 　 | 6 | 略 | 购入废钢 | 900 000.00 | | 借 | 10 380 000.00 |
| 　 | 12 | 略 | 购入石灰 | 4 000.00 | | 借 | 10 420 000.00 |

图3-5　原材料总分类账

**原材料明细分类账**

二级科目：废钢

| 2021年 | | 凭证号 | 摘要 | 借方 | | | 贷方 | | | 结余 | | |
|---|---|---|---|---|---|---|---|---|---|---|---|---|
| 月 | 日 | | | 数量 | 单价 | 金额 | 数量 | 单价 | 金额 | 数量 | 单价 | 金额 |
| 6 | 1 | 略 | 期初余额 | | | | | | | | | 1 200 000.00 |
| 　 | 6 | 略 | 赊购废钢 | | | 900 000.00 | | | | | | 10 200 000.00 |

图3-6　原材料明细分类细账（废钢）

**原材料明细分类账**

二级科目：石灰

| 2021年 | | 凭证号 | 摘要 | 借方 | | | 贷方 | | | 结余 | | |
|---|---|---|---|---|---|---|---|---|---|---|---|---|
| 月 | 日 | | | 数量 | 单价 | 金额 | 数量 | 单价 | 金额 | 数量 | 单价 | 金额 |
| 6 | 1 | 略 | 期初余额 | | | | | | | | | 18 000.00 |
| 　 | 12 | 略 | 赊购石灰 | | | 4 000.00 | | | | | | 22 000.00 |

图3-7　原材料明细分类账（石灰）

## 应付账款总分类账

| 2021年 | | 凭证号 | 摘要 | 借方 | 贷方 | 借或贷 | 余额 |
|---|---|---|---|---|---|---|---|
| 月 | 日 | | | 亿千百十万千百十元角分 | 亿千百十万千百十元角分 | | 亿千百十万千百十元角分 |
| 6 | 1 | 略 | 期初余额 | | | 贷 | 5 0 0 0 0 0 0 0 |
| | 6 | 略 | 购入废钢 | | 9 0 0 0 0 0 0 0 | 贷 | 1 4 0 0 0 0 0 0 0 |
| | 7 | 略 | 偿还北京建材货款 | 3 0 0 0 0 0 0 0 | | 贷 | 1 1 0 0 0 0 0 0 0 |
| | 27 | 略 | 偿还北京光明货款 | 2 0 0 0 0 0 0 0 | | 贷 | 9 0 0 0 0 0 0 0 |

图 3-8　应付账款总分类账

## 应付账款明细分类账

二级科目 北京建材公司

| 2021年 | | 凭证号 | 摘要 | 借方 | 贷方 | 借或贷 | 余额 |
|---|---|---|---|---|---|---|---|
| 月 | 日 | | | 亿千百十万千百十元角分 | 亿千百十万千百十元角分 | | 亿千百十万千百十元角分 |
| 6 | 1 | 略 | 期初余额 | | | 贷 | 3 0 0 0 0 0 0 0 |
| | 6 | 略 | 购入废钢 | | 9 0 0 0 0 0 0 0 | 贷 | 1 2 0 0 0 0 0 0 0 |
| | 7 | 略 | 偿还北京建材货款 | 3 0 0 0 0 0 0 0 | | 贷 | 9 0 0 0 0 0 0 0 |

图 3-9　应付账款明细分类账（北京建材公司）

## 应付账款明细分类账

二级科目 北京光明公司

| 2021年 | | 凭证号 | 摘要 | 借方 | 贷方 | 借或贷 | 余额 |
|---|---|---|---|---|---|---|---|
| 月 | 日 | | | 亿千百十万千百十元角分 | 亿千百十万千百十元角分 | | 亿千百十万千百十元角分 |
| 6 | 1 | 略 | 期初余额 | | | 贷 | 2 0 0 0 0 0 0 0 |
| | 27 | 略 | 偿还北京建材货款 | 2 0 0 0 0 0 0 0 | | 平 | 0 0 0 |

图 3-10　应付账款明细分类账（北京光明公司）

# 项目小结

本项目介绍了记账方法、借贷记账法和借贷记账符号的概念、借贷记账法下的账户结构、账户的对应关系、会计分录、过账、编制试算平衡表、总分类账户和明细分类账平行登记的原理以及总分类账户与明细分类账户平行登记举例。

# 思考与练习

## 一、单项选择题

1. 按记录经济业务方式的不同，记账方法可以分为（ ）。
   A. 收付记账法和复式记账法
   B. 增减记账法和借贷记账法
   C. 单式记账法和复式记账法
   D. 收付记账法和增减记账法

2. 应在账户借方核算的是（ ）。
   A. 负债的增加额　　B. 所有者权益的增加额
   C. 收入的增加额　　D. 成本的增加额

3. 我国《企业会计准则》规定，自1993年7月1日起，境内所有企业统一采用（ ）。
   A. 收付记账法　　B. 增减记账法
   C. 借贷记账法　　D. 单式记账法

4. 复式记账法是对每笔经济业务事项都要在（ ）相互联系的账户中进行登记，系统地反映资金运动变化结果的一种记账方法。
   A. 一个　　B. 两个
   C. 三个　　D. 两个或两个以上

5. 采用借贷记账法时，损益支出类账户的结构特点是（ ）。
   A. 借方登记增加、贷方登记减少，期末余额在借方
   B. 借方登记减少、贷方登记增加，期末余额在贷方
   C. 借方登记增加、贷方登记减少，期末一般无余额
   D. 借方登记减少、贷方登记增加，期末一般无余额

6. 根据借贷记账法的原理，记录在账户贷方的是（ ）。
   A. 费用的增加　　B. 收入的增加
   C. 负债的减少　　D. 所有者权益的减少

7. 会计科目是（ ）的名称。
   A. 会计账户　　B. 会计等式
   C. 会计对象　　D. 会计要素

8. 借贷记账法的记账规则是（ ）。
   A. 同增、同减、有增、有减
   B. 同收、同付、有收、有付
   C. 有增必有减，增减必相等
   D. 有借必有贷，借贷必相等

9. 在借贷记账法中，账户的哪一方记录增加，哪一方记录减少是由（ ）决定的。
   A. 账户的性质　　B. 记账规则
   C. 账户的结构　　D. 业务的性质

10. 复试记账法的基本理论依据是（ ）的平衡原理。

A. 资产＝负债＋所有者权益
B. 收入－费用＝利润
C. 期初余额＋本期增加数－本期减少数＝期末余额
D. 借方发生额＝贷方发生额

## 二、多项选择题

1. 记账方法按记账方式的不同，可以分为（　）。
 A. 借贷记账法　　　　B. 单式记账法
 C. 复式记账法　　　　D. 收付记账法
2. 账户借方可以表示的意义有（　）。
 A. 资产的增加　　　　B. 负债的减少
 C. 所有者权益的减少　D. 收入的减少
3. 借贷记账法的试算平衡方法包括（　）。
 A. 发生额试算平衡法
 B. 增加额试算平衡法
 C. 减少额试算平衡法
 D. 余额试算平衡法
4. 会计账户的简单格式还可以表示为（　）。
 A. "T"形账户　　　　B. "丁"字账户
 C. 复式账户　　　　　D. 单栏式账户
5. 下列各账户，在借贷记账法下，本期增加的金额记入借方的有（　）。
 A. 银行存款　　　　　B. 实收资本
 C. 主营业务收入　　　D. 管理费用
6. 关于复式记账法，以下说法正确的有（　）。
 A. 能够全面反映经济业务的内容和资金运动的来龙去脉
 B. 复式记账法就是指借贷记账法
 C. 能够进行试算平衡，便于查账和对账
 D. 现代会计运用复式记账法
7. 复式记账法的特点有（　）。
 A. 可以系统、全面反映经济业务内容
 B. 可以简化登记账簿的工作
 C. 可以清楚地反映经济业务的来龙去脉
 D. 便于核对账户的记录
8. 在借贷记账法下，账户的借方登记（　）。
 A. 收入的减少　　　　B. 负债的减少
 C. 资产的减少　　　　D. 所有者权益的减少
9. 所谓账户结构，是指账户如何提供核算指标，即（　）。
 A. 账户期末余额的方向
 B. 账户余额表示的内容
 C. 账户借方核算的内容
 D. 账户贷方核算的内容
10. 借贷记账法的试算平衡有（　）。
 A. 发生额平衡　　　　B. 余额平衡
 C. 会计要素平衡　　　D. 借贷平衡

## 三、判断题

1. 单式记账法是指对每项经济业务的发生只在一个账户中进行的记账方法。（　）
2. 我国会计制度规定，所有企业的记账都采用借贷记账法。（　）
3. 借贷记账法最早产生于12世纪的法国，目前已成为世界通用的记账方法。（　）
4. 余额试算平衡是根据会计恒等式的平衡关系检验账户记录的正确性。（　）
5. 目前我国主要采用的是复式记账法，但对于个别企业、组织也可以采用单式记账法进行会计核算。（　）
6. 借贷记账法的试算平衡方法有本期发生额试算平衡和差额试算平衡。（　）
7. 在借贷记账法下，损益类科目期末一般都无余额。（　）
8. 在借贷复式记账法下，每项经济业务发生，都要记入一个或一个以上的账户中。（　）
9. 在现代借贷记账法中的"借"和"贷"分别是债权和债务之意。（　）
10. 单式记账法编制简单会计分录，复式记账法编制复合会计分录。（　）

## 四、思考题

1. 简述什么是复式记账法。
2. 编制试算平衡的步骤是什么?
3. 简述复式记账法的特点。
4. 说明会计分录的概念和种类。
5. 简述总账与明细账平行登记的要点。

# 项目 4　复式记账法应用

### 知识目标

◎ 掌握筹集资金核算内容和账户设置；
◎ 掌握采购业务的核算内容和账户设置；
◎ 掌握生产业务的核算内容和账户设置；
◎ 掌握利润核算内容和账户设置。

### 技能目标

◎ 掌握资金筹资业务的核算；
◎ 掌握采购业务的核算；
◎ 掌握生产业务与销售业务的核算；
◎ 掌握利润及利润分配业务的核算。

### 案例导入

中南整体橱柜公司是一家上市公司，专业生产、销售整体橱柜。近年来，我国经济快速发展，居民掀起购房和装修热，对公司生产的不同类型的整体橱柜需求旺盛，销售收入增长迅速。公司预计在北京及其周边地区的市场潜力较大，销售收入预计每年将增长 50%～100%。为此，公司决定在 2021 年底前在北京郊区建成一座新厂，需要筹措资金 5 亿元，其中 2 000 万元可以通过公司自有资金解决，剩余的 4.8 亿元需要从外部筹措。2020 年 8 月 31 日，公司总经理周建召开总经理办公会议研究筹资方案，并要求财务经理陆华提出具体计划，以提交董事会会议讨论。公司 2020 年 8 月 31 日的有关财务数据如下。

1. 资产总额为 27 亿元，资产负债率为 50%。
2. 公司有长期借款 2.4 亿元，年利率为 5%，每年年末支付一次利息。其中 6 000 万元将在 2 年内到期，其他借款的期限尚余 5 年。借款合同规定公司资产负债率不得超过 60%。

公司发行在外普通股 3 亿股。另外，公司 2019 年完成净利润 2 亿元。2020 年预计全年可完成净利润 2.3 亿元。公司适用的所得税税率为 25%。

**案例思考**

分析上述两种筹资方案的优缺点，并从中选出较佳的筹资方案。

### 本章导语

企业生产经营活动是以筹集满足生产经营活动的资金为起点，进行物资供应、生产、销售，实现利润分配的目的。财务人员针对经济业务进行科目设置和账户处理，是对会计科目和会计账户以及借贷记账法的具体运用。

# 任务 4.1 企业的主要经济业务

## 4.1.1 企业经济业务概述

不同企业的经济业务各有特点，生产经营业务流程也不尽相同，本任务主要介绍以从事产品生产为对象的工业企业（也称"制造企业"）的资金筹集、设备购置、材料采购、产品生产、商品销售和利润分配等经济业务的账务处理。

会计核算和监督的内容，具体是指社会再生产过程中能以货币形式表现的经济活动，即资金运动或价值运动。企业的资金运动表现为资金投入、资金运用和资金退出三个过程。

（1）资金投入。

资金投入即资金投入到企业，是资金运动的起点，也是企业取得资金的过程。

（2）资金运用。

资金运用即资金的循环与周转，包括供应过程、生产过程和销售过程。

①供应过程。

企业以货币资金购买生产所需的各种材料。

②生产过程。

生产过程是工业企业经营活动的中心环节。这个过程是从材料投入生产开始到产品制成为止的产品制造过程。

③销售过程。

企业将产品销售出去，实现价值的过程。

（3）资金退出。

资金退出即资金离开企业，是资金运动的终点。

## 4.1.2 银行结算方式

结算方式，是指用一定的形式和条件实现企业间或企业与其他单位和个人间货币收付的程序及方法。结算方式分为现金结算和支付结算两种。企业除按规定的范围使用现金结算外，大部分货币收付业务应使用支付结算。

支付结算，又称"银行结算"，是指通过银行账户的资金转移来实现收付的行为，即银行接受客户委托代收代付，从付款单位存款账户划出款项，转入收款单位存款账户，以此完成各经济组织之间债权债务的清算和资金的调拨。银行结算是商品交换的媒介，是社会经济活动中清算资金的中介。

企业应严格按照国家有关支付结算办法的规定，正确进行银行存款收支业务的结算。企业应根据不同性质的款项收支，考虑结算金额的大小、结算距离的远近、利息支出和对方信用等因素，综合分析并选择适当的支付结算办法，以缩短结算时间，减少结算资金占用，加快资金周转。

> **提示**
>
> 国内主要有支票、商业汇票、银行汇票、银行本票等票据结算方式，银行卡、汇兑、委托收款、托收承付、国内信用证等其他结算方式以及网上支付结算方式等。

## 4.1.3 一般企业应缴纳的税费及增值税概述

（1）一般企业应缴纳的税费。

企业从事生产经营，实际上都在享受国家从宏观上提供的某些服务，如基础设施、社会安全保障、宏观经济管理等，这些服务的性质决定了其只能由国家提供。服务是有偿的，享受服务的人应该付费，纳税由此产生。此外，税收还是国家组织财政收入、调节经济行为的一种必不可少的手段。因此，企业在一定时期内取得的营业收入和实现的利润，要按照规定向国家缴纳各种税费，这些应交税费在尚未缴纳之前暂时留在企业，形成企业的一项流动负债。

(2) 增值税概念及核算的账户设置。

①增值税的概念。

增值税，是以销售货物、应税服务、无形资产以及不动产过程中产生的增值额为计税依据而征收的一种流转税。从计税原理上说，增值税是对商品生产、流通、劳务服务中多个环节的新增价值或商品的附加值征收的一种流转税。实行价外税，就是由消费者负担，有增值才征税，没有增值不征税。

> **注意**
>
> 税收收入是我国财政收入最主要的来源，而增值税独占鳌头，增值税涉及生产流通环节中的所有货物及部分劳务。简单地说，增值税就是对增值额征收的税，增值额就是纳税人生产、销售过程中产出或收入大于投入的部分。

②增值税征收范围的基本规定。

Ⅰ. 销售或者进口货物。货物，是指有形动产，包括电力、热力、气体在内；销售货物，是指有偿转让货物的所有权。

Ⅱ. 提供加工、修理修配劳务，是指有偿提供加工、修理修配劳务，但单位或个体经营者聘用的员工为本单位或者雇主提供加工、修理修配劳务不包括在内。

Ⅲ. 销售服务、无形资产或者不动产，是指有偿提供服务（包括交通运输服务、邮政服务、金融服务、现代服务、生活服务）、有偿转让无形资产（包括转让技术、商标、著作权等无形资产所有权或者使用权的业务活动）或者不动产（转让包括建筑物、构筑物等不动产所有权在内的业务活动），但条例规定的相关非经营活动的情形除外。

③增值税纳税义务人。

在我国境内销售货物、应税服务、无形资产以及不动产的单位和个人，为增值税纳税人。根据增值税暂行条例规定，按经营规模及会计核算健全与否，可将纳税义务人分为一般纳税人和小规模纳税人两类。

④增值税税率和征收率。

增值税税率是增值税税额与课税依据之间的比例，增值税采用比例税法，自2016年5月1日起，增值税的税率包括如下几类：13%、9%、6%、3%、3%减按2%、0%、免税。其中，小规模纳税人按照3%的征收率计算应纳税额。

⑤增值税应纳税额的计算。

一般纳税人采用扣税法计算，增值税应纳税额的计算公式为：

$$\text{应纳增值税税额} = \text{当期销项税额} - \text{当期可予抵扣的进项税额}$$

销项税额，是增值税一般纳税人销售货物或提供劳务，按照销售额或应税劳务收入和规定的税率计算并向购买方收取的增值税税额。一般纳税人的销项税额，应在销售货物或提供应税劳务时开出的增值税专用发票上注明。计算公式为：

$$\text{销项税额} = \text{不含税销售额} \times \text{税率}$$

进项税额，是增值税一般纳税人购进货物或接受应税劳务时支付的增值税税额。进项税额与销项税额是相对应的概念，是从销售方取得的增值税专用发票或从海关取得的完税凭证上注明的金额。

> **注意**
>
> 增值税的实质是用纳税人收取的销项税额抵扣支付的进项税额，余额为纳税人实际缴纳的增值税税额。

小规模纳税人应纳增值税税额的计算公式为：

$$\text{应纳增值税税额} = \text{不含税销售额} \times \text{征收率(3\%)}$$

## 理解

由于增值税一般纳税人的计算采用间接计算法,增值税的核算内容比较多,因此,需在"应交税费"账户下同时设置"应交增值税""未交增值税""预交增值税""待抵扣进项税额""待认证进项税额""待转销项税额""增值税留抵税额""简易计税""转让金融商品应交增值税""代扣代缴增值税"等明细账户。其中,增值税一般纳税人应在"应交增值税"明细账内设置"进项税额""销项税额""销项税额抵减""已交税费""转出未交增值税""减免税额""出口抵减内销产品应纳税额""出口退税""进项税额转出""转出多交增值税"等专栏。

# 任务 4.2 资金筹集业务的核算

## 4.2.1 自有资金的核算

### 1. 自有资金核算的内容

自有资金是指企业依法筹集的并可长期拥有和支配的资金,是股东出资形成的资本金、资本盈余以及运行结果累积的留存收益。它们统称为"所有者权益",本质上归属出资人所有。

自有资金筹集的渠道主要有两个:一是通过发行股票等吸收投资者投资;二是通过企业内部经营成果转化为积累资金。吸收投资者投资,形成企业的"实收资本"或"股本";企业内部经营成果的转化,形成企业的"盈余公积"等。这里主要介绍实收资本(或股本)和资本公积。

(1)实收资本(或股本)。实收资本(或股本)是指企业的投资者按照企业章程、合同或协议的约定,实际投入企业的资金,以及按照有关规定由资本公积、盈余公积等转增资本的资金。

实收资本(或股本)是企业所有者权益的主体,所有者投入资本数额的多少及其在实收资本中所占的比重,决定了各所有者的权益大小,同时也是所有者将来取得股利分红的重要依据。

实收资本(或股本)一般情况下无须偿还,可以长期使用。实收资本(或股本)的比例,即投资者的出资比例或股东的股份比例,是确定所有者在企业所有者权益中所占份额、参与经营管理和分配利润(股利)的依据,同时也是企业清算时确定所有者对净资产要求权的比例。

## 提示

按投资主体不同,可以将实收资本分为国家资本金、外商资本金、法人资本金和个人资本金。

(2)资本公积。资本公积是企业收到投资者投入的超出其在企业注册资本(或股本)中所占份额的投资,以及直接计入所有者权益的利得和损失等。资本公积作为企业所有者权益的重要组成部分,主要用于转增资本。

> **注意**
>
> 按投资者投入资本的形态不同，可以将所有者投入的资本分为现金资产投资和非现金资产投资。其中，现金资产投资，是指投资者将货币资金投入被投资企业的方式；非现金资产投资，是指投资者以被投资企业所需的厂房、设备等固定资产和材料、产品等流动资产进行投资的方式，以及以专利权、商标权、非专利技术、土地使用权和著作权等无形资产进行投资的方式。

**2. 自有资金账户设置**

企业的投资人既可以用货币资产投资，也可以用非货币资产如固定资产、无形资产投资。

为了反映企业实收资本的增减变动情况，应设置"实收资本""资本公积""银行存款""固定资产""无形资产"等账户。

（1）"实收资本"账户。
①性质：所有者权益类账户。
②核算内容：核算与监督投资者投入资本的增减变动及其结果。
③明细设置：按不同投资者设置明细分类账户，进行明细核算。
④账户结构："实收资本（或股本）"账户结构如图4-1所示。

| 借 | 实收资本（或股本） | 贷 |
|---|---|---|
| 所有者投入企业资本的减少额 | | 所有者投入企业资本的增加额 |
| | | 期末余额：反映企业期末实收资本（或股本）总额 |

图4-1 "实收资本（或股本）"账户结构

（2）"资本公积"账户。
①性质：所有者权益类账户。
②核算内容：用于核算和监督企业收到投资者投入的超出其在企业注册资本中所占份额的投资，以及直接计入所有者权益的利得和损失等。资本公积作为企业所有者权益的重要组成部分，主要用于转增资本。

③明细设置：按资本公积的来源不同，分为"资本溢价（或股本溢价）""其他资本公积"，并进行明细核算。
④账户结构："资本公积"账户结构如图4-2所示。

| 借 | 资本公积 | 贷 |
|---|---|---|
| 资本公积的减少额 | | 资本公积的增加额 |
| | | 期末余额：反映企业期末资本公积的结余数额 |

图4-2 "资本公积"账户结构

（3）"银行存款"账户。
①性质：资产类账户。
②核算内容：核算企业存入银行的各种存款。
③明细设置：按开户银行、存款种类等设置明细分类账户，进行明细核算。
④账户结构："银行存款"账户结构如图4-3所示。

| 借 | 银行存款 | 贷 |
|---|---|---|
| 存入的款项 | | 提取或支出的存款 |
| 期末余额：反映企业存入银行或其他金融机构的各种款项 | | |

图4-3 "银行存款"账户结构

> **注意**
>
> 银行汇票存款、银行本票存款、信用卡存款、信用证保证金存款、存出投资款、外埠存款等，不应通过"银行存款"账户核算，而应通过"其他货币资金"账户核算。

（4）"固定资产"账户。
①性质：资产类账户。
②核算内容：核算与监督企业持有的固定资产原价的增减变动及其结果。
③明细设置：按固定资产类别和项目进行明细核算。
④账户结构："固定资产"账户结构如图4-4所示。

| 借 | 固定资产 | 贷 |
|---|---|---|
| 企业取得固定资产的原始价值 | 减少固定资产的原始价值 | |
| 期末余额：反映企业现有固定资产的原始价值 | | |

图 4-4 "固定资产"账户结构

（5）"无形资产"账户。

①性质：资产类账户。

②核算内容：核算与监督企业持有的无形资产成本。

③明细设置：按无形资产项目进行明细核算。

④账户结构："无形资产"账户结构如图 4-5 所示。

| 借 | 无形资产 | 贷 |
|---|---|---|
| 企业取得无形资产的价值 | 无形资产的减少价值 | |
| 期末余额：反映企业现有无形资产的价值 | | |

图 4-5 "无形资产"账户结构

### 3. 自有资金核算举例

企业接受投资者投入的现金资产，应按实际收到的款项，借记"银行存款"账户，接受非现金资产投资的，按投资合同或协议约定的价值（但约定价值不公允的除外）确定非现金资产价值，并在办理实物资产转移手续时借记"原材料""固定资产""无形资产"等账户，按其在注册资本或股本中所占份额，贷记"实收资本"账户，按其差额，贷记"资本公积——资本溢价"账户。

【情景 4-1】（1）北京市惠达股份有限公司 2021 年 6 月 8 日接受股东王达投资 300 000 元，款项存入银行（不考虑相关税费）。投资协议书如图 4-6 所示。

借：银行存款 300 000
　　贷：实收资本——王达 300 000

**投资协议书**

投资人：王达

　　截至 2021 年 6 月 8 日，接受股东王达投资 300 000 元，款项存入银行。依股东名册记载持我公司股份总数为 100 万股，股权比例 30%。

此致

北京市惠达股份有限公司
2021 年 6 月 8 日

图 4-6 投资协议书

（2）北京市惠达股份有限公司收到北京市立志有限公司投入机器设备一台，原值 250 000 元，双方协议价格 200 000 元（不考虑相关税费）。固定资产验收单如图 4-7 所示。

借：固定资产 250 000
　　贷：实收资本——北京市立志
　　　　　　　　　有限公司 200 000
　　　　资本公积——资本溢价 50 000

## 固定资产验收单

供应单位：北京市立志有限公司　　　　　　　　　　　　　　　固定资产来源：立志公司投入
支票号：　　　　　　　　　2021 年 6 月 10 日　　　　　　　字第 1 号

| 固定资产类别 | 固定资产名称 | 规格材质 | 计量单位 | 数量 | 实收数量 | 单价 | 金额（千百十万千百十元角分） |
|---|---|---|---|---|---|---|---|
| 设备 | | | 台 | 1 | 1 | 200 000.00 | 2 0 0 0 0 0 0 0 |

检验结果：合格　　检验员签章：葛然　　运杂费合计

备注：

单位主管 李京　　固定资产会计 陈清　　经办人 葛然　　制单 王强

第二联 财务部门记账

图 4-7　固定资产验收单

(3) 北京市惠达股份有限公司收到北京市锦江有限公司投入无形资产专利权 100 000 元（不考虑相关税费）。无形资产验收单如图 4-8 所示。

借：无形资产——专利权　　　　　100 000
　　贷：实收资本——北京市锦江
　　　　　　　　　有限公司　　　100 000

## 无形资产验收单

供应单位：北京市锦江有限公司　　　　　　　　　　　　　　　无形资产来源：购入
支票号：　　　　　　　　　2021 年 6 月 11 日　　　　　　　字第　号

| 无形资产类别 | 无形资产名称 | 规格材质 | 计量单位 | 数量 | 实收数量 | 单价 | 金额（千百十万千百十元角分） |
|---|---|---|---|---|---|---|---|
| 特向研发 | 专利权 | | | | | 100 000.00 | 1 0 0 0 0 0 0 0 |

检验结果：　　检验员签章：　　运杂费合计

备注：

单位主管 李京　　无形资产会计 陈清　　经办人 葛然　　制单 王强

第二联 财务部门记账

图 4-8　无形资产验收单

【情景4-2】南方公司、远方公司、万达公司、昌邑公司四家公司共同投资设立中资公司。2021年1月1日，中资公司发生下列经济业务。

(1) 公司收到南方公司作为投资投入本公司的货币资金 3 000 000 元，其中 200 000 元作为资本公积，公司收到投资后存入银行，相关手续已办妥。

分析：这项经济业务的发生，资金来自投资者投入的货币资金，涉及"实收资本""资本公积"账户，属于所有者权益类账户，增加时记入贷方，按投资合同或协议约定的投资者在公司注册资本中所占份额的部分，即按 2 800 000 元贷记"实收资本"账户，按超过注册资本的份额，即按 200 000 元贷记"资本公积——资本溢价"账户。公司收到投资后已存入银行，涉及"银行存款"账户，属于资产类账户，增加时按实际收到的款项记借方，即按 3 000 000 元借记"银行存款"账户。

公司应作会计分录如下：

```
借：银行存款                3 000 000
    贷：实收资本——南方公司   2 800 000
        资本公积——资本溢价    200 000
```

（2）公司收到远方公司作为投资投入的原材料一批，该批原材料投资合同或协议约定价值为 1 500 000 元，增值税进项税额为 195 000 元；公司收到万达公司作为投资投入的不需要安装的机器设备一批，合同约定该机器设备的价值为 4 000 000 元，增值税进项税额为 520 000 元；公司收到昌邑公司作为投资投入的非专利技术一项，该非专利技术投资合同约定价值 2 000 000 元，增值税进项税额为 120 000 元。远方公司、万达公司、昌邑公司均已开具了增值税专用发票。

分析：这项经济业务的发生，资金从哪里来？资金从投资者投入中来，涉及"实收资本"账户，属于所有者权益类账户，增加时记入贷方，应按投资合同或协议约定的投资者在公司注册资本中所占份额的部分贷记"实收资本"账户；公司收到投资者投入非现金资产，涉及"原材料""固定资产""无形资产"账户，属于资产类账户，增加时记借方，应按投资合同协定约定的价值，即按 1 500 000 元借记"原材料"账户，按 4 000 000 元借记"固定资产"账户，按 2 000 000 元借记"无形资产"账户，同时按可抵扣的增值税进项税额，即按 835 000 元借记"应交税费——应交增值税（进项税额）"账户。

公司应作会计分录如下：

```
借：原材料                    1 500 000
    固定资产                  4 000 000
    无形资产——非专利技术      2 000 000
    应交税费——应交增值税
    （进项税额）                835 000
    贷：实收资本——远方公司   1 695 000
        ——万达公司           4 520 000
        ——昌邑公司           2 120 000
```

股份有限公司，是指企业全部注册资本由等额股份构成，通过发行股票筹集资本，股东以所持有的股份对公司承担有限责任，公司以全部资产对公司债务承担责任的企业法人。

股份有限公司股票的发行方式有三种：面值发行、溢价发行、折价发行。按面值发行的，称为"面值发行"；高于面值发行的，称为"溢价发行"；低于面值发行的，称为"折价发行"。我国不允许企业折价发行股票。股份有限公司在核定的股本总额及核定的股份总额的范围内发行股票时，应在实际收到现金资产时进行账务处理。

股份有限公司在发行股票收到现金资产时，按实际收到的金额，借记"银行存款"等账户；按股票面值和核定的股份总额乘积计算的金额，贷记"股本"账户；按其差额，贷记"资本公积——股本溢价"账户。

【情景4-3】远航股份有限公司委托兴业证券股份有限公司代理发行普通股 10 000 000 股，每股面值为 1 元，发行价格为每股 2 元，股款 20 000 000 元已全部收到，不考虑发行过程中的税费等问题。

公司应作会计分录如下：

应记入"资本公积"账户的金额 =10 000 000×(2−1)=10 000 000（元）

```
借：银行存款                 20 000 000
    贷：股本——普通股        10 000 000
        资本公积——股本溢价  10 000 000
```

## 4.2.2　借入资金的核算

**1. 借入资金的核算内容**

借入资金是指企业向金融机构借入部分资金以满足生产经营需要，现实生活中结算也能形成负债。负债筹资主要包括短期借款、长期借款以及结算形成的负债等。

短期借款，是指企业为了满足生产经营对资金的临时性需要而向银行或其他金融机构借入的偿还期限在一年（含一年）以内的各种借款。目前我国企业短期借款主要有流动资金借款、临时借款、结算借款和票据贴现借款等。

长期借款，是指企业向银行或其他金融机构借入的偿还期限在一年（不含一年）以上的各种借款。按照付息方式与本金的偿还方式不同，可将长期借款分为分期付息到期还本长期借款和到期一次还本付息长期借款两种。长期借款一般用于固定资产的购建、改扩建工程、大修理工程、对外投资以及保持长期经营能力等方面。

**2. 借入资金账户设置**

为了反映企业借入资金的核算内容及其增减变动情况，企业应设置"短期借款""长期借款""应付利息""财务费用"等账户。

（1）"短期借款"账户。

①性质：负债类账户。

②核算内容：核算企业向银行或其他金融机构借入的期限在一年（含一年）以下的各种借款。

③明细设置：按照借款种类、贷款人和币种进行明细核算。

④账户结构："短期借款"账户结构如图4-9所示。

| 借 | 短期借款 | 贷 |
|---|---|---|
| 短期借款本金的减少额 | 短期借款本金的增加额 | |
| | 期末余额：反映期末尚未归还的短期借款 | |

图4-9 "短期借款"账户结构

（2）"长期借款"账户。

①性质：负债类账户。

②核算内容：核算企业向银行或其他金融机构借入的期限在一年（不含一年）以上的各项借款（含本金及计提的到期一次还本付息的借款利息）。

③明细设置：按照贷款单位进行明细核算。

④账户结构："长期借款"账户结构如图4-10所示。

| 借 | 长期借款 | 贷 |
|---|---|---|
| 归还的本金和利息 | 长期借款的增加额 | |
| | 期末余额：反映期末尚未偿还的长期借款 | |

图4-10 "长期借款"账户结构

（3）"应付利息"账户。

①性质：负债类账户。

②核算内容：核算企业按照合同约定应支付的利息，包括短期借款、分期付息到期还本的长期借款、企业债券等应支付的利息。

③明细设置：按照借款种类、贷款人和币种进行明细核算。

④账户结构："应付利息"账户结构如图4-11所示。

| 借 | 应付利息 | 贷 |
|---|---|---|
| 已支付的利息费用 | 应按月预先提取的利息费用 | |
| | 期末余额：反映企业已经预提，但尚未支付的利息费用 | |

图4-11 "应付利息"账户结构

（4）"财务费用"账户。

①性质：损益类（费用）账户。

②核算内容：核算企业为筹集生产经营所需资金等而发生的筹资费用，包括利息支出（减利息收入）、汇兑差额以及相关的手续费等。

③明细设置：按照费用类型进行明细核算。

④账户结构："财务费用"账户结构如图4-12所示。

| 借 | 财务费用 | 贷 |
|---|---|---|
| 发生的筹资费用 | 发生的利息收入和结转本年利润的金额 | |
| | 期末余额：反映转入本年利润账户的金额 | |

图4-12 "财务费用"账户结构

> **注意**
> 
> 为构建或生产满足资本化条件的资产发生的应予资本化的借款费用，通过"在建工程""制造费用"等账户核算，不通过"财务费用"账户核算。

### 3. 借入资金核算举例

（1）短期借款的账务处理。

企业借入的各种短期借款，借记"银行存款"科目，贷记"短期借款"科目；归还借款时做相反的会计分录。资产负债表日，应按计算确定的短期借款利息费用，借记"财务费用"科目，贷记"银行存款""应付利息"等科目。

【情景4-4】2021年6月1日，北京市惠达股份有限公司向工商银行北京市昌平区支行借入为期3个月的借款600 000元，年利率6%。借款合同、利息计提表如图4-13、图4-14所示。

① 借款时：

借：银行存款　　　　　　　　　600 000
　　贷：短期借款——工商银行　　　　600 000

**借款合同**

经工商银行北京市昌平区支行（下称"贷款方"）与北京市惠达股份有限公司（下称"借款方"）充分协商，根据《借款合同条例》和公司及工商银行的有关规定签订本合同，共同遵守。

第一条　自2021年6月1日起，由贷款方向借款方提供流动资金短期借款（种类）贷款（大写）陆拾万元，用于流动资金周转需要，还款期限至2021年9月1日止，利率按月息0.5%计算。如遇国家贷款利率调整，按调整后的新利率和计算方法计算。

第二条　贷款方应在符合国家信贷政策、计划的前提下，按期、按额向借款方提供贷款。否则，应按违约数额和延期天数付给借款方违约金。违约金数额的计算，与逾期贷款的加息相同。

第三条　借款方愿遵守贷款方的有关贷款办法规定，并按本合同规定用途使用贷款。否则，贷款方有权停止发放贷款、收回或提前收回已发放的贷款。对违约部分，按规定加收0.5‰的罚息。

第四条　借款方保证按期偿还贷款本息。利息贷款到期偿还本金时一并支付。如需延期，借款方必须在贷款到期前提出书面申请，经贷款方审查同意，签订延期还款协议。借款方不申请延期或双方签订延期还款协议的，从逾期之日起，贷款方按规定加收0.5‰的罚息，并可随时从借款方存款账户中直接扣收逾期贷款本息。

借款方：北京市惠达股份有限公司　　　　　贷款方：工商银行北京市昌平支行
法人代表：李京　　　　　　　　　　　　　负责人：霍利
账号：11006230658958630005工商银行昌平支行　经办人：吴婪
电话：010-56265892　　　　　　　　　　　电话：010-57386518
地址：北京市昌平区流村镇北复路118号　　　地址：北京市昌平区超前路9号
签约日期：2021年6月1日　　　　　　　　　签约日期：2021年6月1日

图4-13　借款合同

② 计息时：

借：财务费用——利息费用　　　　　　　　　　　　　　　　　　　　　　　3 000
　　贷：应付利息——工商银行　　　　　　　　　　　　　　　　　　　　　　3 000

**利息计提表**

2021年 7月 1日　　　　　　　　　　　单位：元

| 票据类型 | 计息时间 | 票面金额 | 年利率 | 月利息 | 已提利息 | 合计 |
|---|---|---|---|---|---|---|
| 商业承兑汇票 | 6月1日至9月1日 | 600 000.00 | 6% | 3 000.00 | | |
| | | | | | | |
| | | | | | | |
| | | | | | | |
| 合计 | | ¥600 000.00 | | ¥3 000.00 | | |

财务主管　李京　　　　　　　　　　　　　　　　　　　　　　　　　制单　王强

图4-14　利息计提表

③还本付息时：

借：短期借款——工商银行　　　600 000
　　应付利息——工商银行　　　　9 000
　　贷：银行存款　　　　　　　　　609 000

（2）长期借款的账务处理。

长期借款业务，包括借入款项、计息、付息和还本四个环节。企业借入长期借款，应按实际收到的金额，借记"银行存款"账户，按借款本金，贷记"长期借款——本金"账户，如存在差额，还应借记"长期借款——利息调整"账户。长期借款本息的处理，包括到期偿还本息（计提利息通过"长期借款——应付利息"账户核算）、到期还本按年付息和按年支付本息（计提利息通过"应付利息"账户核算）三种方式。

资产负债表日，长期借款的利息费用应当按照实际利率法计算确定，实际利率与合同利率差异较小的，也可采用合同利率计算确定。

资产负债表日，应按确定的长期借款利息费用，根据借款用途做不同处理。借记"在建工程"（用于购建固定资产方面，在固定资产尚未达到预定可使用状态前发生的应当计入固定资产成本的利息费用）、"管理费用"（用于企业筹建期间发生的利息费用）、"研发支出"（用于无形资产研发方面，应当计入无形资产成本的利息费用）、"制造费用"（用于产品生产，符合条件计入产品成本的利息费用）、"财务费用"（用于企业生产经营需要，以及固定资产和无形资产达到可使用状态后发生的利息费用）等账户，按确定的应付未付利息，如属于分期付息的，贷记"应付利息"账户（如属于到期一次还本付息的，贷记"长期借款——应计利息"账户），按其差额，贷记"长期借款——利息调整"等账户。

【情景4-5】北京市惠达股份有限公司从银行借入为期2年的借款1 000 000元，年利率6%，用于自建库房。

①借款时：

借：银行存款　　　　　　　　1 000 000
　　贷：长期借款——本金　　　　1 000 000

②资产负债表日：

借：在建工程——库房　　　　　　60 000
　　贷：长期借款——应计利息　　　60 000

③还本付息时：

借：长期借款——本金　　　　1 000 000
　　长期借款——应计利息　　　120 000
　　贷：银行存款　　　　　　　　1 120 000

【情景4-6】2021年1月1日，中资公司向中国工商银行开发区支行借入期限为3年期的借款1 500 000元，该借款用于企业生产经营需要，借款已存入银行。借款合同规定年利率为7%（假设实际利率与合同利率差异较小），每年付息一次，期满后一次还清本金。

公司应作会计分录如下。

①2021年1月1日，取得借款时：

借：银行存款　　　　　　　　1 500 000
　　贷：长期借款——银行
　　　　　　（本金）　　　　　1 500 000

②2021年12月31日，计提长期借款利息费用时：

2021年应计利息=1 500 000×7%=105 000（元）

借：财务费用　　　　　　　　　105 000
　　贷：应付利息——银行　　　　　105 000

③2022年1月1日，支付借款利息时：

借：应付利息——银行　　　　　105 000
　　贷：银行存款　　　　　　　　　105 000

> **注意**
>
> 第二年末和第三年末计算长期借款利息和次年实际支付利息时编制的会计分录与第一年相同。

④2023年1月1日，到期偿还时：

借：长期借款——银行（本金）　1 500 000
　　贷：银行存款　　　　　　　　1 500 000

企业偿还长期借款本金时，借记"长期借款——本金"账户，贷记"银行存款"账户。同时，存在利息调整余额的，借记或贷记"在建工程""财务费用""研发支出"等账户，贷记或借记"长期借款——利息调整""长期借款——应计利息"账户。

# 任务 4.3　固定资产业务的核算

## 4.3.1　固定资产的概念与特征

固定资产，是指为生产产品、提供劳务、出租或者经营管理而持有，使用寿命超过一个会计年度的有形资产。

固定资产同时具有以下特征。

（1）属于有形资产。固定资产具有实物特征，这一特征将固定资产与无形资产区别开来。

（2）为生产产品、提供劳务、出租或者经营管理而持有。这意味着，企业持有的固定资产是企业的劳动工具或手段，而不是直接用于出售的产品。其中"出租"的固定资产，是指用于出租的机器设备类固定资产，不包括以经营租赁方式出租的建筑物，后者属于企业的投资性房地产。

（3）使用寿命超过一个会计年度。这意味着固定资产属于非流动资产，随着使用和磨损，通过计提折旧方式逐渐减少账面价值。固定资产的使用寿命，是指企业使用固定资产的预计期间，或者该固定资产所能生产产品或提供劳务的数量。企业确定固定资产使用寿命，应考虑以下因素：预计生产能力或实物数量、预计有形损耗和无形损耗、法律或类似规定对资产使用的限制。

## 4.3.2　固定资产的折旧

### 1. 固定资产折旧的实质

固定资产折旧，是指在固定资产使用寿命内，按照确定的方法对应计折旧额进行的系统分摊。其中，应计折旧额是指应当计提折旧的固定资产的原价扣除预计净残值后的金额。已计提减值准备的固定资产，还应当扣除已计提的固定资产减值准备累计金额。折旧的实质在于将固定资产的成本以一定的方式分配于由此资产获取效益的各个期间，以便使费用与收入配比。

### 2. 影响固定资产折旧的因素

影响固定资产折旧的因素，包括固定资产原值、预计净残值、预计使用年限、折旧方法以及固定资产产生经济利益的方式等方面。影响折旧的因素主要有以下几个方面。

（1）固定资产原价，是指固定资产的成本。

（2）预计净残值，是指假定固定资产预计使用寿命已满并处于使用寿命终了时的预期状态，企业目前从该项资产处置中获得的扣除预计处置费用后的金额。预计净残值率，是指固定资产预计净残值额占原价的比率。

（3）固定资产减值准备，是指固定资产已计提的固定资产减值准备累计金额。

（4）固定资产的使用寿命，是指企业使用固定资产的预计期间，或者该固定资产所能生产产品或提供劳务的数量。

> **注意**
>
> 企业应合理确定固定资产预计使用年限和预计净残值，并选择合理的折旧方法，经股东大会、董事会、经理（厂长）会议或类似机构批准，作为计提折旧的依据，上述方法一经确定不得随意变更。

### 3. 计提固定资产折旧的范围

（1）空间范围。

除以下情况外，企业应对所有固定资产计提折旧：一是已提足折旧仍继续使用的固定资产（超龄使用）；二是按照规定单独估计作为固定资产入账的土地（属于历史遗留问题，按现行规定，企业只拥有土地使用权，应通过无形资产核算）。

（2）时间范围。

固定资产应当按月计提折旧，以月初可计提折旧的固定资产为依据，计入相关资产的成本或者当期损益。固定资产应当自达到预定可使用状态时开始计提折旧，终止确认时停止计提折旧。为简化核算，当月增加的固定资产，当月不计提折旧，从下月起计提折旧；当月减少的固定资产，当月仍计提折旧，从下月起不计提折旧。用计算公式表示为：

当月固定资产折旧额 = 上月固定资产折旧额 + 上月增加的固定资产应提的折旧 − 上月减少的固定资产应提的折旧

### 4. 固定资产折旧的计算方法

固定资产由于磨损和其他经济原因而转移到产品成本或期间费用中去的价值，很难用技术的方法准确测定，企业应当根据与固定资产有关的经济利益的预期实现方式，合理选择固定资产的折旧方法。可选用的折旧方法包括年限平均法、工作量法、双倍余额递减法和年数总和法等，本书只介绍前两种方法

（1）年限平均法（又称"直接法"）。

年限平均法是指将固定资产的应提折旧额均匀地分摊到固定资产预计使用寿命内的一种方法，它适用于固定资产的有效使用损耗相当均衡，而不考虑技术陈旧等因素的情况。各月应计提折旧额的计算公式为：

月折旧额 = （固定资产原价 − 预计净残值） × 月折旧率

其中：

月折旧率 = 年折旧率 ÷ 12

年折旧率 = $\dfrac{1}{预计使用年限（年）}$ × 100%

【情景4-7】北京市惠达股份有限公司有一幢厂房，原价为4 000 000元，预计可使用20年，预计报废时的净残值率为2%。

该厂房的折旧率和折旧额的计算如下：

年折旧率 = （1−2%） ÷ 20 × 100% = 4.8%

月折旧率 = 5% ÷ 12 ≈ 0.4167%

月折旧额 = （4 000 000 − 4 000 000 × 2%） × 0.4167%
= 16 334.64（元）

（2）工作量法。

工作量法是指根据实际工作量（如汽车的行驶里程、机器设备的工作小时等）计算每期应提折旧额的方法。按照这种方法可以正确地为各月使用程度变化相对较大的固定资产计提折旧。用计算公式表示为：

某项固定资产月折旧额 = 该项固定资产当月工作量 × 单位工作量折旧额

其中：

单位工作量折旧额 = $\dfrac{固定资产原值 × （1−预计净残值率）}{预计总工作量}$

【情景4-8】北京市惠达股份有限公司有一机器设备，账面原值为300 000元，规定的预计净残值率为7%，预计工作总量为200 000小时，该月实际完成工时200小时。

该机器设备的月折旧额计算如下：

单位工作小时折旧额 = 300 000 × （1−7%） ÷ 200 000 ≈ 1.4（元）

本月折旧额 = 200 × 1.4 = 280（元）

> **注意**
>
> 不同的固定资产折旧方法将影响固定资产使用寿命期间内不同时期的折旧费用。企业应当根据与固定资产有关的经济利益的预期实现方式合理选择折旧方法，固定资产的折旧方法一经确定，不得随意变更。
>
> 固定资产在使用过程中，因所处经济环境、技术以及其他环境均有可能发生很大变化，企业应至少于每年度终了时，对固定资产使用寿命、预计净残值和折旧方法进行复核。固定资产使用寿命、预计净残值和折旧方法的改变，应当作为会计估计变更。

### 4.3.3 固定资产账户设置

企业通常设置"在建工程""工程物资""固定资产""累计折旧"账户对固定资产业务进行会计核算。

**1. "在建工程"账户**

①性质：资产类账户。

②核算内容：用以核算企业基建、更新改造等在建工程发生的支出。

③明细设置：该账户可按"建筑工程""安装工程""在安装设备""待摊支出"以及单项工程等进行明细核算。

④"在建工程"账户结构如图 4-15 所示。

| 借 | 在建工程 | 贷 |
|---|---|---|
| 企业各项在建工程的实际支出 | | 工程达到预定可使用状态时转出的成本等 |
| 期末余额：反映企业期末尚未达到预定可使用状态的工程成本 | | |

图 4-15 "在建工程"账户结构

**2. "工程物资"账户**

①性质：资产类账户。

②核算内容：用以核算企业为在建工程准备的各种物资的成本，包括工程用材料、尚未安装的设备以及为生产准备的工器具等。

③明细设置：该账户可按"专用材料""专用设备""工器具"等进行明细核算。

④"工程物资"账户结构如图 4-16 所示。

| 借 | 工程物资 | 贷 |
|---|---|---|
| 企业购入工程物资的成本 | | 领用工程物资的成本 |
| 期末余额：反映企业期末各种工程物资的成本 | | |

图 4-16 "工程物资"账户结构

**3. "固定资产"账户**

①性质：资产类账户。

②核算内容：用以核算企业持有的固定资产原价。

③明细设置：该账户可按固定资产类别和项目进行明细核算。

④"固定资产"账户结构如图 4-17 所示。

| 借 | 固定资产 | 贷 |
|---|---|---|
| 固定资产原价的增加 | | 固定资产原价的减少 |
| 期末余额：反映期末固定资产的原价 | | |

图 4-17 "固定资产"账户结构

**4. "累计折旧"账户**

①性质：资产类备抵账户

②核算内容：核算企业固定资产计提的累计折旧。

③明细设置：该账户可按固定资产的类别或项目进行明细核算。

④"累计折旧"账户结构如图 4-18 所示。

| 借 | 累计折旧 | 贷 |
|---|---|---|
| 因减少固定资产而转出的累计折旧 | | 按月提取的折旧额，即累计折旧的增加额 |
| | | 期末余额：反映期末固定资产的累计折旧额 |

图 4-18 "累计折旧"账户结构

## 4.3.4 固定资产的账务处理

**1. 固定资产的购入**

企业购入不需要安装的固定资产，按应计入固定资产成本的金额，借记"固定资产""应交税费——应交增值税（进项税额）"账户，贷记"银行存款"等账户。

【情景4-9】2021年5月28日，北京市惠达股份有限公司购入康平公司生产用设备一台，增值税专用发票上注明价款为200 000元，增值税税额为26 000元，款项均以银行存款支付。假定不考虑其他税费。

公司应作会计分录如下：

借：固定资产　　　　　　　　　200 000
　　应交税费——应交增值税
　　　（进项税额）　　　　　　 26 000
　贷：银行存款　　　　　　　　226 000

**2. 固定资产折旧**

企业按月计提的固定资产折旧，应根据固定资产的用途计入相关资产的成本或者当期损益，借记"制造费用"（生产车间使用的固定资产）、"销售费用"（销售部门使用的固定资产）、"管理费用"（管理部门使用的固定资产，未使用、不需用固定资产）、"研究支出"（企业自行研发无形资产过程中使用的固定资产）、"其他业务成本"（经营租赁租出的固定资产）等账户，贷记"累计折旧"账户。

【情景4-10】2021年6月，北京市惠达股份有限公司第二车间固定资产折旧计算表如表4-1所示。

表4-1　固定资产折旧计算表

单位：北京市惠达股份有限公司　　　2021年6月　　　　　　　　　　单位：元

| 固定资产项目 | 上月折旧额 | 上月增加固定资产应计提折旧额 | 上月减少固定资产应计提折旧额 | 本月应计提折旧额 |
| --- | --- | --- | --- | --- |
| 房屋 | 10 000 | | | 10 000 |
| 机械设备 | 32 000 | 2 000 | 1 000 | 35 000 |
| 动力设备 | 11 000 | 1 000 | | 12 000 |
| ⋮ | ⋮ | ⋮ | ⋮ | ⋮ |
| 合计 | 68 000 | 5 000 | 2 000 | 85 000 |

根据表4-1，公司应作会计分录如下：

借：制造费用　　　　　　　　　　　　　　　　　　　　　　　　　　85 000
　贷：累计折旧　　　　　　　　　　　　　　　　　　　　　　　　　85 000

# 任务 4.4 采购业务的核算

## 4.4.1 材料采购成本的核算内容

材料采购成本是指企业物资从采购到入库所发生的全部支出,包括购买价款、相关税费、运输费、装卸费、保险费以及其他可归属于采购成本的费用。

在实务中,企业也可以将发生的运输费、装卸费、保险费以及其他可归属于采购成本的费用等先进行归集,在期末按照所购材料的存销情况进行分摊。

## 4.4.2 按计划成本核算的账户设置

原材料按计划成本核算,是指企业对库存的各种原材料的收、发、存均按预先确定的计划成本在总分类账和明细分类账中予以登记。这种方法的主要特点是,先制定各种存货的计划成本目录,规定存货的种类、名称、规格、编号、计量单位和计划单位成本。计划单位成本在年度内一般不做调整。平时所有收发凭证按存货的计划成本计价;总分类账及明细分类账,按计划成本登记;存货的实际成本与计划成本的差异,通过"材料成本差异"账户进行核算。月份终了,通过分配材料成本差异,将发出存货的计划成本调整为实际成本。一般适用于品种繁多、收发业务频繁,且具备计划成本资料的大型企业。

在计划成本核算法下,一般通过"材料采购""原材料""材料成本差异"等账户进行核算。不论材料是否入库,取得的原材料都必须先通过"材料采购"账户进行核算。材料验收入库后,再转入"原材料"账户,同时结转材料成本差异,这是材料按计划成本进行核算的一般程序。企业在外购材料时,按材料是否验收入库分为材料已验收入库和材料尚未验收入库两种情况。

对于材料已验收入库,发票账单已到的情况,按材料的实际采购成本,借记"材料采购"账户;按增值税专用发票上的增值税额,借记"应交税费——应交增值税(进项税额)"等账户;按支付的金额,贷记"银行存款""应付账款""应付票据"等账户;按计划成本金额,借记"原材料"账户,贷记"材料采购"账户;按计划成本与实际成本之间的差额,贷记(或借记)"材料成本差异"账户。

如果材料已经验收入库,货款尚未支付,月末仍未收到相关发票凭证,则按照计划成本暂估入账,即借记"原材料"账户,贷记"应付账款"等账户。下月初做相反分录予以冲回,收到账单后再重新编制会计分录。

对于材料尚未验收入库,相关发票凭证已到的情况,按材料的实际采购成本,借记"材料采购"账户,按增值税专用发票上的增值税额,借记"应交税费——应交增值税(进项税额)"等账户,按支付的金额,贷记"银行存款""应付账款"等账户;待验收入库时再作后续分录。

为了反映材料采购业务按计划成本核算的发生情况,正确计算材料的实际采购成本,考核采购计划的执行情况,需要设置和应用"原材料""材料采购""材料成本差异""应付账款""应交税费——应交增值税""预付账款"等账户。

(1)"原材料"账户。

①性质:资产类账户。

②核算内容:核算企业各种库存材料的增减变动及其结余情况。

③明细设置:按照材料的保管地点(仓库)、材料类别、品种和规格设置进行明细分类核算。

④账户结构:"原材料"账户结构如图 4-19 所示。

| 借 | 原材料 | 贷 |
|---|---|---|
| 验收入库材料的实际采购成本 | | 发出材料的实际成本 |
| 期末余额：反映库存材料的实际成本 | | |

图 4-19 "原材料"账户结构

（2）"材料采购"账户。
①性质：资产类账户。
②核算内容：核算企业采用计划成本进行材料日常核算而购入材料的采购成本。
③明细设置：可按固定资产的类别或项目进行明细核算。
④账户结构："材料采购"账户结构如图 4-20 所示。

| 借 | 材料采购 | 贷 |
|---|---|---|
| 购入材料的货款和采购费用 | | 已验收入库材料的实际采购成本 |
| 期末余额：反映尚未到达或尚未验收入库的在途材料的实际采购成本 | | |

图 4-20 "材料采购"账户结构

（3）"材料成本差异"账户。
①性质：资产类账户
②核算内容：核算企业采用计划成本进行日常核算的材料计划成本与实际成本的差额。
③明细设置：按照类别或品种进行明细核算。
④账户结构："材料成本差异"账户结构如图 4-21 所示。

| 借 | 材料成本差异 | 贷 |
|---|---|---|
| ①入库材料形成的超支差异；②转出的发出材料应负担的节约差异 | | ①入库材料形成的节约差异；②转出的发出材料应负担的超支差异 |
| 期末余额：反映存货实际成本大于计划成本的差异 | | 期末余额：反映存货实际成本小于计划成本的差异 |

图 4-21 "材料成本差异"账户结构

（4）"应付账款"账户。
①性质：负债类账户。
②核算内容：核算企业因购买材料、商品和接受劳务等经营活动应支付的款项。
③明细设置：按照不同的债权人进行明细核算。

④账户结构：应付账款账户结构如图 4-22 所示。

| 借 | 应付账款 | 贷 |
|---|---|---|
| 已偿付的应付账款 | | 购入材料、物资和劳务等尚未支付的账款 |
| | | 期末余额：反映尚欠供应单位的账款 |

图 4-22 "应付账款"账户结构

（5）"应交税费——应交增值税"账户。
①性质：负债类账户。
②核算内容：核算企业按照税法规定计算应缴纳的各种税费，包括增值税、消费税、所得税、资源税、土地增值税、城市维护建设税、房产税、土地使用税、车船使用税、教育费附加、矿产资源补偿费等。
③明细设置：按照应交税费的税种进行明细核算。
④账户结构："应交税费——应交增值税"账户结构如图 4-23 所示。

| 借 | 应交税费——应交增值税 | 贷 |
|---|---|---|
| 购买材料时企业已向供应单位支付的，企业可以抵扣的"进项税额" | | 销售产品时，由购货单位交来的、企业应缴纳的"销项税额" |
| 期末余额：反映企业尚未抵扣的增值税额 | | 期末余额：反映企业尚未缴纳的增值税额 |

图 4-23 "应交税费——应交在增值税"账户结构

（6）"预付账款"账户。
①性质：资产类账户。
②核算内容：核算企业按照购货合同规定预付给供应单位的款项。
③明细设置：按照供应单位设置明细账，进行明细分类核算。
④账户结构："预付账款"账户结构如图 4-24 所示。

| 借 | 预付账款 | 贷 |
|---|---|---|
| 预付给供应单位的购货款 | | 收到所购的物资后结算的货款 |
| 期末余额：反映企业结余的预付款项 | | 期末余额：反映企业尚未补付的货款 |

图 4-24 "预付账款"账户结构

### 4.4.3 计划成本核算举例

**1. 钱货两清**

【情景4-11】北京市惠达股份有限公司于2021年6月11日从北京市润嘉商贸有限公司购入面粉6 000千克,单价3元,共计18 000元。取得的增值税专用发票上注明:面粉材料价款18 000元,增值税额2 340元。货款及税款已由银行转账支付。增值税专用发票、转账支票存根如图4-25、图4-26所示。

借:材料采购——面粉　　　　　　18 000
　　应交税费——应交增值税
　　　（进项税额）　　　　　　　2 340
　　贷:银行存款　　　　　　　　20 340

图4-25　增值税专用发票

图4-26　转账支票存根①

**2. 货已到,款未付**

【情景4-12】北京市惠达股份有限公司2021年6月11日从北京市润嘉商贸有限公司购买高筋面粉8 000千克,单价5元,共计40 000元,增值税5 200元,款项尚未支付。增值税专用发票如图4-27所示。

借:材料采购——高筋面粉　　　　40 000
　　应交税费——应交增值税
　　　（进项税额）　　　　　　　5 200
　　贷:应付账款——北京市润嘉
　　　商贸有限公司　　　　　　45 200

---

① 作为人民币书写符号的"￥",在一些票据当中,由于字体不同,显示出来,有时为"Ұ"。

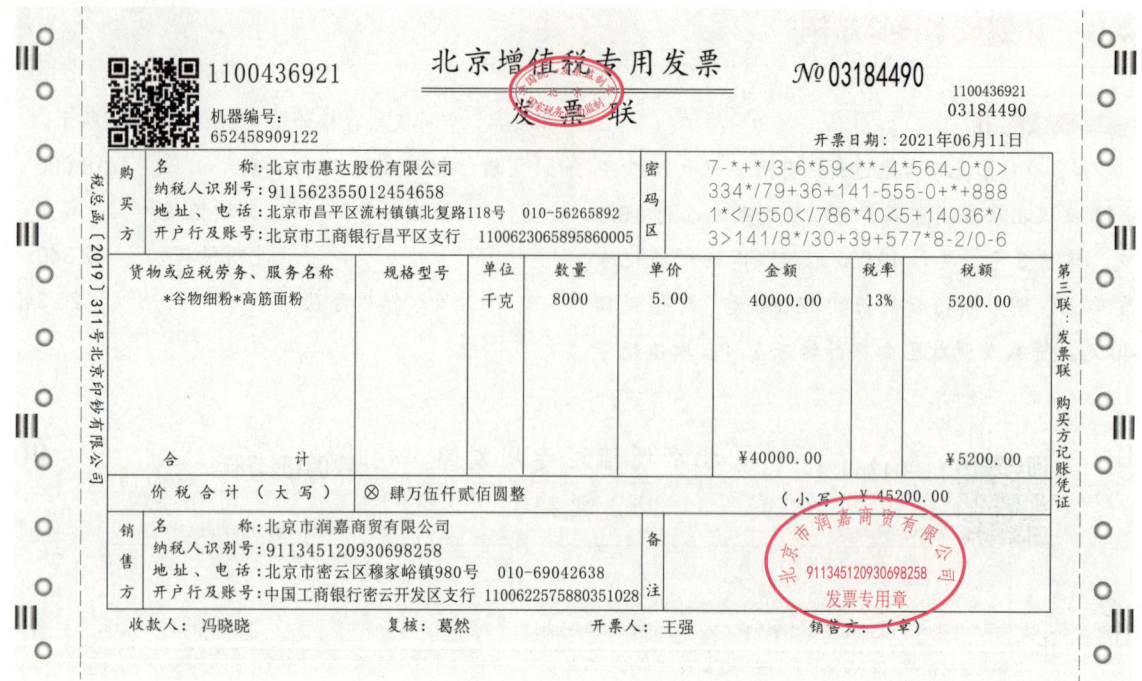

图 4-27 增值税专用发票

【情景 4-13】接【情景 4-11】【情景 4-12】中资料，2021 年 6 月 15 日北京市惠达股份有限公司购买的两种面粉均已验收入库并结转实际采购成本。材料入库单如图 4-28 所示。

借：原材料——面粉　　　　　　　18 000
　　　　　　——高筋面粉　　　　40 000
贷：材料采购——面粉　　　　　　18 000
　　　　　　——高筋面粉　　　　40 000

### 材料入库单

2021 年 6 月 15 日　　　　　　第 1 号

| 材料名称 | 计量单位 | 入库数量 | 单位成本 | 金额 | 用途 |
|---|---|---|---|---|---|
| 面粉 | 千克 | 6000 | 3.00 | 18 000.00 | |
| 高筋面粉 | 千克 | 8000 | 5.00 | 40 000.00 | |
| 合计 | | | | ¥58 000.00 | |

财务经理　李京　　　部门主任　霍婷　　　制单　王强

图 4-28 材料入库单

【情景 4-14】北京市惠达股份有限公司 2021 年 6 月 11 日从北京市佳奇有限公司购入黄油 5 000 千克，单价 7 元，共计 35 000 元。增值税专用发票上注明黄油价款 35 000 元，增值税额 4 550 元。企业以银行存款支付上述款项 20 000 元，其余货款由于资金不足暂欠。增值税专用发票、转账支票存根如图 4-29、图 4-30 所示。

借：材料采购——黄油　　　　　　35 000
　　应交税费——应交增值税
　　　　　　（进项税额）　　　　4 550
贷：银行存款　　　　　　　　　　20 000
　　应付账款——北京市佳奇
　　　　　　　有限公司　　　　　19 550

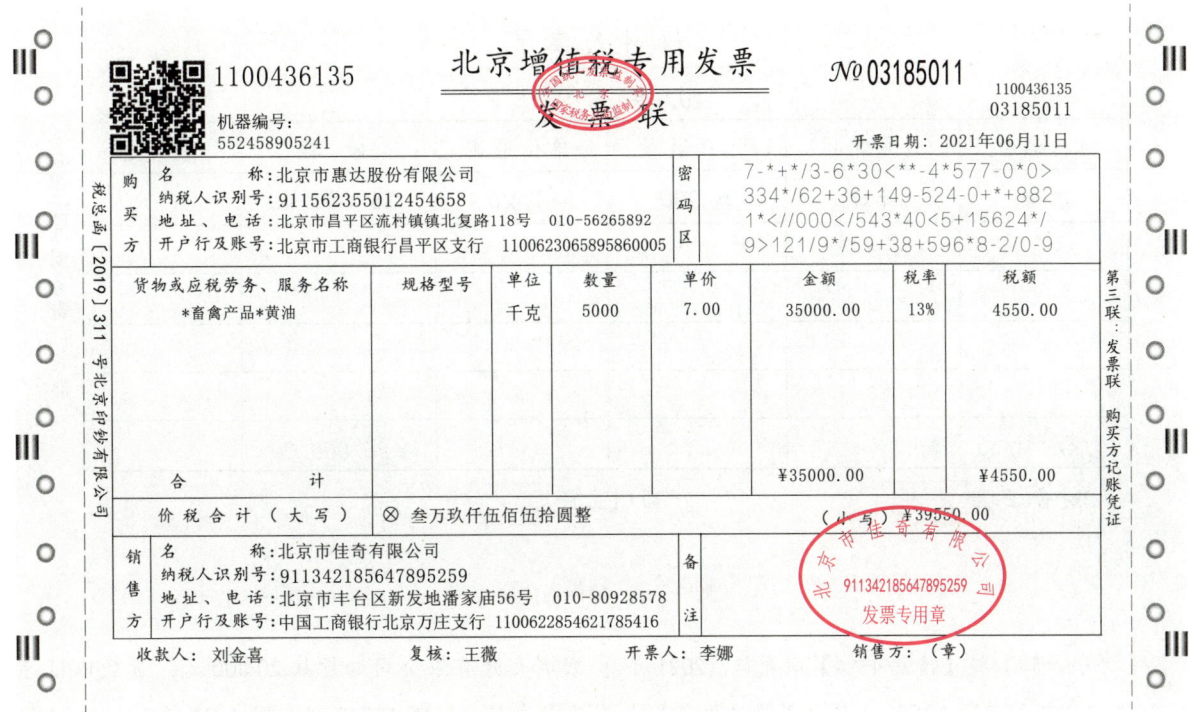

图 4-29　增值税专用发票

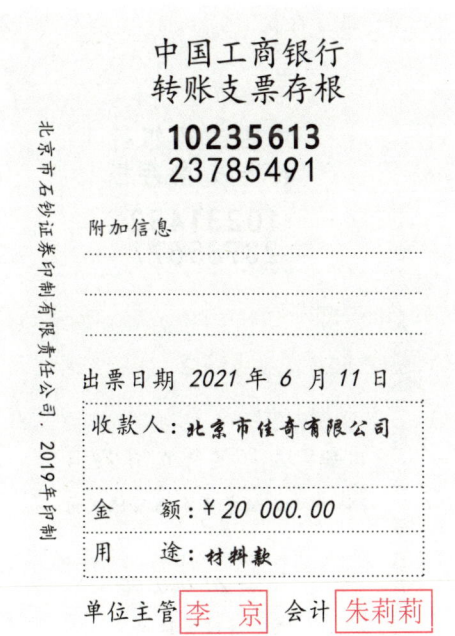

图 4-30　转账支票存根

图 4-31　现金支票存根

【情景 4-15】接【情景 4-14】中资料，以银行存款 1 000 元支付购买黄油的装卸费。现金支票存根如图 4-31 所示。

　　借：材料采购——黄油　　　　　　1 000
　　　　贷：银行存款　　　　　　　　　　　　1 000

【情景 4-16】接【情景 4-14】【情景 4-15】中资料，2021 年 6 月 15 日购进的黄油已验收入库，结转实际采购成本。材料入库单如图 4-32 所示。

　　借：原材料——黄油　　　　　　　36 000
　　　　贷：材料采购——黄油　　　　　　　　36 000

材料入库单

2021年 6 月 15 日　　　　第 1 号

| 材料名称 | 计量单位 | 入库数量 | 单位成本 | 金　额 | 用　途 |
|---|---|---|---|---|---|
| 黄油 | 千克 | 5 000 | 7.20 | 36 000.00 | |
| | | | | | |
| | | | | | |
| | | | | | |
| | | | | | |
| 合　计 | | | | ￥36 000.00 | |

第三联 财务部门记账

财务经理 李　京　　部门主任 霍　婷　　制单 王　强

图 4-32　材料入库单

【情景 4-17】接【情景 4-14】中资料，2021 年 6 月 21 日以银行存款 19 550 元偿付之前欠北京市佳奇有限公司的货款。转账支票存根如图 4-33 所示。

借：应付账款——北京市佳奇有限公司　　19 550

　贷：银行存款　　19 550

中国工商银行
转账支票存根
10234545
23785610

附加信息

出票日期 2021 年 6 月 21 日

收款人：北京市佳奇有限公司

金　额：￥19 550.00

用　途：归还欠款

单位主管 李　京　会计 朱莉莉

北京市石钞证券印制有限责任公司．2019年印制

图 4-33　转账支票存根

【情景 4-18】北京市惠达股份有限公司 2021 年 6 月 24 日按购货合同规定，预付给供应单位北京市天源有限公司购货款 20 000 元，货款以银行存款支付。转账支票存根如图 4-34 所示。

借：预付账款——北京市天源有限公司　　20 000

　贷：银行存款　　20 000

中国工商银行
转账支票存根
10231452
23785677

附加信息

出票日期 2021 年 6 月 24 日

收款人：北京市天源有限公司

金　额：￥20 000.00

用　途：预付货款

单位主管 李　京　会计 朱莉莉

北京市石钞证券印制有限责任公司．2019年印制

图 4-34　转账支票存根

【情景 4-19】接【情景 4-18】中资料，2021 年 6 月 26 日，北京市天源有限公司按购货合同发出白砂糖，增值税专用发票注明货款 50 000 元，

税额6 500元。预付账款不足部分以银行存款补付。增值税专用发票如图4-35所示。

| | |
|---|---|
| 借：材料采购——白砂糖 | 50 000 |
| 　　应交税费——应交增值税（进项税额） | 6 500 |
| 　　贷：预付账款——北京市天源有限公司 | 20 000 |
| 　　　　银行存款 | 36 500 |

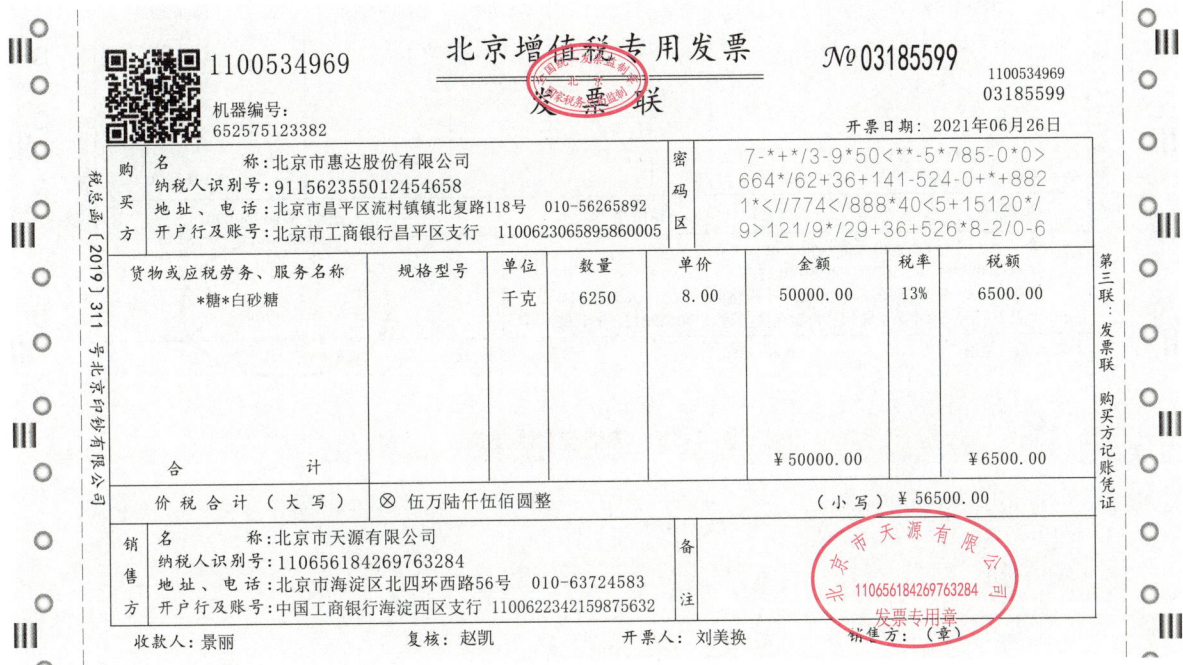

图4-35　增值税专用发票

**【情景4-20】** 接【情景4-18】中资料，2021年6月26日若北京市天源有限公司发来的白砂糖货款为15 000元，税额1 950元；货款及税款小于企业的预付账款，北京市天源有限公司将多余部分货款，通过银行转账方式退回本企业。增值税专用发票、工商银行进账单如图4-36、图4-37所示。

| | |
|---|---|
| 借：材料采购——白砂糖 | 15 000 |
| 　　应交税费——应交增值税 | |
| 　　　　　　（进项税额） | 1 950 |
| 　　银行存款 | 3 050 |
| 　　贷：预付账款——北京市天源 | |
| 　　　　　　有限公司 | 20 000 |

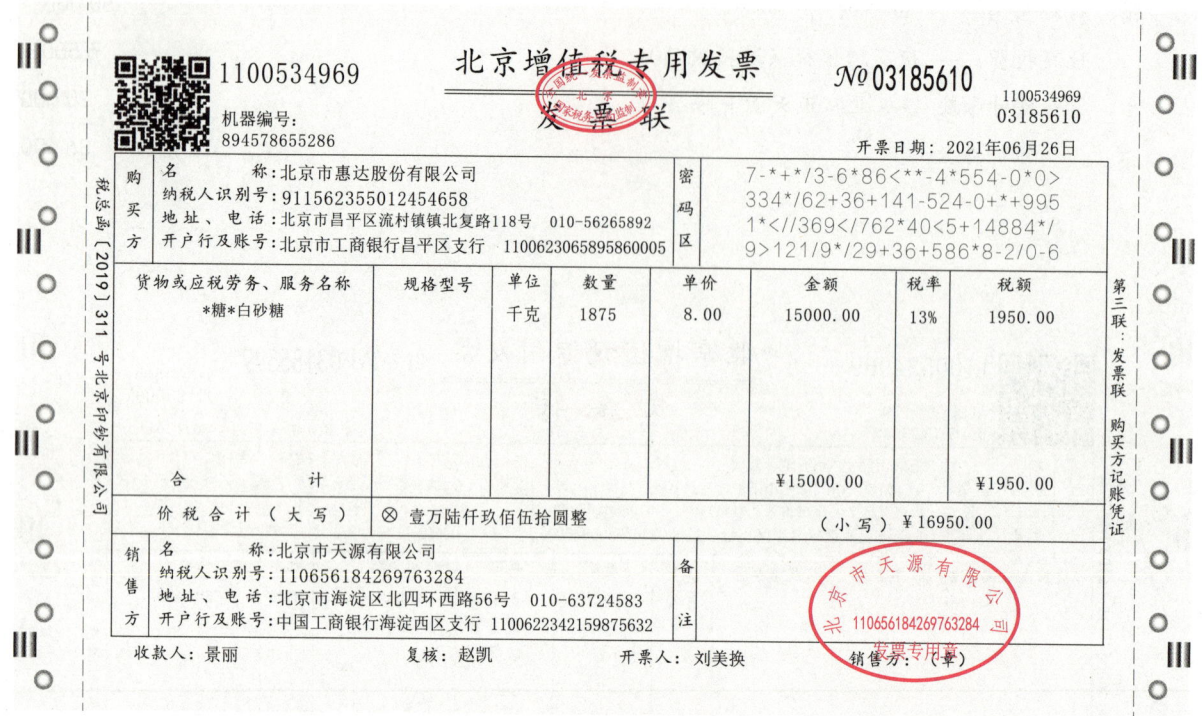

图 4-36　增值税专用发票

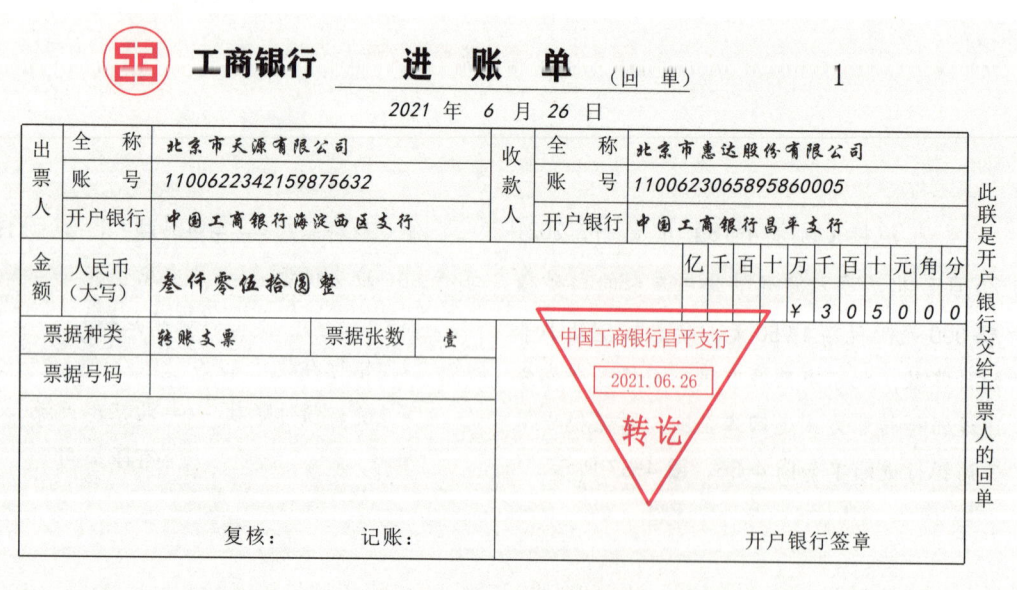

图 4-37　工商银行进账单

## 4.4.4 按实际成本核算的账户设置

原材料按实际成本核算，是指企业对库存的各种原材料的收、发、存均按实际成本在总分类账和明细分类账中予以登记。这种方法的主要特点是，从收发凭证到明细分类核算和总分类核算，均按照实际成本计价。它适用于规模较小、存货品种简单、材料收发业务不多的企业。

在实际成本核算法下，一般通过"原材料"和"在途物资"等账户进行核算。企业外购材料时，按材料是否验收入库采用不同的账户进行核算，材料已验收入库，记入"原材料"账户；材料尚未验收入库，记入"在途物资"账户。

### 1."在途物资"账户

（1）性质：资产类账户。

（2）核算内容：核算实际成本法下企业购入的尚在途中或虽已运达但尚未验收入库材料的采购成本。

（3）明细设置：按照供应单位和材料类别进行明细核算。

（4）账户结构："在途物资"账户结构如图4-38所示。

| 借 | 在途物资 | 贷 |
|---|---|---|
| 购入材料、商品等物资的买价和采购费用（采购实际成本） | 已验收入库材料、商品等物资应结转的实际采购成本 | |
| | 期末余额：反映企业已付款或已开出、承兑商业汇票，但尚未到达或尚未验收入库的在途材料、商品的采购实际成本 | |

图 4-38　"在途物资"账户结构

### 2.应付票据

（1）性质：负债类账户。

（2）核算内容：核算与监督企业购买材料、商品和接受劳务等开出、承兑的商业汇票（包括银行承兑汇票和商业承兑汇票）的增减变动及其结果。

（3）明细设置：按债权人进行明细核算。

（4）账户结构："应付票据"账户结构如图4-39所示。

| 借 | 应付票据 | 贷 |
|---|---|---|
| 企业已经支付或者到期无力支付的商业汇票 | 企业开出、承兑的商业汇票 | |
| | 期末余额：反映企业尚未到期的商业汇票的票面金额 | |

图 4-39　应付票据账户结构

## 4.4.5 实际成本核算举例

【情景4-21】北京市惠达股份有限公司2021年6月16日从北京市畅听有限公司购买起酥油一批，买价800 000元，增值税税率13%，材料已验收入库并开出转账支票支付材料款。增值税专用发票、转账支票存根如图4-40、图4-41所示。

借：原材料——起酥油　　　　　800 000
　　应交税费——应交增值税
　　　　　（进项税额）　　　　104 000
　贷：银行存款　　　　　　　　904 000

1100652146　　北京增值税专用发票　　№03185662

发票联　　1100652146　03185622

机器编号：652446812394　　开票日期：2021年06月16日

| 购买方 | 名　　称：北京市惠达股份有限公司<br>纳税人识别号：91156235501245465 8<br>地址、电话：北京市昌平区流村镇镇北复路118号　010-56265892<br>开户行及账号：北京市工商银行昌平区支行　1100623065895860005 | 密码区 | 6-*+*/3-6*30<**-4*577-0*0><br>677*/62+36+149-524-0+*+882<br>1*<//442</543*40<5+15624*/<br>9>121/9*/59+38+596*8-2/0-9 |
|---|---|---|---|

| 货物或应税劳务、服务名称 | 规格型号 | 单位 | 数量 | 单价 | 金额 | 税率 | 税额 |
|---|---|---|---|---|---|---|---|
| *植物油*起酥油 | | 千克 | 160 000 | 5.00 | 800 000.00 | 13% | 104 000.00 |
| 合　　计 | | | | | ¥800 000.00 | | ¥104 000.00 |
| 价税合计（大写） | ⊗ 玖拾万零肆仟圆整 | | | | （小写）¥904 000.00 | | |

| 销售方 | 名　　称：北京市畅听有限公司<br>纳税人识别号：911268942516984265<br>地址、电话：北京市朝阳区五里桥一街3号　010-6146888<br>开户行及账号：中国工商银行北京朝阳支行　1100622648975169 42 | 备注 | 北京市畅听有限公司 911268942516984265 发票专用章 |
|---|---|---|---|

收款人：阮瑀　　复核：方威　　开票人：吕梅　　销售方：（章）

税总函〔2019〕311号北京京印钞有限公司

第三联：发票联　购买方记账凭证

图 4-40　增值税专用发票

中国工商银行
转账支票存根
10235462
23788842

北京市石钞证券印制有限责任公司．2019年印制

附加信息

出票日期 2021 年 6 月 16 日

收款人：北京市畅听有限公司

金　额：¥904 000.00

用　途：购买材料

单位主管 李京　会计 朱莉莉

图 4-41　转账支票存根

【情景 4-22】北京市惠达股份有限公司 2021 年 6 月 20 日从北京市万佳有限公司购买精炼植物油 6 000 千克，买价 60 000 元，增值税税率 13%，另供货单位代垫运杂费 500 元（运杂费暂不考虑增值税）。货款已付，材料尚未验收入库。转账支票存根如图 4-42 所示。

借：在途物资——精炼植物油　60 500
　　应交税费——应交增值税
　　　　　　（进项税额）　7 800
　贷：银行存款　68 300

中国工商银行
转账支票存根
10236415
23786284

北京市石钞证券印制有限责任公司．2019年印制

附加信息

出票日期 2021 年 6 月 20 日

收款人：北京市万佳有限公司

金　额：¥68 300.00

用　途：购买材料

单位主管 李京　会计 朱莉莉

图 4-42　转账支票存根

【情景 4-23】接【情景 4-22】中资料，精炼植物油已到达入库。材料入库单如图 4-43 所示。

借：原材料——精炼植物油　　60 500

　　贷：在途物资——精炼植物油　　60 500

**材料入库单**

2021 年 6 月 20 日　　　　第 3 号

| 材料名称 | 计量单位 | 入库数量 | 单位成本 | 金　额 | 用　途 |
|---|---|---|---|---|---|
| 精炼植物油 | 千克 | 6 000 | 10.08 | 60 500.00 | |
| | | | | | |
| | | | | | |
| | | | | | |
| | | | | | |
| 合　计 | | | | ￥60 500.00 | |

第三联　财务部门记账

财务经理 李　京　　部门主任 霍　婷　　制单 王　强

图 4-43　材料入库单

【情景 4-24】北京市惠达股份有限公司 2021 年 6 月 24 日从北京市万佳有限公司购买食用香料一批，买价 90 000 元，增值税税率 13%，开出期限为三个月的商业汇票一张支付价款，材料尚未验收入库。商业承兑汇票如图 4-44 所示。

借：在途物资——食用香料　　90 000

　　应交税费——应交增值税（进项税额）　　11 700

　　贷：应付票据——北京市万佳有限公司　　101 700

**商业承兑汇票**　　1

出票日期（大写）　贰零贰壹 年 陆 月贰拾肆日

| | | | | | |
|---|---|---|---|---|---|
| 付款人 | 全　称 | 北京市惠达股份有限公司 | 收款人 | 全　称 | 北京市万佳有限公司 |
| | 账　号 | 110062306589586000５ | | 账　号 | 1100623816492544635 |
| | 开户银行 | 中国工商银行昌平支行 | | 开户银行 | 中国工商银行风雅园支行 |
| 出票金额 | 人民币（大写） | 壹拾万零壹仟柒佰圆整 | | 亿千百十万千百十元角分 | ￥10170000 |
| 汇票到期日（大写） | 贰零贰壹年玖月贰拾肆日 | | 付款人开户行 | 行号 | 102100021028 |
| 交易合同号码 | 349825456152 | | | 地址 | 北京市昌平区鼓楼南大街9号 |
| 本汇票已经承兑，到期无条件付票款。<br>李京印　北京惠达股份有限公司 财务专用章<br>承兑人签章<br>承兑日期 2021 年 6 月 24 日 | | | 本汇票请予以承兑于到期日付款。<br>出票人签章 | | |

此联持票人开户行随托收凭证寄付款人开户行作借方凭证附件

图 4-44　商业承兑汇票

# 任务 4.5 生产业务的核算

## 4.5.1 生产费用的构成

生产费用是指企业在生产过程中发生的各项费用，是企业为获得收入而预先垫支并需要得到补偿的资金耗费，这些费用最终都要归集、分配给特定产品，形成产品成本。产品成本的核算是指把一定时期内企业生产过程中所发生的费用，按其性质和发生地点，分类归集、汇总、核算，计算出该时期内生产费用的发生总额，并按适当方法分别计算出各种产品的实际成本和单位成本等。

在生产过程中，生产费用的归集、分配和产品生产成本的确定是产品生产业务的核算内容。

生产费用是指与企业日常生产经营活动有关的费用。按经济用途不同，可将其分为直接材料、直接人工和制造费用。

（1）直接材料是指构成产品实体的原材料以及有助于产品形成的主要材料、外购半成品和辅助材料。

（2）直接人工是指直接从事产品生产的工人的职工薪酬，包括工人工资、福利费、补贴、津贴等人工费用。

（3）制造费用是指企业为生产产品和提供劳务而发生的各项间接费用，包括车间管理人员的工资、福利费、车间固定资产折旧费、水电费、办公费、差旅费、劳动保护费、物料消耗费等。

## 4.5.2 生产业务的账户设置

为了反映生产过程费用的发生情况，正确计算产品的生产成本，需要设置和应用"生产成本""制造费用""库存商品""应付职工薪酬""累计折旧"等账户。

（1）"生产成本"账户。

①性质：成本类账户。

②核算内容：核算与监督企业进行工业性生产，包括生产各种产品（产成品、自制半成品等）、自制材料、自制工具、自制设备等所发生的各项生产成本。

③明细设置：按基本生产成本和辅助生产成本进行明细核算。基本生产成本应当分别按照基本生产车间和成本核算对象设置明细账，并按照规定的成本项目设置专栏。

④账户结构："生产成本"账户结构如图 4-45 所示。

| 借 | 生产成本 | 贷 |
|---|---|---|
| 企业生产过程中发生的各项生产费用（包括直接材料、直接工资、其他直接支出、制造费用等） | | 转入"库存商品"账户借方的完工产品的实际成本 |
| 期末余额：反映生产过程中尚未完工产品的成本 | | |

图 4-45 "生产成本"账户结构

（2）"制造费用"账户。

①性质：成本类账户。

②核算内容：核算与监督企业生产车间（部门）为生产产品或提供劳务而发生的各项间接费用的归集、分配及其结转。除季节性生产性企业外，本账户期末应无余额。

③明细设置：按不同的生产车间、部门和费用项目进行明细核算。

④账户结构："制造费用"账户结构如图4-46所示。

| 借 | 制造费用 | 贷 |
|---|---|---|
| 本期发生的全部制造费用 | | 转入"生产成本"账户借方，由各种产品成本负担的制造费用 |

图4-46 "制造费用"账户结构

（3）"库存商品"账户。

①性质：资产类账户。

②核算内容：核算与监督企业库存的各种商品的实际成本，包括外购商品、自制产品等。

③明细设置：按库存商品品种和规格进行明细核算。

④账户结构："库存商品"账户结构如图4-47所示。

| 借 | 库存商品 | 贷 |
|---|---|---|
| 完成生产并验收入库的库存商品的实际成本 | | 售出库存商品的实际成本 |
| 期末余额：反映库存产品的实际成本 | | |

图4-47 "库存商品"账户结构

（4）"应付职工薪酬"账户。

①性质：负债类账户。

②核算内容：核算与监督企业根据有关规定应付给职工的工资、奖金、津贴和福利费等。

③明细设置：按"工资""职工福利""社会保险费""住房公积金""工会经费""职工教育经费""非货币性福利""辞退福利""股利支付"等进行明细核算。

④账户结构："应付职工薪酬"账户结构如图4-48所示。

| 借 | 应付职工薪酬 | 贷 |
|---|---|---|
| 支付给职工的工资、福利费、保险等薪酬 | | 应支付给职工的工资、福利费、保险等薪酬 |
| | | 期末余额：反映尚未支付的职工薪酬 |

图4-48 "应付职工薪酬"账户结构

> **注意**
>
> 职工薪酬，是指企业为获得职工提供的服务或解除劳动关系而给予的各种形式的报酬或补偿。具体包括：短期薪酬（职工工资、奖金、津贴和补贴；职工福利费；医疗保险费；工伤保险费和生育保险费等社会保险费；住房公积金；工会经费和职工教育经费；短期带薪缺勤；短期利润分享计划；其他短期薪酬）、离职后福利、辞退福利和其他长期职工福利。职工薪酬包括职工在职期间和离职期间提供给职工的全部货币性薪酬和非货币性薪酬，既包括提供给职工本人的薪酬，也包括企业提供给职工配偶、子女或其他被赡养人的福利等职工薪酬。职工薪酬是企业必须支付的人力成本，是吸引和激励职工的重要手段，即职工薪酬既是职工对企业投入劳动获得的报酬，也是企业的成本费用。

（5）"管理费用"账户。

①性质：损益类账户（期间费用账户）。

②核算内容：核算与监督企业为组织和管理企业生产经营所发生的管理费用的归集与结转。

③明细设置：按费用项目设置明细分类账户，进行明细核算。

④账户结构："管理费用"账户结构如图4-49所示。

| 借 | 管理费用 | 贷 |
|---|---|---|
| 企业发生的各项管理费用 结转后本账户无余额 | | 转入"本年利润"账户借方，直接由本期收益抵减的管理费用 |

图4-49 "管理费用"账户结构

（6）"累计折旧"账户。

①性质：资产类账户（固定资产的备抵账户）。

②核算内容：核算与监督企业固定资产在使用过程中累计折旧的计提和固定资产在处置过程中累计折旧的转出及其结果。

③明细设置：按固定资产类别和项目进行明细核算。

④账户结构："累计折旧"账户结构如图4-50所示。

| 借 | 累计折旧 | 贷 |
|---|---|---|
| 当固定资产退出企业时，已提折旧额的冲销数 | | 折旧的增加数额 |
| | | 期末余额：反映截至本期止的累计折旧额 |

图4-50 "累计折旧"账户结构

### 4.5.3 生产费用的账务处理

生产费用的账务处理包括直接材料的核算、直接人工的核算、制造费用的分配、完工产品的核算。

企业发生的各项直接生产费用，借记"生产成本"（基本生产成本、辅助生产成本）账户，贷记"原材料""库存现金""银行存款""应付职工薪酬"等账户。

企业各生产车间应负担的制造费用，借记"生产成本"（基本生产成本、辅助生产成本）账户，贷记"制造费用"账户。

企业辅助生产车间为基本生产车间、企业管理部门和其他部门提供的劳务和产品，月末按照一定的分配标准分配给各受益对象，借记"生产成本"（基本生产成本）、"管理费用""销售费用""其他业务支出""在建工程"等账户，贷记"生产成本"（辅助生产成本）账户。

企业已经生产完成并已验收入库的产成品以及入库的自制半成品，应于月末借记"库存商品"等账户，贷记"生产成本"（基本生产成本）账户。

#### 1. 材料费用

对于直接用于某种产品生产的材料费用，应直接计入该产品生产成本明细账中的直接材料费用项目。

（1）对于多种产品共同耗用，应由这些产品共同负担的材料费用，要选择适当的标准在上述产品之间进行分配，按分担的金额计入相应的成本计算对象（生产产品的品种、类别等）。

（2）对于为提供生产条件等间接消耗的各种材料费用，应先通过"制造费用"科目进行归集，期末再同其他间接费用一起，按照一定的标准分配计入有关产品成本。

（3）对于行政管理部门领用的材料费用，应记入"管理费用"科目。

【情景4-25】北京市惠达股份有限公司2021年10月仓库发出材料情况如图4-51所示。

**发出材料汇总表**

2021年10月31日　　　　　　　　　　单位：元

| 材料名称\用途 | 高筋面粉 | | 精炼植物油 | | 白砂糖 | | 合计金额 |
|---|---|---|---|---|---|---|---|
| | 数量 | 金额 | 数量 | 金额 | 数量 | 金额 | |
| 产品生产耗用 | 24 000 | 120 000.00 | 2 400 | 24 000.00 | 1 875 | 15 000.00 | 159 000.00 |
| 其中：蛋挞 | 15 000 | 75 000.00 | 1 600 | 16 000.00 | 1 250 | 10 000.00 | 101 000.00 |
| 蛋黄派 | 9 000 | 45 000.00 | 800 | 8 000.00 | 625 | 5 000.00 | 58 000.00 |
| 车间一般耗用 | 3 000 | 15 000.00 | 1 200 | 12 000.00 | | | 27 000.00 |
| 厂部管理耗用 | | | 2 400 | 24 000.00 | 2 500 | 20 000.00 | 44 000.00 |
| 合计 | 27 000 | 135 000.00 | 6 000 | 60 000.00 | 4 375 | 35 000.00 | 230 000.00 |

财务主管 李京　　　　　仓库主管 刘硕　　　　　制单 王强

图4-51 发出材料汇总表

| 借：生产成本——蛋挞 | 101 000 |
| | |
| ——蛋黄派 | 58 000 |
| 制造费用 | 27 000 |
| 管理费用 | 44 000 |
| 贷：原材料——高筋面粉 | 135 000 |
| ——精炼植物油 | 60 000 |
| ——白砂糖 | 35 000 |

**2. 人工费用**

企业应当根据职工提供服务的受益对象，将人工费用分为下列情况。

（1）应由生产产品、提供劳务负担的短期职工薪酬，计入产品成本或劳务成本。其中，生产工人的短期职工薪酬，应借记"生产成本"账户，贷记"应付职工薪酬"账户；生产车间管理人员的短期职工薪酬属于间接费用，应借记"制造费用"账户，贷记"应付职工薪酬"账户。

当企业采用计件工资制时，生产工人的短期职工薪酬属于直接费用，应直接计入有关产品成本。当企业采用计时工资制时，对于只生产一种产品的生产工人的短期职工薪酬也属于直接费用，应直接计入产品成本；对于同时生产多种产品的生产工人的短期职工薪酬，则需采用一定的分配标准（实际生产工时或定额生产工时等）分配计入产品成本。

（2）应将在建工程、无形资产负担的短期职工薪酬，计入建造固定资产或无形资产成本。

（3）除上述两种情况外的其他短期职工薪酬，应计入当期损益。如企业行政管理部门人员和专设销售机构销售人员的短期职工薪酬均属于期间费用，应分别借记"管理费用""销售费用"等账户，贷记"应付职工薪酬"账户。

**【情景4-26】**北京市惠达股份有限公司结转分配2021年4月工资250 000元，其中生产蛋挞的工人工资120 000元，生产蛋黄派的工人工资60 000元，车间管理人员工资30 000元，企业行政管理人员工资40 000元。工资汇总表如图4-52所示。

| 借：生产成本——蛋挞 | 120 000 |
| | |
| ——蛋黄派 | 60 000 |
| 制造费用 | 30 000 |
| 管理费用 | 40 000 |
| 贷：应付职工薪酬——工资 | 250 000 |

## 工资汇总表

2021 年 5 月 14 日　　　　　　　　　　单位：元

| 生产车间工人 | | 车间管理人员 | 行政管理人员 | 合计 |
|---|---|---|---|---|
| 蛋挞 | 蛋黄派 | | | |
| 120 000.00 | 60 000.00 | 30 000.00 | 40 000.00 | 250 000.00 |
| | | | | |
| | | | | |
| | | | | |
| | | | | |

财务主管 李京　　　　　办公室主任 张爽　　　　　制单 王强

图 4-52　工资汇总表

### 3. 制造费用

企业发生的制造费用应当按照合理的分配标准，按月分配计入各成本核算对象的生产成本。企业可以采取的分配标准，包括机器工时、人工工时、计划分配率等。

企业发生制造费用时，借记"制造费用"账户，贷记"累计折旧""银行存款""应付职工薪酬"等账户；结转或分摊时，借记"生产成本"等账户，贷记"制造费用"账户。

【情景4-27】北京市惠达股份有限公司2021年7月末，分配结转制造费用，将本月发生的制造费用总额90 000元，按一定的分配标准（按生产工人工资的比例）分配。制造费用分配表如图4-53所示。

制造费用分配率＝制造费用总额／生产工人工资总额＝90 000÷（120 000+60 000）=0.5

借：生产成本——蛋挞　　　　　　60 000
　　　　　　——蛋黄派　　　　　　30 000
　　贷：制造费用　　　　　　　　　90 000

**制造费用分配表**

2021年 7月 31日　　　　　　　　　　　单位：元

| 生产车间 | 工人工资 | 分配率 | 制造费用分配额 |
|---|---|---|---|
| 蛋挞 | 120 000.00 | 0.5 | 60 000.00 |
| 蛋黄派 | 60 000.00 | 0.5 | 30 000.00 |
| 合计 | 180 000.00 | 0.5 | 90 000.00 |

主管　李京　　　　　　　　　　　　制表　王强

图4-53　制造费用分配表

### 4. 完工产品生产成本的计算与结转

产品生产成本计算是指将企业生产过程中为制造产品发生的各种费用，按照成本计算对象进行归集和分配，以便计算各种产品的总成本和单位成本。

完工产品生产总成本＝直接材料＋直接人工＋制造费用

$$产品单位成本=\frac{产品总成本}{产品生产完工总数量}$$

企业应设置产品生产成本明细账，用来归集应计入各种产品的生产费用。通过对材料费用、职工薪酬和制造费用的归集和分配，企业各月生产产品所发生的生产费用已记入"生产成本"账户中。

如果月末某种产品全部完工，那么该产品生产成本明细账所归集的费用总额就是该种完工产品的总成本，将完工产品总成本除以该种产品的完工总产量即可计算出该种产品的单位成本。

如果月末某种产品全部未完工，那么该种产品生产成本明细账所归集的费用总额就是该种产品在产品的总成本。

如果月末某种产品一部分完工，另一部分未完工，那么这时归集在产品生产成本明细账中的费用总额要采取适当的分配方法在完工产品和在产品之间进行分配，然后计算出完工产品的总成本和单位成本。完工产品成本的基本计算公式为：

完工产品生产成本＝期初在产品成本＋本期发生的生产费用－期末在产品成本

当产品生产完成并验收入库时，借记"库存商品"账户，贷记"生产成本"账户。

【情景4-28】2021年12月末，北京市惠达股份有限公司本月投产的两种产品全部完工，验收入库。蛋挞生产成本明细账有期初余额，蛋黄派生产成本明细账没有期初余额。试根据两种产品生产成本明细分类账，分别编制产品成本计算单，计算两种产品的生产成本。生产成本明细分类账如图4-54、图4-55所示。产品成本计算单如图4-56、图4-57所示。

## 生产成本明细分类账

二级科目 蛋挞

| 2021年 | | 凭证号 | 摘要 | 借方发生额 | 成本项目 | | | |
|---|---|---|---|---|---|---|---|---|
| 月 | 日 | | | | 直接材料 | 直接人工 | 制造费用 | 其他 |
| 12 | 1 | | 期初在产品成本 | 3 800 000 | 2 600 000 | 800 000 | 400 000 | |
| | 11 | 转4 | 生产领用材料 | 10 100 000 | 10 100 000 | | | |
| | 18 | 转6 | 生产工人工资 | 13 600 000 | | 13 600 000 | | |
| | 20 | 转7 | 分配制造费用 | 4 800 000 | | | 4 800 000 | |
| | | | 合计 | 32 300 000 | 12 700 000 | 14 400 000 | 5 200 000 | |

图 4-54 蛋挞生产成本明细分类账

## 生产成本明细分类账

二级科目 蛋黄派

| 2021年 | | 凭证号 | 摘要 | 借方发生额 | 成本项目 | | | |
|---|---|---|---|---|---|---|---|---|
| 月 | 日 | | | | 直接材料 | 直接人工 | 制造费用 | 其他 |
| 12 | 11 | 转4 | 生产领用材料 | 5 800 000 | 5 800 000 | | | |
| | 18 | 转6 | 生产工人工资 | 6 840 000 | | 6 840 000 | | |
| | 20 | 转7 | 分配制造费用 | 2 400 000 | | | 2 400 000 | |
| | | | 合计 | 15 040 000 | 5 800 000 | 6 840 000 | 2 400 000 | |

图 4-55 蛋黄派生产成本明细分类账

## 产品成本计算单

二级科目 蛋挞　　　　2021 年 12 月 31 日　　　　　　　　　　　单位：元

| 摘要 | 直接材料 | 直接人工 | 制造费用 | 合计 |
|---|---|---|---|---|
| 月初在产品成本 | 26 000.00 | 8 000.00 | 4 000.00 | 38 000.00 |
| 本月生产费用 | 101 000.00 | 136 000.00 | 48 000.00 | 285 000.00 |
| 合计 | 127 000.00 | 144 000.00 | 52 000.00 | 323 000.00 |
| 完工产品成本 | 127 000.00 | 144 000.00 | 52 000.00 | 323 000.00 |
| 月末在产品成本 | 0.00 | 0.00 | 0.00 | 0.00 |

主管 李京　　　　　　　　　　　　　　　　　　　　　　　　制表 王强

图 4-56　蛋挞产品成本计算单

## 产品成本计算单

二级科目 蛋黄派　　　　2021 年 12 月 31 日　　　　　　　　　　单位：元

| 摘要 | 直接材料 | 直接人工 | 制造费用 | 合计 |
|---|---|---|---|---|
| 月初在产品成本 | 0.00 | 0.00 | 0.00 | 0.00 |
| 本月生产费用 | 58 000.00 | 68 400.00 | 24 000.00 | 150 400.00 |
| 合计 | 58 000.00 | 68 400.00 | 24 000.00 | 150 400.00 |
| 完工产品成本 | 58 000.00 | 68 400.00 | 24 000.00 | 150 400.00 |
| 月末在产品成本 | 0.00 | 0.00 | 0.00 | 0.00 |

主管 李京　　　　　　　　　　　　　　　　　　　　　　　　制表 王强

图 4-57　蛋黄派产品成本计算单

根据产品成本计算单进行会计处理：

借：库存商品——蛋挞　　　　　　　　　　　　　　　　323 000
　　　　　　——蛋黄派　　　　　　　　　　　　　　　150 400
　　贷：生产成本——蛋挞　　　　　　　　　　　　　　323 000
　　　　　　　　——蛋黄派　　　　　　　　　　　　　150 400

# 任务 4.6 销售业务的核算

企业销售商品收入何时确认，按多少金额入账，应根据《企业会计准则第 14 号——收入》规定的条件加以确认，并必须同时符合以下条件。

（1）企业已将商品所有权上的主要风险和报酬转移给购货方。这里的风险是指商品可能发生减值或毁损等形成的损失；报酬是指商品价值增值或通过使用商品等产生的经济利益。在大多数情况下，商品所有权上的所有风险和报酬是随着商品所有权的转移或实物的交付而转移的，如商品零售交易。

判断企业是否已将商品所有权上的主要风险和报酬转移给购货方，应当关注交易的实质，并结合所有权凭证的转移进行判断。如果与商品所有权有关的任何损失均不需要销货方承担，与商品所有权有关的任何经济利益也不归销货方所有，就意味着商品所有权上的主要风险和报酬转移给了购货方。

（2）企业既没有保留通常与商品所有权相联系的继续管理权，也没有对已售出的商品实施控制。

企业售出商品后，如果仍然保留与所有权相联系的继续管理权，或是对已售出的商品实施控制，则不能确认相应的销售收入，如销售同时订立回购协议的交易。但如果企业所保留的管理权是与所有权无关的，则不影响企业对该项收入的确认。

（3）收入的金额能够可靠地计量。

收入能否可靠地计量，是确认收入的基本前提。通常情况下，企业在销售商品时商品销售价格已经确定。如果收入的金额不能合理估计，则无法确认收入。

（4）相关的经济利益很可能流入企业。

企业在销售商品的交易中，与交易相关的经济利益是指销售商品的价款。如果估计销售价款不是很可能收回，即使收入确认的其他条件均已满足，也不应当确认商品销售收入。其中，"很可能"是指销售商品的价款收回的可能性超过 50%。

（5）相关的已发生或将发生的成本能够可靠地计量。

销售商品相关的或将发生的成本不能够合理地估计，此时企业不应确认收入。

销售商品收入的计量，即入账金额的确定。当企业销售商品满足收入确认条件时，应按照从购货方已收或应收的合同或协议价款的公允价值确定销售商品收入金额，但已收或应收的合同或协议价款不公允的除外。

## 4.6.1 销售业务的账户设置

制造企业销售业务主要包括产品销售、材料销售、包装物出租和对外提供劳务等。其中，产品销售是销售阶段的主营业务。在销售过程中，企业要按照国家有关价格政策，根据市场需求状况制定价格；同时，按照经济合同和规定的结算制度组织销售并获取销售收入。企业在组织商品销售过程中，应依照国家税收政策，缴纳增值税、消费税、城市建设维护税等税金。月终，将本月取得的主营业务收入、其他业务收入，转入"本年利润"账户的贷方；将本期主营业务成本、税金及附加、其他业务成本、销售费用等，转入"本年利润"账户的借方。

销售收入的取得、销售成本及销售税金的计算和结转,就是销售业务的主要核算内容。

为了正确反映收入的取得,成本、税金项目的发生和结转,需要设置和应用如下账户。

**1."主营业务收入"账户**

(1)性质:损益类(收入)账户。

(2)核算内容:核算企业确认的销售商品、提供劳务等主营业务形成的收入。

(3)明细设置:按主营业务的种类进行明细核算。

(4)账户结构:"主营业务收入"账户结构如图4-58所示。

| 借 | 主营业务收入 | 贷 |
|---|---|---|
| 转入"本年利润"账户贷方的主营业务收入 | | 企业主营业务取得的收入结转后本账户应无余额 |

图4-58 "主营业务收入"账户结构

**2."主营业务成本"账户**

(1)性质:损益类(费用)账户。

(2)核算内容:核算企业确认销售商品、提供劳务等主营业务收入时应结转的成本。

(3)明细设置:按主营业务的种类进行明细核算。

(4)账户结构:"主营业务成本"账户结构如图4-59所示。

| 借 | 主营业务成本 | 贷 |
|---|---|---|
| 结转已售商品的销售成本结转后本账户应无余额 | | 转入"本年利润"账户借方的已售商品的销售成本 |

图4-59 "主营业务成本"账户结构

**3."其他业务收入"账户**

(1)性质:损益类(收入)账户。

(2)核算内容:核算企业确认的除主营业务活动以外的其他经营活动实现的收入,包括出租固定资产、出租无形资产、出租包装物和商品、销售材料、用材料进行非货币性交换(非货币性资产交换具有商业实质且公允价值能够可靠计量)或债务重组等实现的收入。

(3)明细设置:按其他业务收入种类进行明细核算。

(4)账户结构:"其他业务收入"账户结构如图4-60所示。

| 借 | 其他业务收入 | 贷 |
|---|---|---|
| 转入"本年利润"账户贷方的其他业务收入 | | 实现的其他业务收入结转后本账户应无余额 |

图4-60 "其他业务收入"账户结构

**4."其他业务成本"账户**

(1)性质:损益类(费用)账户。

(2)核算内容:核算企业确认的除主营业务活动以外的其他经营活动所发生的支出,包括销售材料的成本、出租固定资产的折旧额、出租无形资产的摊销额、出租包装物的成本或摊销额等。

(3)明细设置:按其他业务成本的种类进行明细核算。

(4)账户结构:"其他业务成本"账户结构如图4-61所示。

| 借 | 其他业务成本 | 贷 |
|---|---|---|
| 企业发生的其他业务成本结转后本账户应无余额 | | 转入"本年利润"账户借方的其他业务成本 |

图4-61 "其他业务成本"账户结构

**5."税金及附加"账户**

(1)性质:损益类(费用)账户。

(2)核算内容:核算企业经营活动发生的消费税、城市维护建设税、资源税、教育费附加、房产税、土地使用税、车船税等相关税费。

(3)明细设置:按照税金的种类进行明细设置。

(4)账户结构:"税金及附加"账户结构如图4-62所示。

| 借 | 税金及附加 | 贷 |
|---|---|---|
| 按规定应提取的税金及附加、结转后本账户应无余额 | | 转入"本年利润"账户借方的主营业务应负担的税金及附加 |

图4-62 "税金及附加"账户结构

## 6. "销售费用"账户

（1）性质：损益类（费用）账户。

（2）核算内容：核算企业在销售商品过程中发生的各种费用，包括保险费、包装费、展览费和广告费、运输费、装卸费，以及为销售本企业商品而专设销售机构（含销售网点、售后服务网点等）的职工薪酬、业务费、折旧费等经营费用。

（3）明细设置：本账户应按照费用项目设置明细账，进行明细分类核算。

（4）账户结构："销售费用"账户结构如图4-63所示。

| 借 | 销售费用 | 贷 |
|---|---|---|
| 企业本期发生的销售费用结转后本账户应无余额 | 转入"本年利润"账户借方的销售费用 | |

图4-63 "销售费用"账户结构

## 7. "应收账款"账户

（1）性质：资产类账户。

（2）核算内容：核算企业因销售商品、提供劳务等的应收账款。

（3）明细设置：一般按照往来单位进行明细分类核算。

（4）账户结构："应收账款"账户结构如图4-64所示。

| 借 | 应收账款 | 贷 |
|---|---|---|
| 企业取得营业收入时发生的应收账款 | 已收回的应收账款 | |
| 期末余额：反映尚未收回的应收账款 | | |

图4-64 "应收账款"账户结构

## 8. "应收票据"账户

（1）性质：资产类账户。

（2）核算内容：核算企业因销售商品、提供劳务等收到的商业汇票，包括银行承兑汇票和商业承兑汇票。

（3）明细设置：按照开出、承兑商业汇票的单位设置明细账进行明细分类核算。

（4）账户结构："应收票据"账户结构如图4-65所示。

| 借 | 应收票据 | 贷 |
|---|---|---|
| 企业收到的应收票据 | 到期收回的应收票据 | |
| 期末余额：反映企业持有的商业汇票的票面金额 | | |

图4-65 "应收票据"账户结构

## 9. "预收账款"账户

（1）性质：负债类账户。

（2）核算内容：核算企业向购货单位预收的款项。

（3）明细设置：按照购货单位进行明细分类核算。

（4）账户结构："预收账款"账户结构如图4-66所示。

| 借 | 预收账款 | 贷 |
|---|---|---|
| 发出商品实现销售后，对预收货款的结转 | 按照规定向购货单位预收的货款 | |
| | 期末余额：反映货款已收尚未付货的预收款项 | |

图4-66 "预收账款"账户结构

### 4.6.2 销售业务的账务处理

**1. 销售商品**

期（月）末，企业应根据本期（月）销售各种商品、提供各种劳务等实际成本，计算应结转的主营业务成本，借记"主营业务成本"账户，贷记"库存商品""劳务成本"等账户。

采用计划成本或售价核算库存商品的，平时的营业成本按计划成本或售价结转。月末，还应结转本月销售商品应分摊的产品成本差异或商品进销差价。

【情景4-29】2021年7月3日，北京市惠达股份有限公司向北京市智诚有限公司销售蛋挞800箱，每箱售价200元，增值税税率为13%。增值税专用发票上列明货款160 000元，增值税额20 800元。生产成本为100 000元，收到购货单位开来的转账支票一张，金额180 800元，已送存银行。增值税专用发票、工商银行进账单如图4-67、图4-68所示。

借：银行存款　　　　　　　　　　180 800
　　贷：主营业务收入——蛋挞　　160 000
　　　　应交税费——应交增值税
　　　　　　（销项税额）　　　　 20 800
借：主营业务成本　　　　　　　　100 000
　　贷：库存商品　　　　　　　　100 000

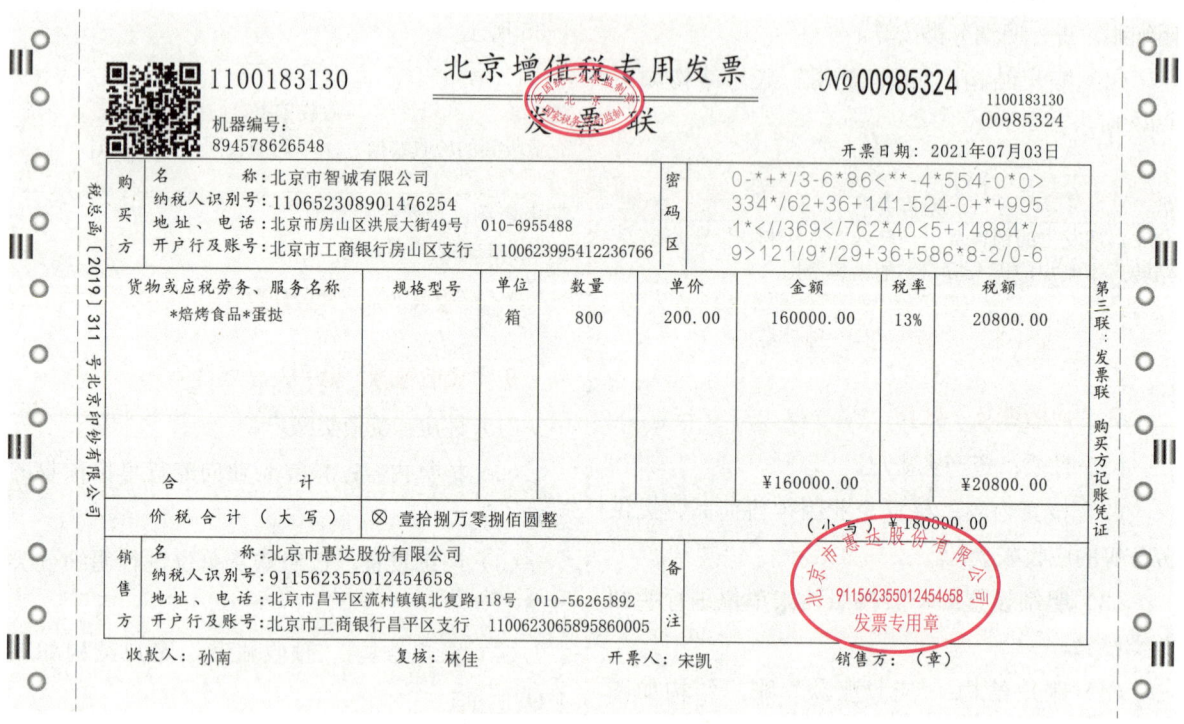

图4-67　增值税专用发票

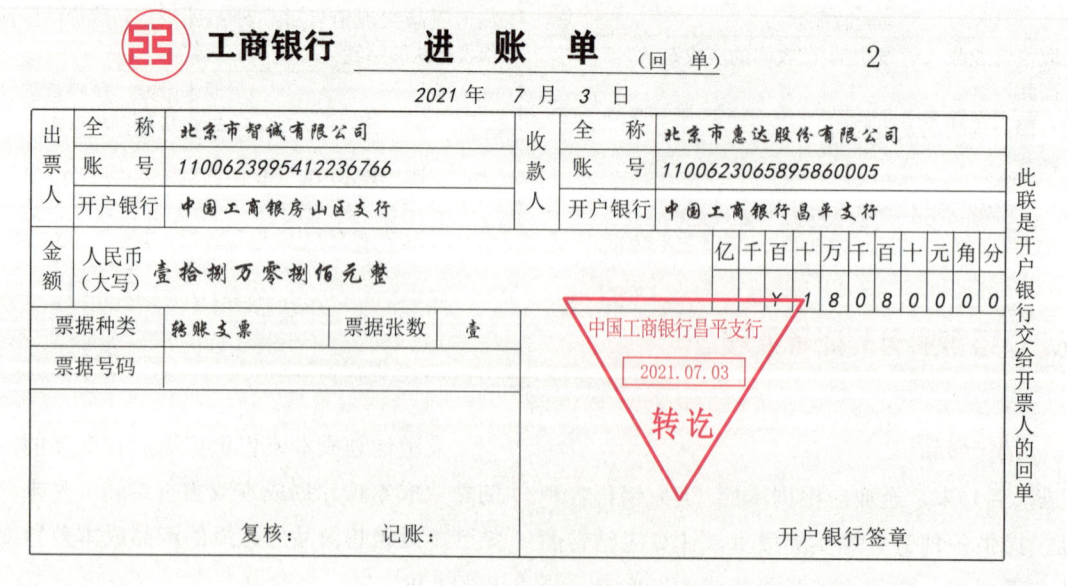

图4-68　工商银行进账单

## 2. 销售原材料

主营业务和其他业务是按照从事日常活动的重要性来划分的，但并不是绝对的，一个企业的主营业务可能是另一个企业的其他业务，即便在同一个企业，不同期间的主营业务和其他业务的内容也不是固定不变的。

当企业发生其他业务收入时，借记"银行存款""应收账款""应收票据"等账户，按确定的收入金额，贷记"其他业务收入"账户，同时确认有关税金；在结转其他业务收入的同一会计期间，企业应根据本期应结转的其他业务成本金额，借记"其他业务成本"账户，贷记"原材料""累计折旧""应付职工薪酬"等账户。

【情景4-30】2021年7月6日，北京市惠达股份有限公司向北京市智诚有限公司销售高筋面粉2 000千克，增值税专用发票上列明货款10 000元，增值税额1 300元。该材料账面成本9 000元。款项尚未收到。增值税专用发票如图4-69所示。

借：应收账款　　　　　　　　　　11 300
　　贷：其他业务收入　　　　　　　10 000
　　　　应交税费——应交增值税
　　　　　　（销项税额）　　　　　1 300
借：其他业务成本　　　　　　　　 9 000
　　贷：原材料　　　　　　　　　　9 000

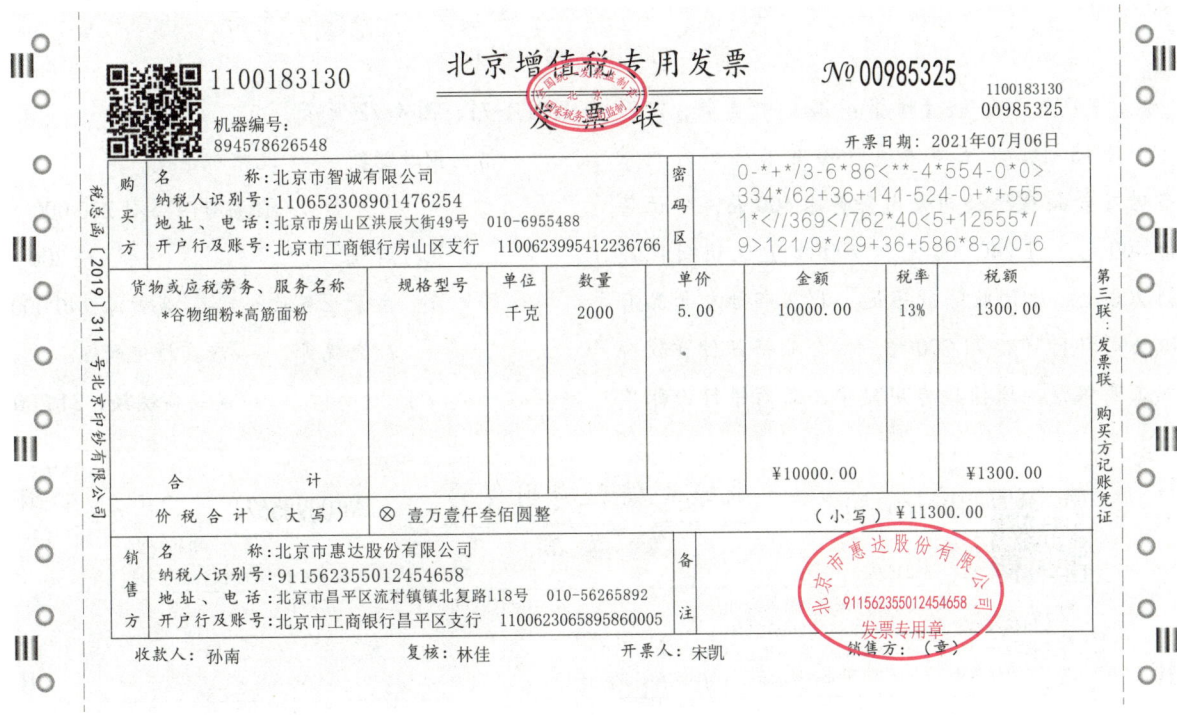

图4-69　增值税专用发票

## 3. 出租房屋

【情景4-31】北京市惠达股份有限公司出租房屋，取得租金收入11 000元（暂不考虑增值税）存入银行。

借：银行存款　　　　　　　　　　11 000
　　贷：其他业务收入　　　　　　　11 000

【情景4-32】2021年7月9日，北京市惠达股份有限公司按照购销合同规定，预收北京市世友食品有限公司购买蛋黄派货款200 000元，存入工商银行。工商银行进账单如图4-70所示。

借：银行存款　　　　　　　　　　200 000
　　贷：预收账款——北京市世友
　　　　食品有限公司　　　　　　200 000

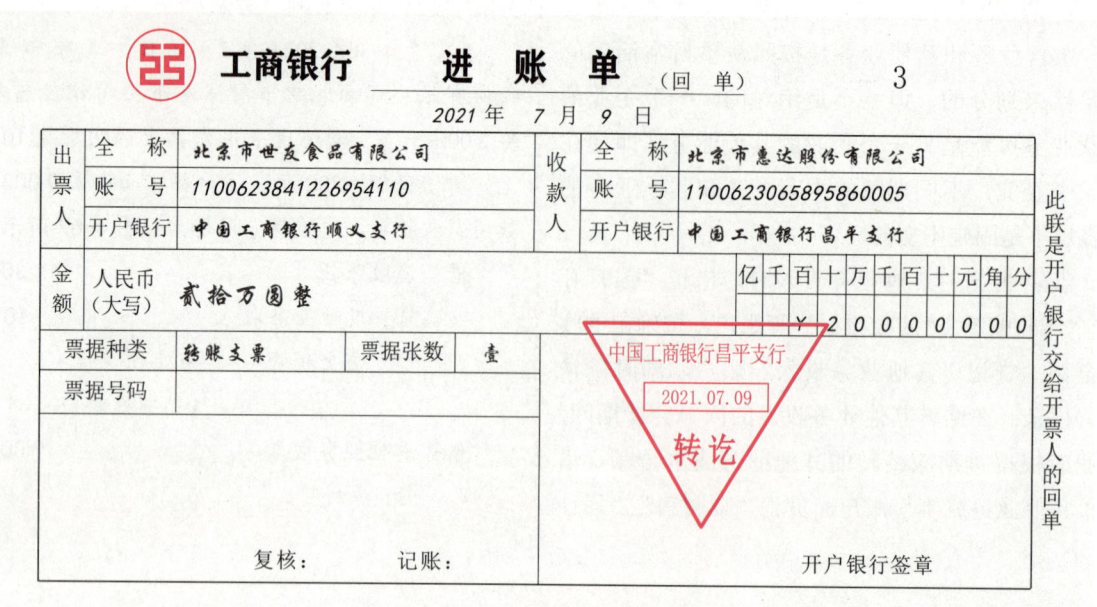

图 4-70　工商银行进账单

【情景4-33】接【情景4-32】中资料，2021年7月13日，北京市惠达股份有限公司为北京市世友食品有限公司发出蛋黄派600箱，单位售价400元，计240 000元，应收增值税销项税额31 200元。原预收账款不足，北京市世友食品有限公司补付货款71 200元，本企业将补付货款存入工商银行。增值税专用发票、工商银行进账单如图4-71、图4-72所示。

借：预收账款——北京市世友
　　　食品有限公司　200 000
　　银行存款　　　　　71 200
　贷：主营业务收入——蛋黄派　240 000
　　　应交税费——应交增值税
　　　　　　（销项税额）　31 200

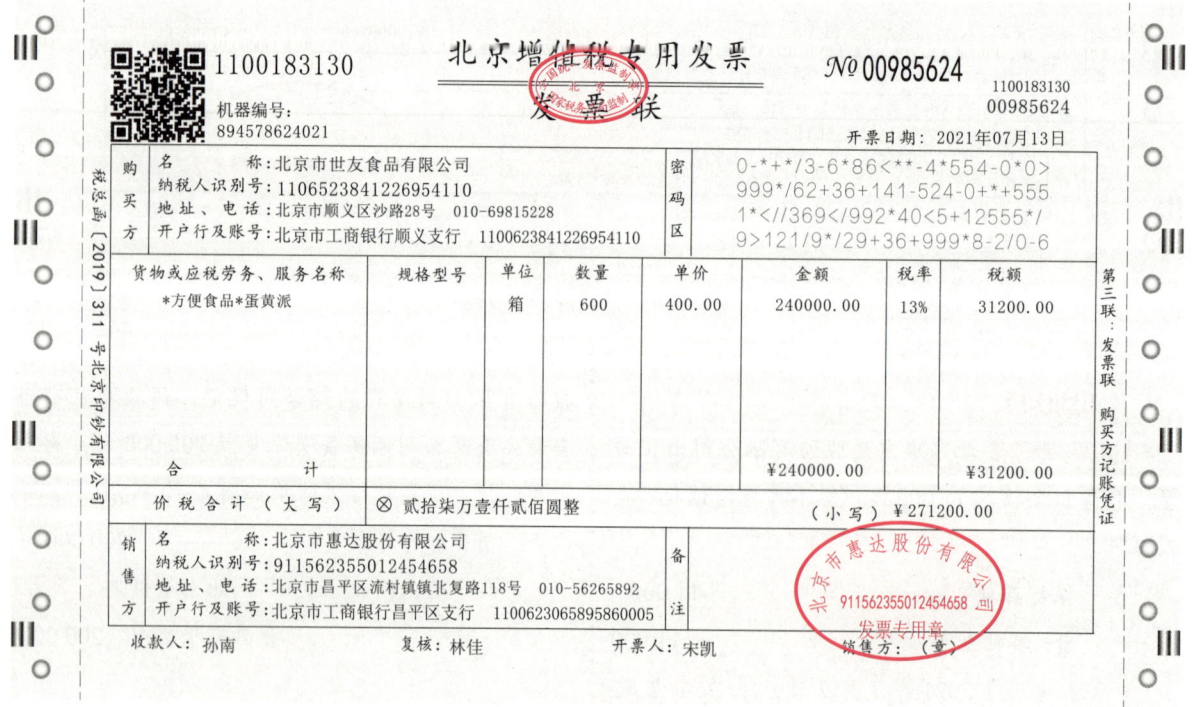

图 4-71　增值税专用发票

## 工商银行 进账单（回单）

2021 年 7 月 13 日　　3

| 出票人 | 全称 | 北京市世友食品有限公司 | 收款人 | 全称 | 北京市惠达股份有限公司 |
|---|---|---|---|---|---|
| | 账号 | 1100623841226954110 | | 账号 | 1100623065895860005 |
| | 开户银行 | 中国工商银行顺义支行 | | 开户银行 | 中国工商银行昌平支行 |

金额 人民币（大写）：贰拾柒万壹仟贰佰圆整　¥271 200.00

票据种类：转账支票　　票据张数：壹

中国工商银行昌平支行 2021.07.13 转讫

此联是开户银行交给开票人的回单

图 4-72　工商银行进账单

【情景4-34】2021 年 7 月 15 日，北京市惠达股份有限公司以银行存款支付企业销售产品的广告宣传费 3 000 元（暂不考虑相关税费）。转账支票存根如图 4-73 所示。

借：销售费用——广告费　　3 000
　贷：银行存款　　　　　　　3 000

### 4. 税金及附加

【情景4-35】2021 年 7 月 25 日，北京市惠达股份有限公司以银行存款支付企业印花税税费 534 元。现金支票存根如图 4-74 所示。

借：税金及附加　　534
　贷：银行存款　　　534

中国工商银行
转账支票存根
10236515
23786914

附加信息

出票日期 2021 年 7 月 15 日
收款人：北京市佳途广告公司
金　额：¥3 000.00
用　途：广告费
单位主管 李 京　会计 朱莉莉

图 4-73　转账支票存根

中国工商银行
现金支票存根
10235613
23785491

附加信息

出票日期 2021 年 7 月 25 日
收款人：北京市税务局
金　额：¥534.00
用　途：缴纳印花税
单位主管 李 京　会计 朱莉莉

图 4-74　现金支票存根

【情景4-36】2021年7月末，北京市惠达股份有限公司结转售出蛋挞、蛋黄派的销售成本。售出蛋挞成本120 000元；售出蛋黄派成本100 000元。

借：主营业务成本——蛋挞　　　120 000
　　　　　　　　　——蛋黄派　　100 000
　　贷：库存商品——蛋挞　　　　120 000
　　　　　　　　——蛋黄派　　　100 000

【情景4-37】北京市惠达股份有限公司实际应上缴增值税320 000元，消费税180 000元，公司适用的城市维护建设税税率为7%，教育费附加税率为3%。

北京市惠达股份有限公司应作会计分录如下。

（1）应交城市维护建设税、教育费附加时：

应交城市维护建设税＝（320 000+180 000)×7%
　　　　　　　　　＝35 000（元）
应交教育费附加＝（320 000+180 000)×3%
　　　　　　＝15 000（元）

借：税金及附加——城市维护
　　　　　　　　建设税　　　　35 000
　　　　　　　——教育费附加　15 000
　　贷：应交税费——应交城市
　　　　　　　　　维护建设税　35 000
　　　　　　　——应交教育费
　　　　　　　　附加　　　　　15 000

（2）实际上交时：

借：应交税费——应交城市维护
　　　　　　　建设税　　　　　35 000
　　　　　　——应交教育费附加　15 000
　　贷：银行存款　　　　　　　50 000

# 任务4.7　期间费用业务的核算

## 4.7.1　期间费用的构成

期间费用，是指企业日常活动中不能直接归属于特定成本核算对象的，而应在发生时直接计入当期损益的各种费用。期间费用包括管理费用、销售费用和财务费用。

> **注意**
> 企业应正确区别期间费用与生产成本。按照经济用途，可以将费用分为生产成本和期间费用。生产成本，是构成产品的实体、计入产品成本的费用，包括直接材料、直接人工、制造费用等。

### 1. 管理费用

管理费用，是指企业为组织和管理企业生产经营活动所发生的各种费用。包括企业在筹建期间发生的开办费、董事会和行政管理部门在企业的经营管理中发生的或者应由企业统一负担的公司经费（包括行政管理部门职工工资及福利费、物料消耗、低值易耗品摊销、办公费和差旅费等）、工会经费、董事会费（包括董事会成员津贴、会议费和差旅费等）、聘请中介机构费、咨询费（含顾问费）、诉讼费、业务招待费、技术转让费、矿产资源补偿费、研究费用、排污费等。

> **注意**
> 商品流通企业管理费用不多的，可以将管理费用并入"销售费用"账户核算。企业生产车间（部门）和行政管理部门等发生的固定资产修理费用等后续支出，也归属为管理费用。

### 2. 销售费用

销售费用，是指企业在销售商品和材料、提供劳务的过程中发生的各种费用。包括保险费、包装费、展览费和广告费、商品维修费、预计产品质量保证损失、运输费、装卸费等，以及为销售本企业商品而专设的销售机构（含销售网点、售后服务网点等）的职工薪酬、业务费、折旧费等经营费用。企业发生的与专设销售机构相关的固定资产修理费用等后续支出也归属于销售费用。

### 3. 财务费用

财务费用，是指企业为筹集生产经营所需资金等而发生的筹资费用。包括利息支出（减息收入）、汇兑损益以及相关手续费、企业发生的现金折扣或收到的现金折扣等。

> **注意**
> 为购建或生产满足资本化条件的资产发生的应予资本化的借款费用，在"在建工程""制造费用"等账户核算。

## 4.7.2 期间费用账务处理

### 1. 管理费用的账务处理

企业在筹建期间发生的开办费，包括人员工资、办公费、培训费、差旅费、印刷费、注册登记费以及不计入固定资产成本的借款费用等。实际发生时，借记"管理费用"账户，贷记"应付利息""银行存款"等账户。

行政管理部门人员的职工薪酬，借记"管理费用"账户，贷记"应付职工薪酬"账户。

行政管理部门计提的固定资产折旧，借记"管理费用"账户，贷记"累计折旧"账户。

行政管理部门发生的办公费、水电费、业务招待费、聘请中介机构费、咨询费、诉讼费、技术转让费、企业研究费用，借记"管理费用"账户，贷记"银行存款""研发支出"等账户。

【情景4-38】2021年9月18日，北京市惠达股份有限公司发生如下报销事项：咨询费5 000元，董事叶华的差旅费6 500元，办公用品费3 500元。所有费用以现金付讫。不考虑相关税费。

北京市惠达股份有限公司应作会计分录如下：

借：管理费用——咨询费　　　　5 000
　　　　　　——董事会费　　　　6 500
　　　　　　——办公费　　　　　3 500
　　贷：库存现金　　　　　　　15 000

【情景4-39】2021年10月16日，北京市惠达股份有限公司外出采购，张红预借差旅费3 000元。20日，张红出差回来，经审核，报销差旅费2 910元，多余部分现金退回。

张红预借差旅费，北京市惠达股份有限公司应作会计分录如下：

借：其他应收款——张红　　　　3 000
　　贷：库存现金　　　　　　　　3 000

张红出差回来，报销差旅费，北京市惠达股份有限公司应作会计分录如下：

借：管理费用　　　　　　　　　2 910
　　库存现金　　　　　　　　　　90
　　贷：其他应收款——张红　　　3 000

### 2. 销售费用的账务处理

企业在销售商品过程中发生的包装费、保险费、展览费和广告费、运输费、装卸费等费用，借记"销售费用"账户，贷记"库存现金""银行存款"等账户。

企业发生的为销售本企业商品而专设的销售机构的职工薪酬、业务费、办公设备折旧费等费用，借记"销售费用"账户，贷记"应付职工薪酬""银行存款""累计折旧"等账户。

【情景 4-40】2021 年 9 月，北京市惠达股份有限公司发生的销售费用，包括：专设销售机构人员薪酬 98 000 元；销售机构办公设备折旧费 61 000 元；以银行存款支付广告费 50 000 元；以银行存款支付应由公司负担的销售甲产品的运输费 2 000 元。

北京市惠达股份有限公司应作会计分录如下：

借：销售费用　　　　　　　　211 000
　　贷：应付职工薪酬　　　　　　98 000
　　　　累计折旧　　　　　　　　61 000
　　　　银行存款　　　　　　　　52 000

**3. 财务费用的账务处理**

企业发生财务费用，借记"财务费用"账户，贷记"银行存款""应付利息"等账户。发生的应冲减财务费用的利息收入、汇兑损益、现金折扣，借记"银行存款""应付账款"等账户，贷记"财务费用"账户。

【情景 4-41】2021 年 9 月 2 日，北京市惠达股份有限公司以银行存款支付银行手续费 1 000 元。北京市惠达股份有限公司应作会计分录如下：

借：财务费用　　　　　　　　　1 000
　　贷：银行存款　　　　　　　　1 000

【情景 4-42】2021 年 9 月 9 日，北京市惠达股份有限公司向胜达公司购入辅助材料 A 材料一批，获得胜达公司给予的现金折扣 3 000 元。

北京市惠达股份有限公司应作会计分录如下：

借：应付账款　　　　　　　　　3 000
　　贷：财务费用　　　　　　　　3 000

> **注意**
>
> 现金折扣，是指债权人为鼓励债务人在规定期限内付款而向债务人提供的债务扣除。现金折扣通常按以下方式表示：2/10、1/20、$n$/30（10 天内付款，给予 2% 的现金折扣；20 天内付款，给予 1% 的现金折扣；30 天内付清全部款项）。现金折扣对于销货企业称为"销货折扣"，对于购货企业称为"购货折扣"。

# 任务 4.8　利润及利润分配业务的核算

## 4.8.1　利润的核算内容

利润是指企业在一定会计期间的经营成果，包括收入减去费用后的余额、直接计入当期损益的利得和损失等。利润由营业利润、利润总额和净利润三个层次构成。

**1. 营业利润**

营业利润这一指标能够恰当地反映企业管理者的经营业绩。计算公式为：

营业利润 = 营业收入 - 营业成本 - 税金及附加 - 销售费用 - 管理费用 - 财务费用 - 资产减值损失 - 信用减值损失 + 公允价值变动收益（- 公允价值变动损失）+ 投资收益（- 投资损失）+ 资产处置收益（- 资产处置损失）+ 其他收益

其中：

营业收入 = 主营业务收入 + 其他业务收入

营业成本 = 主营业务成本 + 其他业务成本

资产减值损失是指企业因计提各项资产减值准备所形成的损失；公允价值变动收益（或损失）是指企业交易性金融资产等金融资产因公允价值变动而形成的应计入当期损益的利得或损失；投资收益（或损失）是指企业以各种方式对外投资而取得的收益或发生的损失。

### 2. 利润总额

利润总额，又称"税前利润"，是营业利润加上营业外收入减去营业外支出后的金额。计算公式为：

利润总额 = 营业利润 + 营业外收入 - 营业外支出

其中，营业外收入是指发生的与日常活动无直接关系的各项利得；营业外支出是指发生的与日常活动无直接关系的各项损失。

### 3. 净利润

净利润，又称"税后利润"，是利润总额扣除所得税费用后的净额。计算公式为：

净利润 = 利润总额 - 所得税费用

其中：

应纳所得税税额 = 应纳税所得额 × 所得税税率 = (税前利润 ± 纳税调整额) × 25%

## 4.8.2 利润及利润分配账户设置

为了正确反映企业的最终财务成果，考核利润总额的形成及利润分配情况，需要设置和应用以下账户。

### 1. "本年利润"账户

（1）性质：所有者权益类账户。

（2）核算内容：核算与监督企业当期实现的净利润或发生的净亏损及其结转情况。

（3）账户结构："本年利润"账户结构如图4-75所示。

| 借 | 本年利润 | 贷 |
|---|---|---|
| 企业期（月）末转入的主业务成本、税金及附加、其他业务成本、管理费用、财务费用、销售费用、营业外支出、投资损失和所得税费用等 | | 企业期（月）末转入的主营业务收入、其他业务收入、营业外收入和投资收益等 |
| 期末余额：反映当期发生的净亏损 | | 期末余额：反映当期实现的净利润 |

图4-75 "本年利润"账户结构

### 2. "利润分配"账户

（1）性质：所有者权益类账户。

（2）核算内容：核算与监督企业利润的分配（或亏损的弥补）和历年分配（或弥补）后的余额。

（3）明细设置：按"提取法定盈余公积""提取任意盈余公积""应付现金股利或利润""转作股本的股利""盈余公积补亏""未分配利润"等进行明细核算。

（4）账户结构："利润分配"账户结构如图4-76所示。

| 借 | 利润分配 | 贷 |
|---|---|---|
| 企业本期利润分配数（包括提留企业的盈余公积金、公益金、分配给投资者的利润等） | | 企业年终结转的利润总额数 |

图4-76 "利润分配"账户结构

### 3. "盈余公积"账户

（1）性质：所有者权益类账户。

（2）核算内容：核算与监督企业按规定从净利润中提取的盈余公积以及用盈余公积弥补亏损或转增资本的实际情况。

（3）明细设置：按"法定盈余公积""任意盈

余公积"进行明细核算。

（4）账户结构："盈余公积"账户结构如图4-77所示。

| 借 | 盈余公积 | 贷 |
|---|---|---|
| 企业按规定弥补亏损或转增资本的盈余公积金 | 企业按规定从净利润中提取的盈余公积金 |
| | 期末余额：反映企业已提取的盈余公积金余额 |

图4-77 "盈余公积"账户结构

#### 4."应付股利"账户

（1）性质：负债类账户。

（2）核算内容：核算与监督企业分配的现金股利或利润。

（3）明细设置：按投资者进行明细核算。

（4）账户结构："应付股利"账户结构如图4-78所示。

| 借 | 应付股利 | 贷 |
|---|---|---|
| 实际支付给投资者的利润 | 应付投资者的利润 |
| | 期末余额：反映企业尚未支付的股利 |

图4-78 "应付股利"账户结构

#### 5."营业外收入"账户

（1）性质：损益类账户。

（2）核算内容：核算及监督与企业日常生产经营活动无直接关系的各项收入及结转情况，包括非流动资产处置利得、非货币性资产交换利得、债务重组利得、政府补助、盘盈利得、捐赠利得等。

（3）明细设置：按营业外收入项目设置明细分类账户，进行明细核算。

（4）账户结构："营业外收入"账户结构如图4-79所示。

| 借 | 营业外收入 | 贷 |
|---|---|---|
| 期末转入"本年利润"账户的营业外收入额 | 营业外收入的实现，即营业外收入的增加额 |
| | 期末无余额 |

图4-79 "营业外收入"账户结构

#### 6."营业外支出"账户

（1）性质：损益类账户。

（2）核算内容：与企业日常生产经营活动无直接关系的各项支出的发生和结转情况，包括非流动资产处置损失、非货币性资产交换损失、债务重组损失、非常损失、盘亏损失、捐赠支出等。

（3）明细设置：按支出项目设置明细分类账户，进行明细核算。

（4）账户结构："营业外支出"账户结构如图4-80所示。

| 借 | 营业外支出 | 贷 |
|---|---|---|
| 营业外支出的发生，即营业外支出的增加额 | 期末转入"本年利润"账户的营业外支出额 |
| 期末无余额 | |

图4-80 "营业外支出"账户结构

#### 7."所得税费用"账户

（1）性质：损益类账户。

（2）核算内容：核算与监督企业确认的应从当期利润总额中扣除的所得税费用及其结转情况。

（3）明细设置：按"当期所得税费用""递延所得税费用"进行明细核算。

（4）账户结构："所得税费用"账户结构如图4-81所示。

| 借 | 所得税费用 | 贷 |
|---|---|---|
| 企业应计入当期损益的所得税 | 期末转入"本年利润"账户的所得税 |
| 期末无余额 | |

图4-81 所得税费用账户结构

#### 8."投资收益"账户

（1）性质：损益类账户

（2）核算内容：核算企业确认的投资收益或投资损失。

（3）明细设置：按投资项目设置明细账户，进行明细分类核算。

（4）账户结构："投资收益"账户结构如图4-82所示。

| 借 | 投资收益 | 贷 |
|---|---|---|
| ①发生的投资损失；<br>②期末转入"本年利润"账户的投资净收益 | | ①实现的投资收益；<br>②期末转入"本年利润"账户的投资净损失 |
| | | 期末结转后，该账户无余额 |

图 4-82 "投资收益"账户结构

### 4.8.3 利润账务处理

会计期末（月末或年末）在结转各项收入时，借记"主营业务收入""其他业务收入""营业外收入"等账户，贷记"本年利润"账户；在结转各项支出时，借记"本年利润"账户，贷记"主营业务成本""税金及附加""其他业务成本""管理费用""财务费用""销售费用""资产减值损失""营业外支出""所得税费用"等账户。

【情景 4-43】2021 年 12 月 5 日，北京市惠达股份有限公司积极响应"献爱心，文明行"的活动，向希望小学捐赠 90 000 元。转账支票存根如图 4-83 所示。

借：营业外支出　　　　　　90 000
　　贷：银行存款　　　　　　　90 000

中国工商银行
转账支票存根
10237012
23788124

附加信息

出票日期 2021 年 12 月 5 日
收款人：希望小学
金　额：¥90 000.00
用　途：捐款

单位主管 李京　会计 朱莉莉

图 4-83 转账支票存根

【情景 4-44】北京市惠达股份有限公司对供货方的违约行为给予罚款，收到罚款收入 20 000 元，存入银行。

借：银行存款　　　　　　　　20 000
　　贷：营业外收入——罚款收入　20 000

【情景 4-45】期末，北京市惠达股份有限公司本期损益类账户余额如表 4-2 所示。将各损益类账户的余额转入"本年利润"账户。

表 4-2 损益类账户期末余额

单位：元

| 科目 | 借方 | 贷方 |
|---|---|---|
| 主营业务收入 | | 8 500 000 |
| 其他业务收入 | | 750 000 |
| 公允价值变动损益 | | 80 000 |
| 投资收益 | | 890 000 |
| 营业外收入 | | 34 000 |
| 主营业务成本 | 4 500 000 | |
| 其他业务成本 | 2 500 000 | |
| 税金及附加 | 100 000 | |
| 销售费用 | 77 000 | |
| 管理费用 | 210 000 | |
| 财务费用 | 66 000 | |
| 资产减值损失 | 80 000 | |
| 营业外支出 | 200 000 | |

（1）2021 年 12 月 31 日，将上述损益类账户中收入类账户余额转入"本年利润"账户。

借：主营业务收入　　　　8 500 000
　　其他业务收入　　　　　750 000
　　公允价值变动损益　　　 80 000
　　投资收益　　　　　　　890 000
　　营业外收入　　　　　　 34 000

贷：本年利润　　　　　　　　　　　　　　　　10 254 000

（2）2021年12月31日，将上述损益类账户中成本费用类账户余额转入"本年利润"账户。

借：本年利润　　　　　　　　　　　　　　　　　　7 733 000
　　贷：主营业务成本　　　　　　　　　　　　　　4 500 000
　　　　其他业务成本　　　　　　　　　　　　　　2 500 000
　　　　税金及附加　　　　　　　　　　　　　　　　100 000
　　　　销售费用　　　　　　　　　　　　　　　　　 77 000
　　　　管理费用　　　　　　　　　　　　　　　　　210 000
　　　　财务费用　　　　　　　　　　　　　　　　　 66 000
　　　　资产减值损失　　　　　　　　　　　　　　　 80 000
　　　　营业外支出　　　　　　　　　　　　　　　　200 000

### 4.8.4 利润分配

利润分配是指企业根据国家有关规定和企业章程、投资者协议等，对企业当年可供分配的利润指定用途和分配给投资者的行为。利润分配的过程和结果不仅关系到每个股东的合法权益，而且关系到企业的未来发展。

**1. 利润分配的核算内容**

利润分配的顺序：企业向投资者分配利润，应按一定的顺序进行。按照我国公司法的有关规定，利润分配应按下列顺序进行。

（1）计算可供分配的利润。企业在利润分配前，应根据本年净利润（或亏损）与年初未分配利润（或亏损）、其他转入金额（如盈余公积弥补的亏损）等项目，计算可供分配的利润，即：

可供分配的利润 = 净利润（或亏损）+ 年初未分配利润 − 弥补以前年度亏损 + 其他转入金额

**提示**

如果可供分配的利润为负数（累计亏损），则不能进行后续分配；如果可供分配的利润为正数（累计盈利），则能够进行后续分配。

（2）提取法定盈余公积。按照《中华人民共和国公司法》的有关规定，公司应当按照当年净利润（抵减年初累计亏损后）的10%提取法定盈余公积，提取的法定盈余公积累计额超过注册资本的50%的，可以不再提取。

（3）提取任意盈余公积。公司提取法定盈余公积后，经股东会或者股东大会决议，还可以从净利润中提取任意盈余公积。

（4）向投资者分配利润（或股利）。企业可供分配的利润扣除提取的盈余公积后，形成可供投资者分配的利润，即：

可供投资者分配的利润 = 可供分配的利润 − 提取的盈余公积

企业可采用现金股利、股票股利和财产股利等形式向投资者分配利润（或股利）。

**2. 利润分配的账务处理**

未分配利润（可供以后年度分配的利润），是企业留待以后年度进行分配的结存利润。相对于企业所有者权益的其他组成部分而言，企业对未分配利润的使用和分配具有较大的自主权。未分配利润包括两层含义：一是留待以后年度处理的利润；二是尚未指定用途的利润。计算公式为：

未分配利润 = 期初未分配利润 + 本期实现的净利润 − 本期提取的各项盈余公积 − 向所有者分配的利润

**注意**

正确区分"可供分配的利润""可供投资者分配的利润""可供以后年度分配的利润"。

盈余公积和未分配利润两部分构成了公司的

留存收益，是指企业从历年实现的利润中提取或形成的留存于企业内部的积累。

【情景4-46】根据【情景4-45】，期末，北京市惠达股份有限公司2021年实现税后利润2 521 000（10 254 000-7 733 000）元，公司股东大会决定按10%提取法定盈余公积，按5%提取任意盈余公积。利润分配计算表如图4-84所示。

借：利润分配——提取法定
　　　　盈余公积　252 100
　　　——提取任意
　　　　盈余公积　126 050
　贷：盈余公积——法定盈余
　　　　公积　252 100
　　　——任意盈余
　　　　公积　126 050

**利润分配计算表**

2021年12月31日　　　　单位：元

| 利润分配项目 | 应分配额 | 分配比率 | 分配额 |
|---|---|---|---|
| 提取法定盈余公积 | 2 521 000.00 | 10% | 252 100.00 |
| 提取任意盈余公积 | 2 521 000.00 | 5% | 126 050.00 |
| 合计 | | | 378 150.00 |

财务主管 李京　　　　　　　　　　　制单 王强

图4-84　利润分配计算表

【情景4-47】北京市惠达股份有限公司宣告发放现金股利800 000元。

借：利润分配——应付现金
　　　　股利　800 000
　贷：应付股利——应付现金
　　　　股利　800 000

【情景4-48】北京市惠达股份有限公司用盈余公积弥补上年亏损160 000元。

借：盈余公积　160 000
　贷：利润分配——盈余公积
　　　　补亏　160 000

**3. 未分配利润的形成**

年度终了，企业应将"利润分配"账户所属其他明细账户的余额转入"利润分配——未分配利润"明细账户，即借记"利润分配——未分配利润""利润分配——盈余公积补亏"等账户，贷记"利润分配——提取法定盈余公积""利润分配——提取任意盈余公积""利润分配——应付现金股利""利润分配——转作股本股利"等账户。

结转后，"利润分配"账户中除"未分配利润"明细账户外，所属其他明细账户应无余额。"未分配利润"明细账户的贷方余额表示累积未分配的利润，该账户如果出现借方余额，则表示累积未弥补的亏损。利润分配核算程序如图4-85所示。

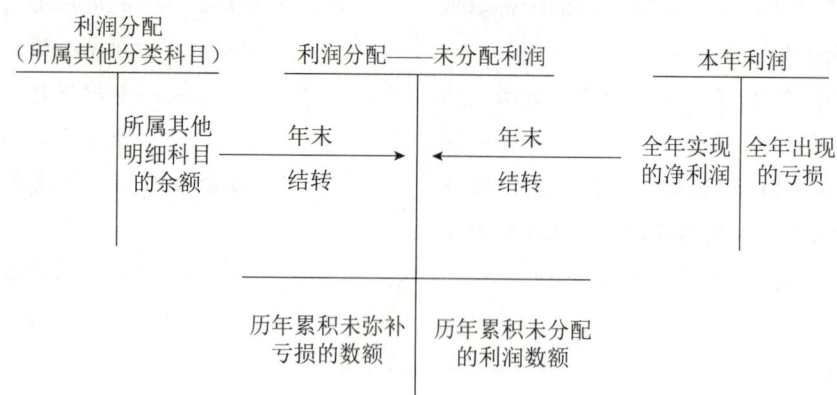

图 4-85 利润分配核算程序

【情景 4-49】年末，北京市惠达股份有限公司将"利润分配"科目所属其他明细科目的余额转入该科目"未分配利润"明细科目。

借：利润分配——未分配利润　1 018 150
　　利润分配——盈余公积补亏　160 000
　贷：利润分配——提取法定盈余公积　252 100
　　　　　　　——提取任意盈余公积　126 050
　　　　　　　——应付现金股利　800 000

董事会或类似机构通过的利润分配方案中拟分配的现金股利或利润，不做账务处理，但应在附注中披露。

# 项目小结

本项目主要介绍了制造企业基本业务活动的会计处理，包括资金筹集业务、固定资产业务、采购业务、生产业务、销售业务、期间费用业务，以及利润的形成与分配业务；介绍了每类业务活动中相关的账户设置和账务处理。通过对本项目的学习，可以对制造企业主要业务活动的会计处理方法有一个较为全面的了解。

# 思考与练习

## 一、单项选择题

1. 下列各项中，属于资金筹集业务的是（　）。
   A. 取现业务
   B. 投资者投入资金
   C. 出售交易性金融资产
   D. 出售库存商品

2. 产品生产业务的核算内容一般不包括（　）。
   A. 生产费用的发生和归集
   B. 生产费用的分配
   C. 产品成本的计算
   D. 财务费用的核算

3. 下列各项中，不属于利润分配核算业务的是（　）。
   A. 确定所得税费用
   B. 提取法定盈余公积
   C. 用盈余公积弥补亏损
   D. 向投资者分派现金股利

4. 企业在收到投资者投入的资本时，应贷记（　）账户。
   A. 银行存款　　　B. 实收资本
   C. 固定资产　　　D. 原材料

5. 企业收到无形资产投资时应记入的借方账户是（　）。
   A. 固定资产　　　B. 无形资产
   C. 预提费用　　　D. 长期借款

6. 企业收到投资者投资涉及企业增加的会计要素是（　）。
   A. 所有者权益　　B. 负债
   C. 实收资本　　　D. 收入

7. 企业借入短期借款的利息在发生时应记入的借方账户是（　）。
   A. 在建工程　　　B. 财务费用
   C. 预提费用　　　D. 管理费用

8. 企业购买材料时发生的途中合理损耗应（　）。

   A. 由供应单位赔偿　B. 计入材料采购成本
   C. 由保险公司赔偿　D. 计入管理费用

9. 下列各项与存货相关的费用中，不应计入存货成本的有（　）。
   A. 材料采购过程中发生的运输费
   B. 材料入库前发生的挑选整理费
   C. 材料入库后发生的仓储费
   D. 材料采购过程中发生的装卸费

10. 下列各项费用中，不能直接记入"生产成本"账户的是（　）。
    A. 生产工人的福利费
    B. 生产工人的工资
    C. 车间管理人员的薪酬
    D. 构成产品实体的原材料费用

11. 下列费用中，不构成产品成本，而应直接计入当期损益的是（　）。
    A. 期间费用　　　B. 直接材料费
    C. 制造费用　　　D. 直接人工费

12. 产品生产车间发生的制造费用经过分配之后，一般应记入（　）账户。
    A. 库存商品　　　B. 生产成本
    C. 本年利润　　　D. 主营业务成本

13. 下列内容中，不属于企业营业收入的是（　）。
    A. 销售商品收入
    B. 提供劳务取得的收入
    C. 出售固定资产的收入
    D. 出租机器设备取得的收入

14. 制造业企业出租固定资产所取得的租金收入，属于（　）。
    A. 主营业务收入　B. 投资收益
    C. 营业外收入　　D. 其他业务收入

## 二、多项选择题

1. 根据企业生产经营过程中发生的经济业务，账务处理的主要内容有（　　）。
   A. 资金筹集业务的账务处理
   B. 固定资产业务的账务处理
   C. 材料采购业务的账务处理
   D. 生产业务的账务处理

2. 关于资金筹集业务，下列说法中正确的有（　　）。
   A. 企业筹集资金的渠道，一是吸收投资，二是借款
   B. 从企业所有者处筹集的资金形成企业的所有者权益
   C. 从企业债权人处筹集的资金形成企业的负债
   D. 短期借款和长期借款是向债权人筹集资金的主要方式

3. 生产准备业务的核算主要包括（　　）。
   A. 固定资产购入业务　　B. 材料采购业务
   C. 材料采购成本计算　　D. 人工费用的核算

4. 企业销售业务核算的主要内容包括（　　）。
   A. 核算商品的销售收入
   B. 结转商品销售成本
   C. 支付商品销售费用
   D. 计算和缴纳商品销售税金

5. 下列（　　）业务应通过"利润分配"账户进行核算。
   A. 计算缴纳所得税　　B. 向投资人分配利润
   C. 提取法定盈余公积　D. 支付银行借款利息

6. 企业筹集资金的渠道主要有（　　）。
   A. 由投资者投入　　B. 由他人捐赠
   C. 向债权人借入　　D. 向债务人收取

7. 企业的资本金按投资主体分类通常可分为（　　）。
   A. 国家资本　　　B. 法人资本
   C. 个人资本　　　D. 外商资本

8. 在计算固定资产折旧时，应考虑的主要因素有固定资产的（　　）。
   A. 使用年限　　　B. 原始价值
   C. 管理部门　　　D. 净残值

9. 增值税一般纳税人企业购入的机器设备，其入账价值一般包括（　　）。
   A. 购买价款　　　B. 运杂费
   C. 增值税　　　　D. 进口关税

10. 下列选项中，构成企业购入材料的采购成本的内容包括（　　）。
    A. 材料买价　　　B. 增值税进项税额
    C. 采购人员差旅费　D. 采购费用

11. 供应过程核算中，与借记"原材料"账户相对应的贷方账户可能有（　　）账户。
    A. 应付账款　　　B. 应付票据
    C. 银行存款　　　D. 预付账款

12. 产品在生产过程中发生的各项生产费用，按其经济用途进行分类，构成产品生产成本的成本项目，具体包括（　　）。
    A. 直接材料费　　B. 直接人工费
    C. 制造费用　　　D. 期间费用

13. 下列关于"本年利润"账户的说法中，正确的有（　　）。
    A. 借方余额为当期发生的净亏损
    B. 贷方登记期末转入的各项收入
    C. 借方登记期末转入的各项费用
    D. 年末该账户经结转后没有余额

14. 下列费用和成本账户中，月末一般无余额的有（　　）账户。
    A. 生产成本　　　B. 销售费用
    C. 管理费用　　　D. 财务费用

15. 下列各项中，影响营业利润金额的有（　　）。
    A. 营业外收入　　B. 营业外支出
    C. 销售费用　　　D. 管理费用

## 三、判断题

1. 融资租入的固定资产可以作为企业自有固定资产进行核算。（　　）

2. 企业向银行等金融机构借入资金的款项应通过"短期借款"或"长期借款"这个账户进行核算。（    ）

3. 资金是企业生存和发展的前提和基础。（    ）

4. 企业在采购材料的业务中缴纳的增值税不计入材料采购成本。（    ）

5. 生产成本、制造费用账户的期末借方余额表示企业正在加工的产品的实际生产成本。（    ）

6. 企业采用发行债券的方式筹集的资金不属于企业的负债。（    ）

7. 企业因借入短期借款和长期借款而发生的借款利息都应作为财务费用进行核算。（    ）

8. 企业设置的"财务费用"账户是属于费用类性质的账户。（    ）

9. 资金是企业生存和发展的前提和基础。（    ）

10. 企业采用预提方式提取短期借款利息的做法是权责发生制的要求。（    ）

11. 车间固定资产折旧费，应记入"制造费用"账户。（    ）

12. 原材料的单位成本，是指从供货方取得的发货票上列明的原材料的单价。（    ）

13. 制造业企业的生产费用，随着生产产品完工就转变为产品制造成本。（    ）

14. 企业实现的营业利润减去所得税费用后即为税后利润，它是企业的净收益。（    ）

15. 年度终了，除"未分配利润"明细账外，"利润分配"账户下的其他明细账户应当没有余额。（    ）

## 四、简答题

1. 简述材料采购的成本。
2. 简述营业利润的计算公式。
3. 简述企业的资金运动过程。
4. 简述固定资产的概念与特征。

# 项目 5　会计凭证

### 知识目标

◎ 了解会计凭证的作用；
◎ 掌握原始凭证的种类和基本内容；
◎ 掌握记账凭证的种类和基本内容；
◎ 了解会计凭证的传递和保管。

### 技能目标

◎ 掌握原始凭证的填制与审核；
◎ 掌握记账凭证的填制与审核。

### 案例导入

太平洋公司是一家有限责任公司，2021年，公司发生了下列事项：7月28日，由于向农民收购农副产品急需大量现金，经总经理赵某批准，从公司当日的现金收入中直接支取8万元，从财务部部长孙某个人存折上取出属于公司的现金5万元，并向农民开出5万元的借条；10月12日，签发支票一张，填写的出票日期为"零壹拾月壹拾贰日"字样，出票大写金额为"叁万零壹佰伍拾元正"字样。

### 案例思考

指出上述案例中存在的问题，简述理由并做出正确的会计处理。

### 本章导语

会计凭证是经济业务活动顺利开展的基础和前提，其准确性和真实性直接关系到财务信息质量。财务人员掌握会计凭证的填制和审核，是为登记账簿和编制会计报表奠定基础。

# 任务 5.1 会计凭证概述

## 5.1.1 会计凭证的概念

会计凭证是指记录经济业务发生或者完成情况的书面证明,是登记账簿的依据。每个企业都必须按一定的程序填制和审核会计凭证,根据审核无误的会计凭证进行账簿登记,如实反映企业的经济业务。

## 5.1.2 会计凭证的作用

(1)记录经济业务,提供记账依据。会计凭证所记录的有关信息是否真实、可靠、及时,对于能否保证会计信息质量,具有至关重要的影响。

(2)明确经济责任,强化内部控制。任何会计凭证除记录有关经济业务的基本内容外,还必须由有关部门和人员签章,对会计凭证所记录经济业务的真实性、完整性、合法性负责。

(3)监督经济活动,控制经济运行。通过对会计凭证的审核,监督各项经济业务的合法性,及时发现问题和漏洞,保证经济活动健康运行。

## 5.1.3 会计凭证的种类

按照填制程序和用途,可将会计凭证分为原始凭证和记账凭证。

(1)原始凭证。

原始凭证,又称"单据",是指在经济业务发生或完成时取得或填制的,用以记录或证明经济业务的发生或完成情况的原始凭据。

(2)记账凭证。

记账凭证,又称"记账凭单",是指会计人员根据审核无误的原始凭证,按照经济业务的内容加以归类,并据以确定会计分录后所填制的会计凭证,是登记账簿的直接依据。

从原始凭证到记账凭证是经济信息到会计信息的转变,会计人员根据审核无误的原始凭证或汇总原始凭证,确定经济业务的会计科目和金额。

# 任务 5.2 原始凭证

原始凭证是在经济业务发生或完成时取得并填制的会计凭证，是用来载明经济业务的执行和完成情况、明确经济责任，具有法律效力的书面证明，是进行会计核算的原始资料，是填制记账凭证或登记账簿的原始依据。

## 5.2.1 原始凭证的种类

**1. 按照来源分类**

按照取得来源分类，可以将原始凭证分为自制原始凭证和外来原始凭证。

（1）自制原始凭证是由本单位内部经办业务的部门和人员，在执行或完成某项经济业务时填制的、仅供本单位内部使用的原始凭证。如收料单、领料单、工资结算单、收款收据、成本计算单等。收料单、制造费用分配表、工资汇总表的格式如图 5-1 至图 5-3 所示。

收料单

供应单位：北京市惠达股份有限公司　　　编号：01
材料类别：高筋面粉　　2021 年 6 月 22 日　　收料仓库：1号仓库

| 材料编号 | 材料名称 | 规格 | 计量单位 | 应收 | 实收 | 实际价格 ||| 计划价格 ||
|---|---|---|---|---|---|---|---|---|---|---|
|  |  |  |  |  |  | 单价 | 发票金额 | 运杂费 | 合计 | 单价 | 金额 |
|  | 高筋面粉 |  | 千克 | 3 000 | 3 000 |  | 15 000.00 | 100.00 | 15 100.00 |  |  |

备注：高筋面粉检验完毕，验收入库

部门经理 李京　　会计 朱莉莉　　仓库 杨佳　　经办人 王强

第二联　会计记账

图 5-1　收料单

制造费用分配表

2021 年 7 月 31 日　　　　　单位：元

| 生产车间 | 工人工资 | 分配率 | 制造费用分配额 |
|---|---|---|---|
| 蛋挞 | 120 000.00 | 0.5 | 60 000.00 |
| 蛋黄派 | 60 000.00 | 0.5 | 30 000.00 |
| 合计 | 180 000.00 |  | 90 000.00 |

主管 李京　　　　　　　　　　　　　　制表 王强

图 5-2　制造费用分配表

## 工资汇总表

2021 年 6 月 30 日　　　　　　　　　　　单位：元

| 生产工人 | | 车间管理人员 | 行政管理人员 | 合计 |
|---|---|---|---|---|
| 一车间 | 二车间 | | | |
| 100 000.00 | 70 000.00 | 20 000.00 | 30 000.00 | 220 000.00 |
| | | | | |
| | | | | |
| | | | | |
| | | | | |

财务主管 李京　　　　　办公室主任 张爽　　　　　制单 王强

图 5-3　工资汇总表

（2）外来原始凭证是指在同外单位发生经济往来事项时，从外单位取得的凭证。如增值税专用发票、进账单等。增值税专用发票、进账单的格式如图 5-4、图 5-5 所示。

图 5-4　增值税专用发票

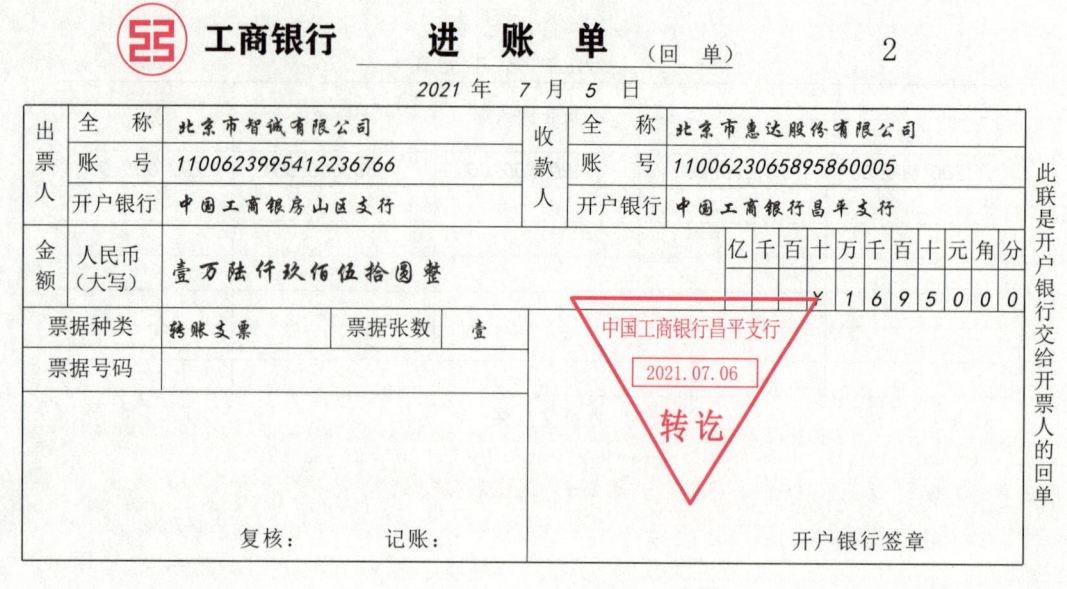

图 5-5 进账单

**2. 按使用方式分类**

按使用方式分类,可以将原始凭证分为一次原始凭证、累计原始凭证和汇总原始凭证。

(1)一次原始凭证是指一次填制完成、只记录一笔经济业务的原始凭证,如收据、领料单、收料单、发货票、借款单、银行结算凭证等。

(2)累计原始凭证是指在一定时期内多次记录发生的同类型经济业务的原始凭证。其特点是:在一张凭证内可以连续登记相同类型的经济业务,随时结出累计数和结余数,并按照费用限额进行费用控制,期末按实际发生额记账。累计凭证是多次有效的原始凭证。

(3)汇总原始凭证是将一定时期内反映经济业务内容相同的若干张原始凭证,按照一定的标准综合填制的原始凭证。汇总原始凭证合并了同类经济业务,简化了记账工作。常用的汇总记账凭证有:发料凭证汇总表、工资结算汇总表、差旅费报销单等。

**3. 按用途分类**

按用途分类,可以将原始凭证分为通知原始凭证、证明原始凭证和计算原始凭证。

(1)通知原始凭证是指要求、指示或命令企业进行某项经济业务的原始凭证,如存款利息通知单、付款通知单等。

(2)证明原始凭证是指用来证明某项经济业务实际发生情况的凭证,如产品入库单、领料单、销货发票等。

(3)计算原始凭证是指根据原始凭证和有关会计核算资料计算编制的原始凭证。计算原始凭证一般是为了便于以后记账、了解各项数据的来源和产生情况而编制的。如固定资产折旧计算表、产品成本计算单等。

## 5.2.2 原始凭证的基本内容

原始凭证是反映经济业务的最初书面证明。由于经济业务内容具有复杂多样性特点,因此,取得或填制的原始凭证种类繁多、来源广泛、格式各异。但无论哪种原始凭证，在会计核算过程中所起的作用都是相同的，都必须真实记录和反映有关经济业务的发生和完成情况，明确相关单位、部门及人员的经济责任。因此，原始凭证必须具备以下基本内容（又称"原始凭证的基本要素"）：

（1）原始凭证的名称。

（2）填制凭证的日期。

（3）填制凭证单位的名称或者填制人的姓名。

（4）接受凭证单位的名称。

（5）经济业务的内容摘要。

（6）经济业务所涉及的品名、数量、单价和金额。

（7）经办部门和人员的签名或盖章。

原始凭证格式如图5-6所示。

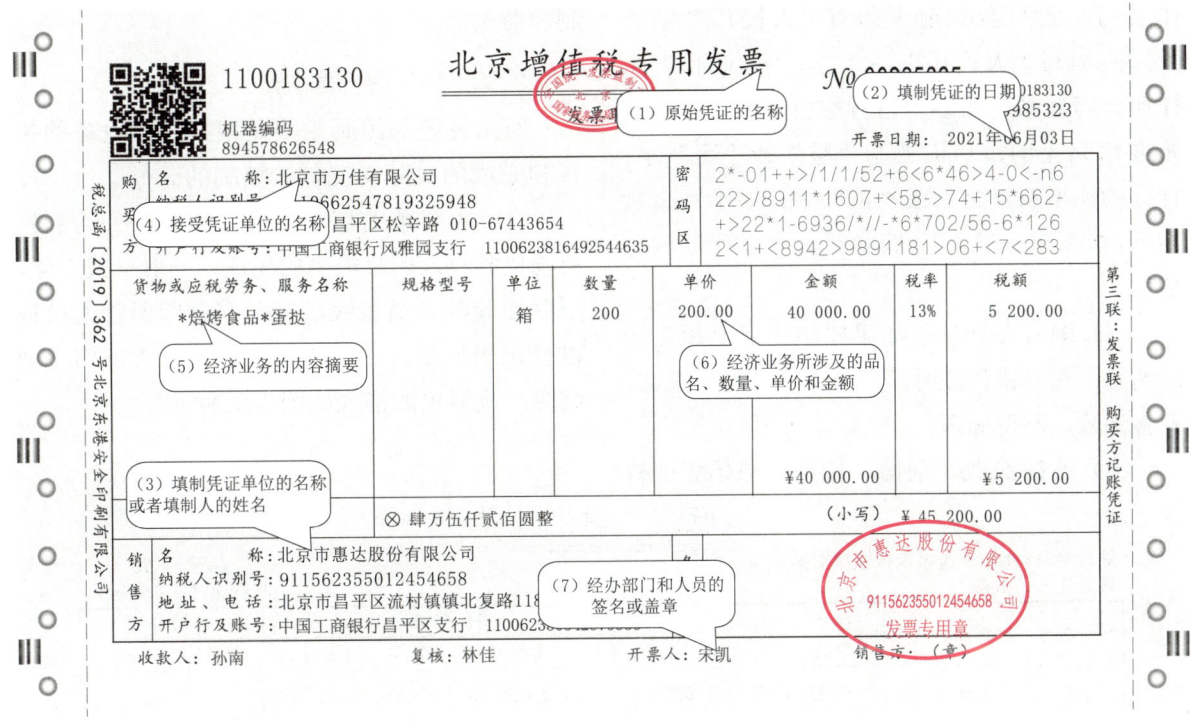

图 5-6 增值税专用发票（发票联）

## 5.2.3 原始凭证的填制

**1. 原始凭证的填制要求**

为了确保会计核算资料的真实、准确，应按下列要求填制原始凭证。

（1）记录要真实。原始凭证所填列的经济业务内容和数字，必须真实可靠，符合国家有关政策、法令、法规、制度的要求；原始凭证填列的内容、数字，必须真实可靠，符合有关经济业务的实际情况，不得弄虚作假，更不得伪造、变造。

（2）内容要完整。原始凭证要求填列的项目必须逐项填列齐全，不得遗漏和省略；必须符合手续完备的要求，经办业务的有关部门和人员要认真审核，签名盖章。

（3）手续要完备。单位自制的原始凭证必须有经办单位领导人或者其他指定人员的签名盖章；对外开出的原始凭证必须加盖本单位公章；从外部取得的原始凭证，必须盖有填制单位的公章；从个人取得的原始凭证，必须有填制人员的签名盖章。

（4）书写要清楚、规范。原始凭证要按规定填写，文字要简要，字迹要清楚、易于辨认，不得使用未经国务院公布的简化汉字。大小写金额必须相符且填写规范，小写金额用阿拉伯数字逐个书写，不得写连笔字，在金额前要填写人民币符号"￥"，人民币符号"￥"与阿拉伯数字之间不得留有空白，金额数字一律填写到角分，无角分的，写"00"或符号"—"，有角无分的，分位写"0"，不得用符号"—"；大写金额用汉字"壹、贰、叁、肆、伍、陆、柒、捌、玖、拾、佰、仟、万、亿、元、角、分、零、整"等，一律使用正楷或行书字体书写，大写金额前未印有"人民币"字样的，应加写"人民币"三个字，"人民币"字样和大写金额之间不得留有空白，大写金额到元或角为止的，后面要写"整"或"正"字，有分的，不写"整"或"正"字。如小写金额为￥1 008.00，大写金额应写成"壹仟零捌元整"。

（5）编号要连续。如果原始凭证已预先印定编号，在写错作废时，应加盖"作废"戳记，妥善保管，不得撕毁。

（6）不得涂改、刮擦、挖补。原始凭证有错误的，应当由出具单位重开或更正，更正处应当加盖出具单位印章。原始凭证金额有错误的，应当由出具单位重开，不得在原始凭证上更正。

（7）填制要及时。各种原始凭证一定要及时填写，并按规定的程序及时送交会计机构、会计人员进行审核。

（8）格式要统一。一般情况下，诸如增值税专用发票之类的原始凭证是由税务机关统一印制和监制的，一般发票是由财政部门统一印制和监制的。

**2. 原始凭证的填制方法**

原始凭证的填制主要是根据经济业务的执行和完成的实际情况直接填制的。

（1）收料单的填制。收料单是在外购的材料物资验收入库时填制的凭证，一般一式三联，一联由验收人员留底，一联交仓库保管人员据以登记明细账，一联连同发票交财会部门办理结算。收料单的格式如图5-7所示。

## 收 料 单

供应单位：北京市惠达股份有限公司　　　　　　　　　　　　　　　　　编号：02
材料类别：面粉　　　　　　　2021年 6月 22日　　　　　　　　收料仓库：2号仓库

| 材料编号 | 材料名称 | 规格 | 计量单位 | 应收 | 实收 | 实际价格 | | | | 计划价格 | |
|---|---|---|---|---|---|---|---|---|---|---|---|
| | | | | | | 单价 | 发票金额 | 运杂费 | 合计 | 单价 | 金额 |
| | 面粉 | | 千克 | 2 000 | 2 000 | | 8 000.00 | 50.00 | 8 050.00 | | |
| | | | | | | | | | | | |
| | | | | | | | | | | | |
| | | | | | | | | | | | |
| 备注： | 面粉检验完毕，验收入库 | | | | | | | | | | |

部门经理　李京　　　　会计　朱莉莉　　　　仓库　杨佳　　　　经办人　王强

第二联　会计记账

**图5-7　收料单**

（2）领料单的填制。为了便于分类汇总，领料单要"一料一单"，即一种原材料填写一张单据。领用原材料须经领料车间负责人批准后，方可填制领料单，财务经理、仓库负责人、仓库保管员、领料部门主任、领料人均需在领料单上签名或盖章。领料单的格式如图5-8所示。

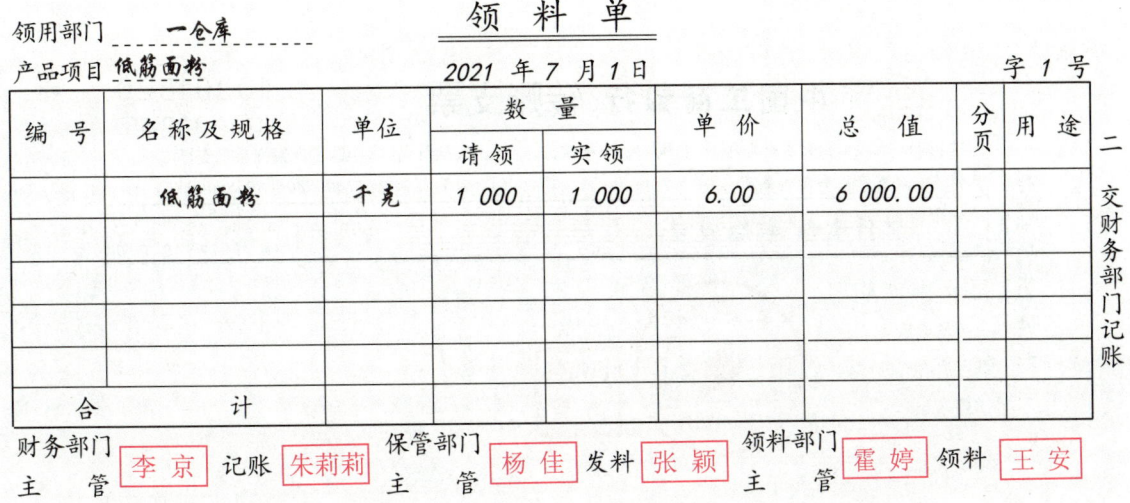

图 5-8　领料单

(3) 限额领料单的填制。限额领料单是指一次开设、多次使用，领用数额限定的累计凭证，也称"多次有效凭证"。有效期一般为一个月，在有效期内，只要领料数量累计不超过限额就可以连续使用。限额领料单的格式如图 5-9 所示。

## 限额领料单

| 领料部门：生产车间 |  |  | 2021 年 7 月 10 日 |  |  | 发料仓库：原材料库 |  |  |
|---|---|---|---|---|---|---|---|---|
| 用　途：加工车间 |  |  |  |  |  | 凭证编号：02 |  |  |
| 材料类别 | 材料编号 | 名称规格 | 计量单位 | 领料限额 | 实际领用 | 单价 | 金额 | 备注 |
| 面粉 | 01 |  | 千克 | 1 000 | 1 000 | 100.00 | 100 000.00 |  |
| 日期 | 请领 | | 实发 | | | 限额结余 | 退库 | |
|  | 数量 | 金额 | 数量 | 发料人 | 领料人 |  | 数量 | 退库单 |
| 7月3日 | 400 |  | 400 | 张颖 | 王安 | 600 |  |  |
| 7月5日 | 300 |  | 300 | 张颖 | 王安 | 300 |  |  |
| 7月6日 | 300 |  | 300 | 张颖 | 王安 | 0 |  |  |
| 合计 |  |  | 1 000 |  |  |  |  |  |

主管　霍亭　　　　　　仓库负责人　杨佳　　　　　　领料人　王安

图 5-9　限额领料单

限额领料单要填明领料单位、材料用途、发料仓库、材料名称以及根据本月产品计划产量和材料单位消耗定额计算确定的全月领料限额等项目。限额领料单一般一式两联，经生产计划部门和供应部门负责人审核签名或盖章后，一联送交仓库据以发料，登记材料明细账；一联送交领料部门据以领料。

(4) 支票的填制。填制现金支票和转账支票要按要求将内容逐项填写齐全，加盖银行预留印鉴。转账支票和现金支票的格式如图 5-10、图 5-11 所示。

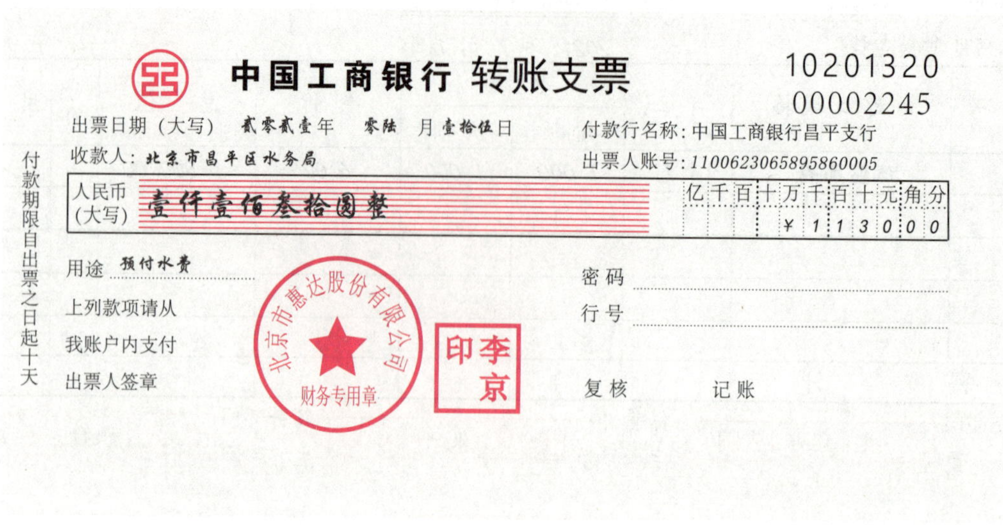
中国工商银行 转账支票 10201320 00002245

出票日期（大写） 贰零贰壹年 零陆 月 壹拾伍日　付款行名称：中国工商银行昌平支行

收款人：北京市昌平区水务局　出票人账号：110062306589586 0005

付款期限自出票之日起十天

| 人民币（大写） | 亿 | 千 | 百 | 十 | 万 | 千 | 百 | 十 | 元 | 角 | 分 |
|---|---|---|---|---|---|---|---|---|---|---|---|
| 壹仟壹佰叁拾圆整 | | | | | ¥ | 1 | 1 | 3 | 0 | 0 | 0 |

用途 预付水费　密码

上列款项请从　行号

我账户内支付

出票人签章 北京市惠达股份有限公司 财务专用章 印李京　复核　记账

图 5-10　转账支票

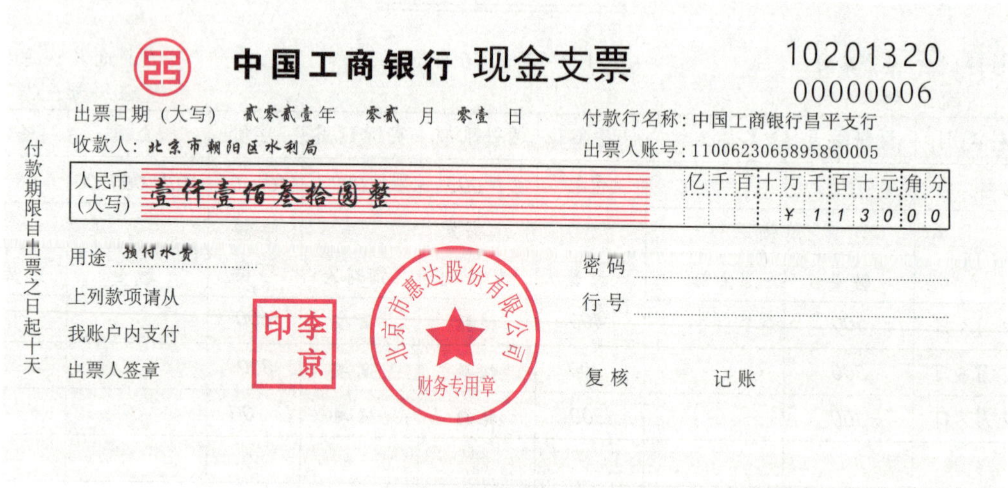
中国工商银行 现金支票 10201320 00000006

出票日期（大写） 贰零贰壹年 零贰 月 零壹 日　付款行名称：中国工商银行昌平支行

收款人：北京市朝阳区水利局　出票人账号：1100623065895860005

付款期限自出票之日起十天

| 人民币（大写） | 亿 | 千 | 百 | 十 | 万 | 千 | 百 | 十 | 元 | 角 | 分 |
|---|---|---|---|---|---|---|---|---|---|---|---|
| 壹仟壹佰叁拾圆整 | | | | | ¥ | 1 | 1 | 3 | 0 | 0 | 0 |

用途 预付水费　密码

上列款项请从　行号

我账户内支付

出票人签章 印李京 北京市惠达股份有限公司 财务专用章　复核　记账

图 5-11　现金支票

（5）增值税专用发票的填制。增值税专用发票是一般纳税人于销售货物时开具的销货发票。增值税专用发票一式三联，第一联为记账联，是销售方记账凭证；第二联为抵扣联，是购买方扣税凭证；第三联为发票联，是购买方记账凭证。增值税专用发票的样式如图 5-12 所示。

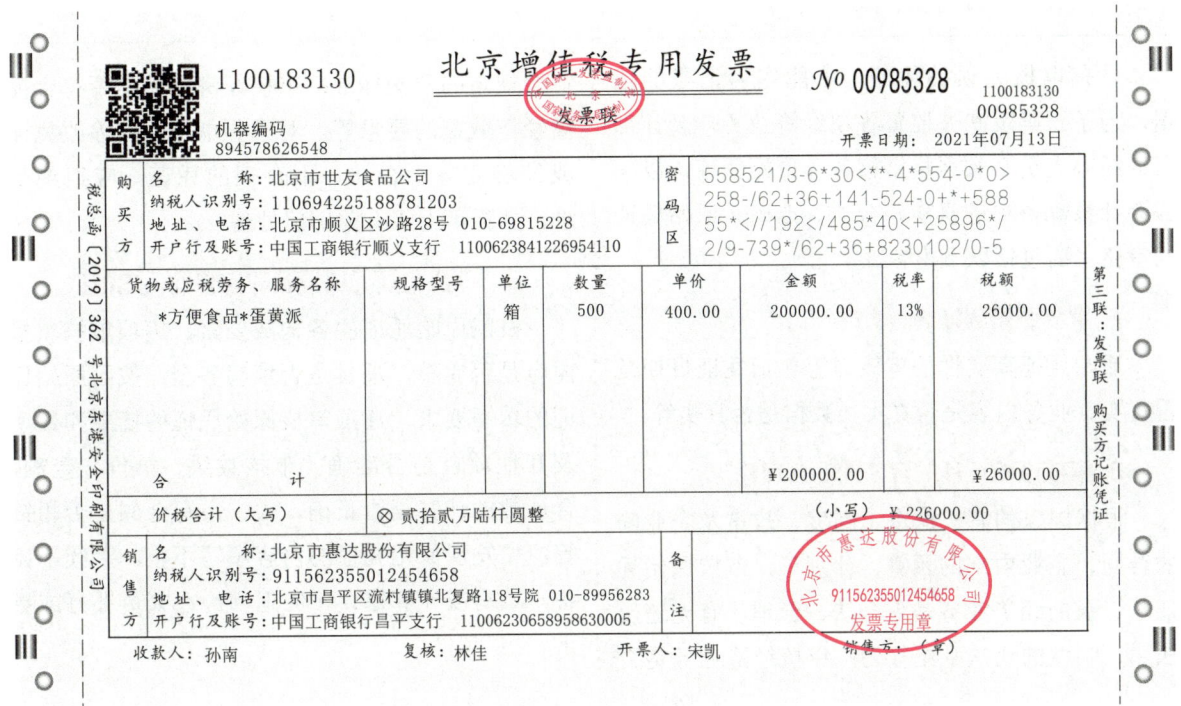

图 5-12 增值税专用发票

（6）发出材料汇总表的填制。工业企业在生产过程中领发材料比较频繁，业务量大，同类凭证也较多。为了简化核算手续，需要编制发料凭证汇总表。编制时间根据业务量的大小确定，可每隔 5 天、每旬或 1 个月汇总编制一次。汇总时要根据领料部门及材料用途分类。发出材料汇总表的格式如图 5-13 所示。

## 发出材料汇总表

2021 年 12 月 31 日　　　　　　　　　　　单位：元

| 用途＼材料名称 | 高筋面粉 | | 精炼植物油 | | 黄油 | | 合计金额 |
|---|---|---|---|---|---|---|---|
| | 数量 | 金额 | 数量 | 金额 | 数量 | 金额 | |
| 产品生产耗用 | 6 000 | 30 000.00 | 3 000 | 30 960.00 | 2 500 | 18 000.00 | 78 960.00 |
| 其中：蛋挞 | 4 000 | 20 000.00 | 2 000 | 20 160.00 | 1 500 | 10 800.00 | 50 960.00 |
| 　　　蛋黄派 | 2 000 | 10 000.00 | 1 000 | 10 800.00 | 1 000 | 7 200.00 | 28 000.00 |
| 车间一般耗用 | 1 000 | 5 000.00 | 900 | 9 720.00 | | | 14 720.00 |
| 厂部管理耗用 | | | 1 000 | 10 800.00 | 900 | 6 480.00 | 17 280.00 |
| 合　计 | 7 000 | 35 000.00 | 4 900 | 51 480.00 | 3 400 | 24 480.00 | 110 960.00 |

财务主管 李京　　　　仓库主管 霍亭　　　　制单 王强

图 5-13 发出材料汇总表

### 5.2.4 原始凭证的审核

只有审核无误的凭证，才能作为记账的依据，为了正确反映并监督各项经济业务，会计部门的经办人员必须严格审核各项原始凭证，以确保会计核算资料的真实、合法、准确。原始凭证的审核主要包括以下内容。

**1. 审核原始凭证的真实性**

原始凭证真实性的审核内容包括凭证日期是否真实、业务内容是否真实、数据是否真实等。

**2. 审核原始凭证的合法性、合理性**

根据国家的有关法令、制度、政策及企业间的合同、企业内部的预算、计划等，审核原始凭证所记录的经济业务是否合法、合理，有无违反法律、制度的违法乱纪行为；审核经济业务是否符合规定的开支标准；审核经济活动是否符合提高经济效益的要求等。对于弄虚作假、涂改凭证或经济业务不合法、不合理的凭证，应拒绝受理，并报请上级有关部门处理。

**3. 审核会计凭证填制的完整性、规范性**

按照原始凭证的各构成要素，逐项审核填报内容是否完整，项目是否填写齐全；按照原始凭证的填写要求，逐项审核原始凭证的摘要和数字及其他项目是否准确；审核数量、单价、金额、合计数的计算是否正确，大、小写金额是否相符等。如发现原始凭证的内容填写不全，手续不完备，填写或计算错误，应退回经办人员补办或更正。

## 任务 5.3　记账凭证

记账凭证，是财会部门根据原始凭证填制、记载经济业务简要内容、确定会计分录、作为记账依据的会计凭证。记账凭证又称"分录凭证""记账凭单"，是按照登记账簿的要求，确定账户名称、记账方向和金额的一种记录，是登记明细分类账和总分类账的依据。

### 5.3.1 记账凭证的种类

**1. 分录记账凭证**

分录记账凭证是直接根据原始凭证编制的，反映经济业务应借、应贷会计科目名称及其金额的记录凭证。原始凭证中记录的经济业务，按照内容不同可以分为收款业务、付款业务和转账业务。故按上述经济业务，分录记账凭证一般分为收款凭证、付款凭证和转账凭证。

凡涉及现金、银行存款增加的业务，填制收款凭证。

凡涉及现金、银行存款减少的业务，填制付款凭证。

凡不涉及现金和银行存款的业务，填制转账凭证。

按照编制程序和方法，记账凭证又可分为分录记账凭证和汇总记账凭证。

项目 5　会计凭证

**注意**

同时涉及现金和银行存款的业务填制付款凭证。

以只使用一种通用记账凭证（格式与转账凭证相同），用来登记各种不同的经济业务。

收款凭证、付款凭证、转账凭证、记账凭证的格式如图 5-14 至 5-17 所示。

对于经济业务量少并且业务简单的单位，可

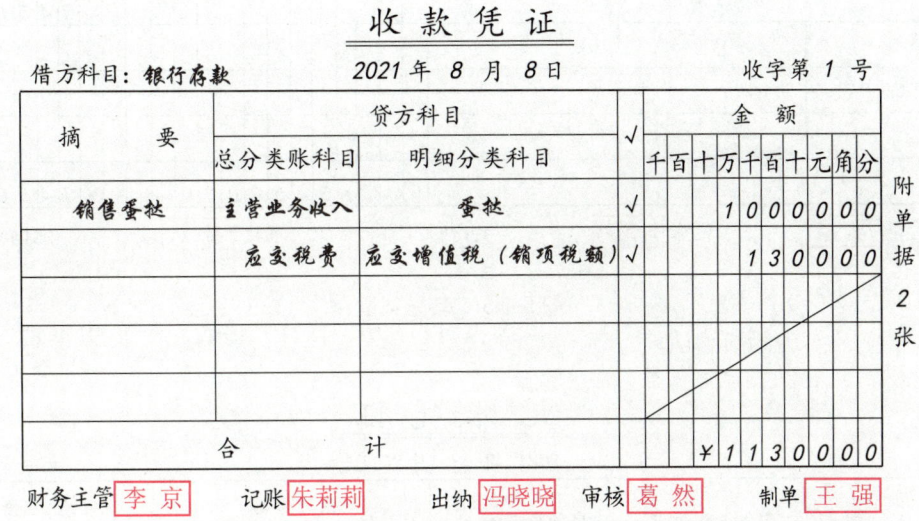

图 5-14　收款凭证

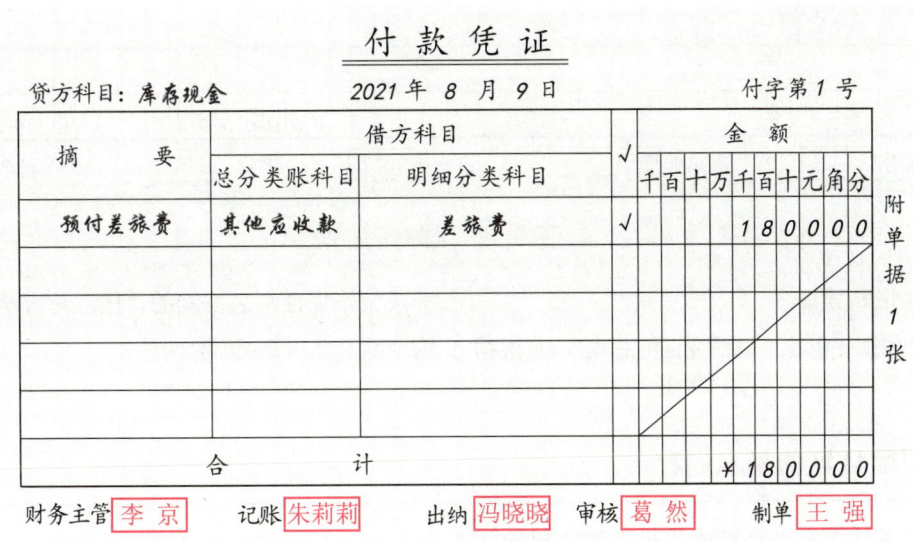

图 5-15　付款凭证

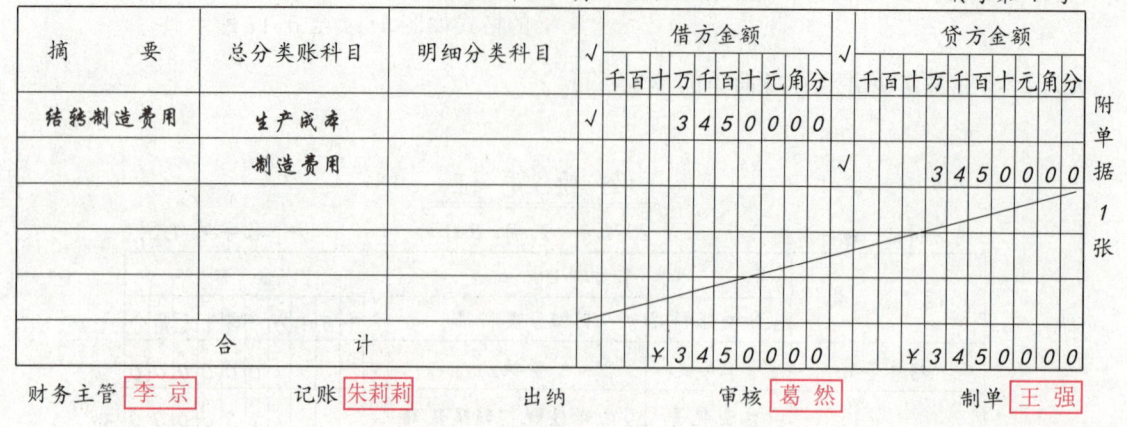

图 5-16　转账凭证

图 5-17　记账凭证

**2. 汇总记账凭证**

汇总记账凭证也称"记账凭证汇总表",是根据分录记账凭证汇总编制的。按汇总方法不同,可分为全部汇总和分类汇总两种。

## 5.3.2　记账凭证的基本内容

记账凭证是会计人员根据审核无误的原始凭证或原始凭证汇总表归类整理,确定会计分录、登记账簿的依据,是保证账簿记录正确的基础。为了概括反映经济业务事项的基本情况,满足登记账簿的需要,记账凭证必须具备下列内容要素:

（1）记账凭证的名称。
（2）填制凭证的日期。
（3）经济业务的内容摘要。
（4）会计科目（包括一级科目、二级科目和明细分类科目）的名称、金额和记账方向。
（5）凭证编号。

（6）所附原始凭证的张数。

（7）填制、审核、记账和会计负责人的签章。

记账凭证的内容如图5-18所示。

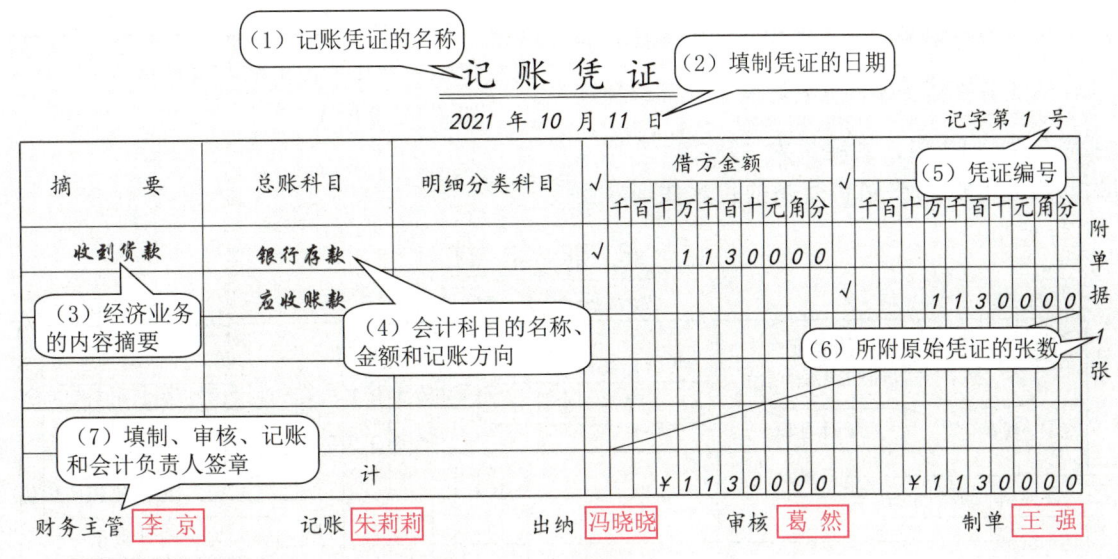

图 5-18 记账凭证

### 5.3.3 记账凭证的填制

**1. 记账凭证的填制依据**

记账凭证一般是以审核无误的原始凭证或原始凭证汇总表为依据填制的。记账凭证可以根据每一张原始凭证单独填制，也可以根据若干张同类原始凭证汇总表填制。

**2. 记账凭证的填制要求**

填制记账凭证是记账工作的开始，记账凭证填制正确与否，直接关系到记账的真实性和正确性。因此，各种记账凭证的填制，除了必须严格做到记录真实、内容完整、填制及时、书写清楚外，还必须符合下列要求。

（1）"摘要"栏要简明扼要地说明经济业务的内容，文字说明要简练概括，以满足登记账簿的要求。

（2）应用的一级、二级或明细分类科目必须填写全称，不得随意简化。会计分录中的账户对应关系必须正确，以便于核算指标的综合汇总。

（3）不得把不同类型的经济业务合并填写在一张凭证上。采用借贷记账法编制复合会计分录时，一般是一借多贷或一贷多借。

（4）每张记账凭证要注明所附原始凭证的张数，以便日后核对。如果根据一张原始凭证编制两张记账凭证，则应在未附原始凭证的记账凭证上注明"单据×张，附在第×号记账凭证上"，以便复核和查对。

（5）记账凭证填制完毕后，应加计合计数，并按使用的记账方法，检查对应账户双方的金额和总账与明细账金额是否平衡。金额栏的数字应对准借贷栏次和科目行次填写，避免错栏串行。角分位不要留空白，可写"00"占位。各项填写完成后，金额栏剩余的空行处可在右上角至左下角画一斜线注销，以防造假。

（6）记账凭证必须连续编号。采用一种通用凭证的，可按经济业务发生顺序编号，每月从第1号编起。采用多种记账凭证的，可分类编号，如"收字第1号""付字第1号""转字第1号"等。一笔复合会计分录，需要编制多张记账凭证的,可采用"分数编号法"。

分数编号法是一种用于编制多张记账凭证的整理方式。在记账凭证的填制中,若一笔经济业务涉及的会计科目较多,需填制多张会计凭证的,可采用分数编号法,不能用连续编号法。如某项经济业务需要编制两张转账凭证,而该凭证的顺序号为"4"时,则编号为"$4\frac{1}{2}$""$4\frac{2}{2}$",例如,某企业的一张销售商品的付款凭证,由于涉及项目较多,需填制两张凭证,即"收字第×$\frac{1}{2}$号"和"收字第×$\frac{2}{2}$号"。

(7)每张记账凭证填写完毕,与有关原始凭证核对无误后,需要在相应人员处签名或盖章,收、付款凭证还要由出纳人员盖章。

如图5-19所示。

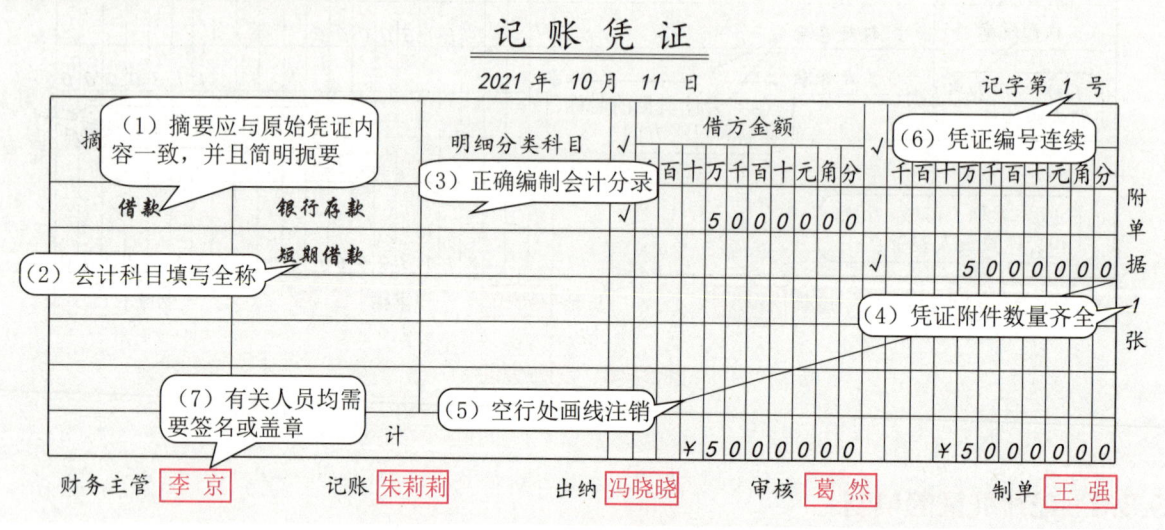

图5-19　记账凭证的填制要求

### 3. 记账凭证的填制方法

(1)记账凭证日期的确定。

①记账凭证的日期一般为填制记账凭证的当天,年、月、日应写全。

②计算收益、分配费用、结转成本利润等调整分录和结账分录的记账凭证,应填写当月月末的日期,以便在当月的账内进行登记。

(2)记账凭证的摘要应与原始凭证的内容一致,并简明扼要。在记账凭证的"摘要"栏中,应使用简要、明确的语言概括经济业务的内容。

(3)正确编制会计分录。

①在编制会计分录时,必须根据国家会计制度统一规定的会计科目及其核算内容,正确使用会计科目编制会计分录。

②记账凭证借贷方的金额必须相等,合计数的计算必须正确。

(4)凭证附件数量齐全。

①填制记账凭证所依据的原始凭证应全部黏附于记账凭证之后,并在记账凭证中注明所附原始凭证张数。如果原始凭证需要另外保管,则应在附件栏中加以注明,以便查阅。

②记账凭证所填金额要与原始凭证或原始凭证汇总表一致。

③一张原始凭证如涉及几张记账凭证,可以将该原始凭证附在一张主要的记账凭证之后,在其他记账凭证上注明该主要记账凭证的编号或者附上该原始凭证的复印件。

④当一张原始凭证所列的支出需要由两个或两个以上单位共同负担时,应当由保存该原始凭证的单位开具原始凭证分割单。

【情景5-1】2021年8月8日,北京市惠达股份有限公司销售给北京市天源有限公司蛋黄派300箱,单价400元,货款120 000元,增值税的销项税额为15 600元,收到转账支票一张。

要求：根据上述经济业务填制凭证。凭证填制如图5-20所示。

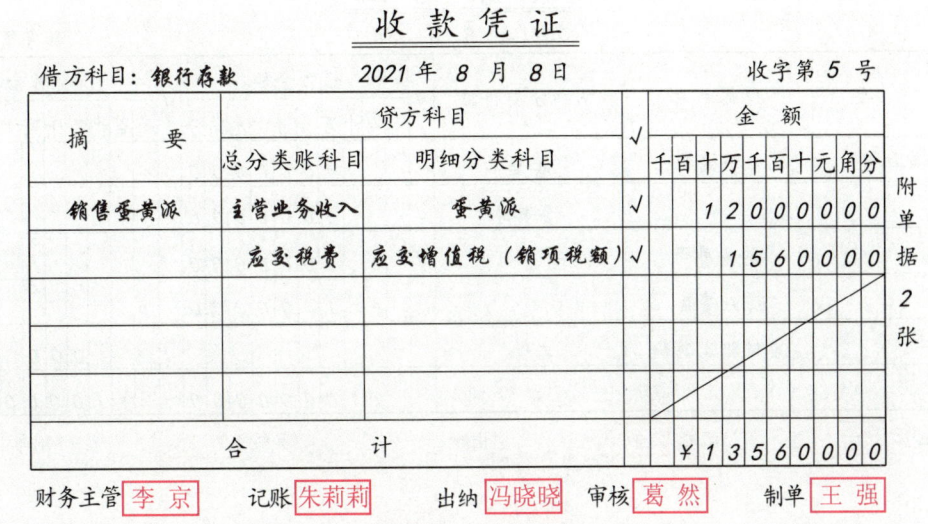

图5-20 收款凭证

【情景5-2】2021年8月9日，以现金支付行政部门办公用品费用800元。

要求：根据上述经济业务填制凭证。凭证填制如图5-21所示。

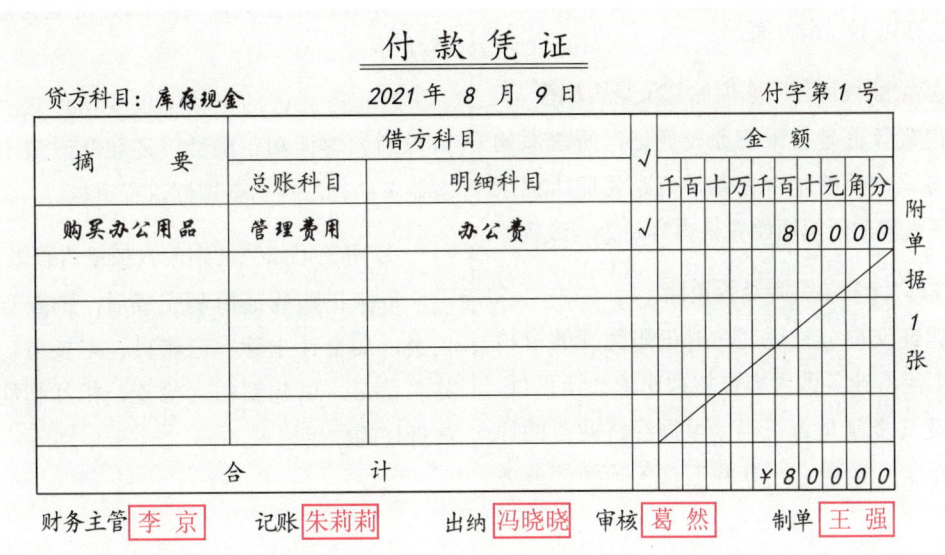

图5-21 付款凭证

【情景5-3】2021年8月31日，根据工资计算汇总表，分配结转本月工资费用100 000元，其中生产蛋挞工人工资40 000元，生产蛋黄派工人工资30 000元，车间管理人员工资20 000元，行政管理部门人员工资10 000元。

要求：根据上述经济业务填制凭证。凭证填制如图5-22所示。

图 5-22 转账凭证

### 5.3.4 记账凭证的审核

记账凭证是登记账簿的直接依据,为确保账簿记录的正确性,首先要保证记账凭证准确无误,因此,应加强对记账凭证的审核。对记账凭证的审核主要包括以下几个方面。

**1. 审核记账凭证与所附原始凭证是否相符**

审核记账凭证是否附有原始凭证,所附原始凭证是否齐全,手续是否完备,记账凭证所记录的经济业务内容与所附原始凭证内容是否一致等。

**2. 审核会计分录编制是否正确**

记账凭证又称分录凭证,对记账凭证的审核首先应根据经济业务的内容审核列明的会计科目、记账方向及其金额是否正确。根据经济业务的计量单位、单价、数量,计算并汇总各项经济业务的金额,复核合计数,并审核其与经济业务内容是否相符。

**3. 审核记账凭证反映的经济业务是否合理、合法**

对记账凭证的审核不仅要从形式上检查填列内容的完整性和正确性,还要从政策上对有关经济业务的合法性、合理性进行审核。

**4. 审核记账凭证相关人员是否签名盖章**

每张记账凭证填制完成后,都要有相关财会人员,如会计主管、记账员、审核员、制单员的签名盖章,以起到相互检查、相互制约、明确经济责任的作用。

# 任务 5.4 会计凭证的传递和保管

## 5.4.1 会计凭证的传递意义

会计凭证的传递，是指会计凭证从填制、审核、整理、记账、装订到归档保管为止，在本单位内部各有关部门和人员之间，按照规定的时间、线路传递和处理的程序。正确组织会计凭证的传递，对于提高会计核算的及时性、正确组织经济活动、贯彻经济责任制、加强会计监督都具有重要意义。

（1）通过会计凭证的传递，能及时反映各项经济业务的完成情况，以便及时记账、结账，为经营管理及时提供会计信息。

（2）通过凭证的传递，能够正确组织经济活动，加强会计监督。会计凭证的传递过程，既是组织、检查和监督经济活动的过程，也是考核有关人员岗位责任制的一项内容。前文已经指出，任何单位发生的经济业务都要借助会计凭证进行记录和证明，因此，通过会计凭证的传递，能把本单位各有关部门和人员的活动密切联系起来，协调各方关系，分工协作，促进经济活动的正常开展。例如，对于完工产品入库的经济业务，应明确由谁负责填制产品入库单，由谁何时将产品入库凭证送交财会部门，财会部门由谁审查，由谁编制记账凭证，登记账簿，最后归档保管。这样就能考核经办业务部门人员是否及时、正确地完成了各项经济业务，是否严格地按照规定的程序办理了相关手续，从而加强经济管理的岗位责任制，实现会计监督。

## 5.4.2 会计凭证传递时应注意的问题

### 1. 制定传递线路

应根据各单位经济业务的特点，结合内部机构和人员分工情况，规定会计凭证的传递过程、必须经过的部门和经办人员，以保证有关部门和人员了解经济业务的完成情况，提高工作效率，满足经营管理和会计核算的需要。

### 2. 制定传递时间

应根据各环节办理经济业务所需要的时间，明确规定凭证在每个部门和业务环节停留的时间和传递交接的时间。此外，还应规定各部门传送会计凭证的种类和份数。只有这样，才能把各种会计凭证从填制、审核、记账，一直到保管紧密结合起来，环环相接，有条不紊，促使会计凭证以最合理的途径、最快的速度传递，保证会计核算的质量。

## 5.4.3 会计凭证的整理

会计部门根据会计凭证记账后，应将各种记账凭证连同所附原始凭证按照编号顺序整理，然后加具封面、封底装订成册，并在封面上注明单位名称、所属年度、月份和日期以及记账凭证的起止号数，由会计负责人和经办人签章，妥善保存。年度结束后，归入会计档案。对于业务性质相同、为数较多的原始凭证，也可以单独装订保管，但必须在记账凭证上详细注明，以便事后查找。会计凭证的整理应指定专人负责。

## 5.4.4 会计凭证的保管

会计凭证既是记录经济业务、明确经济责任的书面证明，又是记账的依据。因此，会计凭证是重要的经济档案和历史资料。各单位必须妥善保管会计凭证，以便随时抽查利用；同时，便于上级及其他有关单位进行凭证检查。

会计凭证的保管是指会计凭证在登记入账后整理、装订和归档存查的过程。会计凭证是重要的经济档案，各单位必须妥善保管，不得丢失或任意销毁，以备日后查阅。会计凭证的保管方法和要求如下：

（1）传递。会计凭证应当及时传递，不得积压。及时传递不仅对及时进行会计核算是必要的，而且对会计凭证获得必要的保管是十分关键的。传递不及时，会计凭证散失的可能性就会加大。

（2）分类和编号。会计凭证登记完毕后，应当按照分类和编号顺序保管，不得散乱丢失。分类和编号是保管会计凭证的重要方法和手段，也是方便检索的有效措施。

（3）装订。应定期将记账凭证按编号顺序整理，检查有无缺号，附件是否齐全，然后添加封面装订成册，不得任意拆装。在封面上应注明单位名称、所属年度月份、起讫日期、记账凭证种类、起讫号码等。为了防止失散，应在装订线上贴上封签，加盖会计人员印章。会计凭证装订封面格式如图 5-23 所示。

| 年 月 份 第 册 | （企业名称）　　年　月份共　册第　册 |
|---|---|
| | 收款 |
| | 付款　凭证 第　号至第　号　共　张 |
| | 转账 |
| | 附：原始凭证共　张 |
| | 会计主管（签章）　　　保管（签章） |

注：对于数量过多的原始凭证，可以单独装订保管，在封面上注明记账凭证日期、编号、种类，同时在记账凭证上注明"附件另订"和原始凭证名称及编号。

图 5-23　会计凭证装订封面

装订成册的会计凭证，应指定专人负责集中保管，按年、月、日顺序排列，以便查阅。当年形成的会计凭证，在会计年度终了后，可暂由本单位会计部门保管 1 年，期满后，原则上应当编制清册移交本单位档案保管部门。

会计凭证的保管期限和销毁必须严格按照《会计档案管理办法》的有关规定执行，任何人不得随意销毁会计凭证。对于保管期满需要销毁的会计凭证，必须开列清单，按照规定报经批准后统一销毁。

## 项目小结

本项目介绍了会计凭证的概念、会计凭证的作用、会计凭证的种类、原始凭证的种类、原始凭证的基本内容、原始凭证的填制、原始凭证的审核、记账凭证的种类、记账凭证的基本内容、记账凭证的填制、记账凭证的审核、会计凭证的传递意义、会计凭证传递时应注意的问题、会计凭证的整理和会计凭证的保管。

## 思考与练习

### 一、单项选择题

1. 关于原始凭证和记账凭证的关系，以下说法错误的是（　）。
   A. 原始凭证是记账凭证的基础，记账凭证是根据原始凭证编制的
   B. 原始凭证附在记账凭证后面，作为记账凭证的附件
   C. 记账凭证是对原始凭证内容的概括和说明
   D. 原始凭证有时是登记总分类账户的依据

2. 下列各项中肯定不属于现金收入原始凭证的是（　）。
   A. 商业汇票　　　　B. 银行结算凭证
   C. 非经营性收据　　D. 内部收据

3. 现金收款凭证上的日期应当是（　）。
   A. 收取现金的日期
   B. 登记现金总账的日期
   C. 编制收款凭证的日期
   D. 所附原始凭证上的日期

4. 下列各项中属于原始凭证的是（　）。
   A. 购货合同　　　　B. 生产计划
   C. 增值税专用发票　D. 银行对账单

5. 职工出差的借款单，按其填制手续属于（　）。
   A. 自制原始凭证　　B. 汇总凭证
   C. 一次凭证　　　　D. 累计凭证

6. 下列各项中会计凭证中属于原始凭证的是（　）。
   A. 转账凭证　　　　B. 款项收据
   C. 收款凭证　　　　D. 付款凭证

7. 下列各项中属于原始凭证包含的内容的是（　）。
   A. 凭证编号　　　　B. 凭证的名称
   C. 会计科目　　　　D. 经济业务摘要

8. 会计机构、会计人员对于不真实、不合法的原始凭证，应当（　）。
   A. 予以受理
   B. 不予接受，并向单位负责人报告
   C. 予以反映
   D. 予以退回，要求更正、补充

9. 下列各项中，不属于记账凭证按其反映的经济业务的内容来划分的是（　）。
   A. 收款凭证　　　　B. 付款凭证
   C. 转账凭证　　　　D. 通用凭证

10. 某单位会计人员张某在填制记账凭证过程中发生了以下事项，正确的是（　）。

A. 将不同内容和类别的原始凭证汇总填制在一张记账凭证上

B. 一张结账的记账凭证未附原始凭证

C. 一张发票所列支出需要两个单位共同负担的,向其他应负担单位提供发票复印件

D. 在填制记账凭证时发生错误,采用了"蓝字更正法"进行了更正

## 二、多项选择题

1. 会计凭证按照格式可以分为（　）。
   A. 通用凭证　　　B. 专用凭证
   C. 累计凭证　　　D. 汇总凭证

2. 原始凭证的填制,除了记录真实、内容完整、手续完备等基本要求外,还要求做到（　）。
   A. 书写清楚规范
   B. 填制及时
   C. 编号连续
   D. 不得涂改、刮擦、挖补

3. 各种原始凭证必须具备的基本内容包括（　）。
   A. 凭证名称
   B. 接受原始凭证的单位名称
   C. 经济业务内容
   D. 填制日期

4. 下列会计凭证中属于自制原始凭证的有（　）。
   A. 工资结算单
   B. 限额领料单
   C. 发料凭证汇总表
   D. 销售货物时开出的增值税专用发票

5. 下列会计凭证属于外来原始凭证的有（　）。
   A. 增值税专用发票　　B. 工资结算单
   C. 银行收款通知　　　D. 出差人员的车票

6. 对外来原始凭证进行真实性审核的内容包括（　）。
   A. 真实性的审查　　B. 合法性的审查
   C. 完整性的审查　　D. 合理性的审查

7. 关于记账凭证的填制要求,下列表述正确的有（　）。
   A. 每一张记账凭证都必须附有原始凭证
   B. 记账凭证应连续编号
   C. 填制记账凭证时发生错误,应重新编制
   D. 记账凭证填制完成后,可留有空行

8. 下列各项中,属于记账凭证填制基本要求的有（　）。
   A. 记账凭证可以根据每一张原始凭证填制
   B. 记账凭证不得将不同内容和类别的原始凭证汇总填制在一张记账凭证上
   C. 记账凭证应连续编号
   D. 记账凭证的书写应当清楚、规范

9. 会计凭证的保管是指会计凭证记账后的（　）工作。
   A. 整理　　　　B. 装订
   C. 归档　　　　D. 存查

10. 下列选项中,原始凭证按照填制的手续和内容进行分类的有（　）。
    A. 累计凭证　　B. 专用凭证
    C. 一次凭证　　D. 汇总凭证

## 三、判断题

1. 在每项经济业务发生和完成时取得或自行填制的会计凭证是原始凭证。（　）

2. 所有的外来原始凭证都是一次凭证。（　）

3. 自制原始凭证仅指由本单位会计在执行或完成某项经济业务时填制的、仅供本单位内部使用的原始凭证。（　）

4. 税务部门统一印制的增值税专用发票属于专用原始凭证。（　）

5. 一式几联的原始凭证,应当注明各联的用途,只能以一联作为报销凭证。（　）

6. 原始凭证金额有错误的，应当由出具单位重开，不得在原始凭证上更改。（　）

7. 审核原始凭证发现金额错误的，应当由出具单位更正并在更正处加盖出具单位公章或财务专用章。（　）

8. 原始凭证是登记明细分类账的依据，记账凭证是登记总分类账的依据。（　）

9. 在证明经济业务发生，据以编制记账凭证的作用方面，自制原始凭证与外来原始凭证具有同等效力。（　）

10. 对不真实、不合法的原始凭证，会计人员有权不予接受，对记载不准确、不完整的原始凭证，会计人员有权要求其重填。（　）

## 四、简答题

1. 简述原始凭证的基本内容。
2. 简述记账凭证的基本内容。
3. 为确保会计核算资料的真实、合法、准确，对原始凭证的审核主要包括哪几方面？
4. 会计凭证传递的意义是什么？

# 项目 6 会计账簿

### 知识目标

◎ 了解会计账簿的意义和种类；
◎ 知晓会计账簿设置的原则；
◎ 掌握记账规则；
◎ 掌握会计账簿的管理。

### 技能目标

◎ 掌握会计账簿的格式及登记方法；
◎ 掌握错账的查找方法和更正方法；
◎ 掌握对账与结账。

### 案例导入

2021年12月，奥凯机械制造有限公司发生以下事项。

1.5日，为节约公司历史档案管理费用支出，公司会计科会同档案科销毁了一批保管期限已满的会计档案，未编造会计档案销毁清册，也未报经公司总经理批准。销毁后未履行任何手续。

2.16日，公司会计郑某脱产学习两个星期，会计科科长指定出纳王某兼管郑某的债权债务账目的登记工作，未办理会计工作交接手续。

3.20日，公司会计科预计2021年度将亏损50万元。会计科科长张某对此深感年度会计报告数据不漂亮，对不起公司领导对会计工作的关心和支持，就授意会计人员采取伪造会计凭证等手段调整公司的财务会计报告，将本年度利润调整为盈利60万元，并将调整后的公司财务会计报告经公司总经理及有关人员签名、盖章后向有关单位报送。

#### 案例思考

1. 该有限公司会计科会同档案科销毁保管期满的会计档案在程序上是否符合规定？为什么？

2. 出纳王某临时兼管郑某的债权债务账目的登记工作是否符合规定？

3. 会计人员郑某脱产学习两个星期，是否需要办理会计工作交接手续？

### 本章导语

会计账簿是编制会计报表的基础，是连接会计凭证与会计报表的中间环节，在会计核算中具有重要作用。财务人员掌握会计账簿的登记，是为编制会计报表做铺垫。

# 任务 6.1 会计账簿的意义和种类

## 6.1.1 会计账簿的意义

会计账簿是以会计凭证为依据,由具有专门格式而又相互联系的账页组成,用以连续、系统、全面记录和反映各项经济业务的簿籍。

设置和登记会计账簿,是重要的会计核算基础工作,是连接会计凭证和会计报表的中间环节,做好这项工作,对于加强经济管理具有十分重要的意义。

> **提示**
> 会计凭证提供的资料是零星的,不能全面、系统反映全部经济业务活动情况。

## 6.1.2 会计账簿的种类

**1. 按用途分类**

按用途分类,可以将会计账簿分为序时账簿、分类账簿和备查账簿。

(1)序时账簿。

序时账簿又称"日记账",是按照经济业务发生或完成时间的先后顺序逐日逐笔进行登记的账簿。在我国,大多数单位只设现金日记账和银行存款日记账。按记录内容的不同,序时账簿又分为普通日记账和特种日记账两种。

①普通日记账。

普通日记账是将企业每天发生的所有经济业务,不论性质如何,均按先后顺序,编成会计分录记入账簿。

普通日记账可以全面、连续记录一个单位经济业务的全貌,起到保护会计凭证安全的作用,有利于加强对该类经济业务的日常监督与控制。但由于用一本账簿记录全部经济业务,工作量大,不便于核查,不利于分工合作,因此在会计实务中很少采用。

②特种日记账。

特种日记账是指按时间先后顺序记录某一类经济业务发生情况的日记账。在我国会计实务中,为加强对现金和银行存款的管理和核算,只要求对现金、银行存款业务,逐日逐笔、连续进行登记。

(2)分类账簿。

分类账簿是对全部经济业务按会计要素设置的分类账户进行登记的账簿,按其记录和反映的指标详细程度不同,又可分为总分类账簿和明细分类账簿两种。

①总分类账簿。

总分类账簿简称"总账",是根据总分类科目开设的,用来总括分类记录和反映经济业务总括核算资料的分类账簿。

②明细分类账簿。

明细分类账簿简称"明细账",是根据总分类账科目所属的明细分类科目开设的,用来详细记录和反映某一类经济业务明细核算资料的账簿。

> **提示**
> 分类账簿可以分别反映和监督各项会计要素的增减变动情况及其结果,提供的核算信息是编制会计报表的主要依据。

(3)备查账簿。

备查账簿(或称"辅助登记簿"),简称"备查簿",是对某些在序时账簿和分类账簿等主要账簿中都不予登记或登记不够详细的经济业务事项进行补充登记时使用的账簿,主要有以下两种:

①租入固定资产备查簿,用来登记那些以经营租赁方式租入、不属于本企业财产、不能记入本企业固定资产账户的机器设备等;

②应收票据贴现备查簿,用来登记本企业已经贴现的应收票据,这些应收票据不能在企业的序时账簿或分类账簿中反映,要备查登记。

**2. 按账页格式分类**

会计账簿按账页格式分类,可分为三栏式账簿、多栏式账簿、数量金额式账簿和横线登记式账簿。

（1）三栏式账簿。

三栏式账簿是指设置由三个金额栏（增加栏、减少栏和余额栏）的账页组成的账簿。它适用于各种日记账、总分类账以及资本、债权、债务明细账。

三栏式账簿又分为设对方科目和不设对方科目两种。

（2）多栏式账簿。

多栏式账簿是指由多个项目金额栏的账页组成的账簿。它适用于成本、费用明细账。

（3）数量金额式账簿。

数量金额式账簿也称"三大栏式账簿",是指在三大栏内,又设置由数量、单价、金额等小栏目的账页组成的账簿,可以反映财产物资的实物数量和价值。它适用于原材料、库存商品等明细账。

（4）横线登记式账簿。

横线登记式账簿又称"平行式账簿",是指将前后密切相关的经济业务登记在同一行上,以便检查每笔业务的发生和完成情况的账簿。它适用于材料采购、在途物资、应收票据和一次性备用金等明细账。

**3. 按外形特征分类**

账簿按外形特征分类,可分为订本式账簿、活页式账簿和卡片式账簿三种。

（1）订本式账簿。

订本式账簿简称"订本账",是在启用之前就把若干张账页固定装订在一起,并对账页进行了连续编号的账簿。

订本式账簿的优点是,能避免账页散失,防止抽换账页;缺点是,不能增减账页。因此,启用时必须为每个账户预留适量的空白账页。但空白账页不能准确地为各账户预留账页,预留太多,造成浪费;预留太少,影响连续登记。此外,使用订本式账簿,在同一时间内只能由一人记账,因而不便于分工记账。因此,订本式账簿主要适用于总账和现金、银行存款日记账等专人登记的账簿。如图6-1所示。

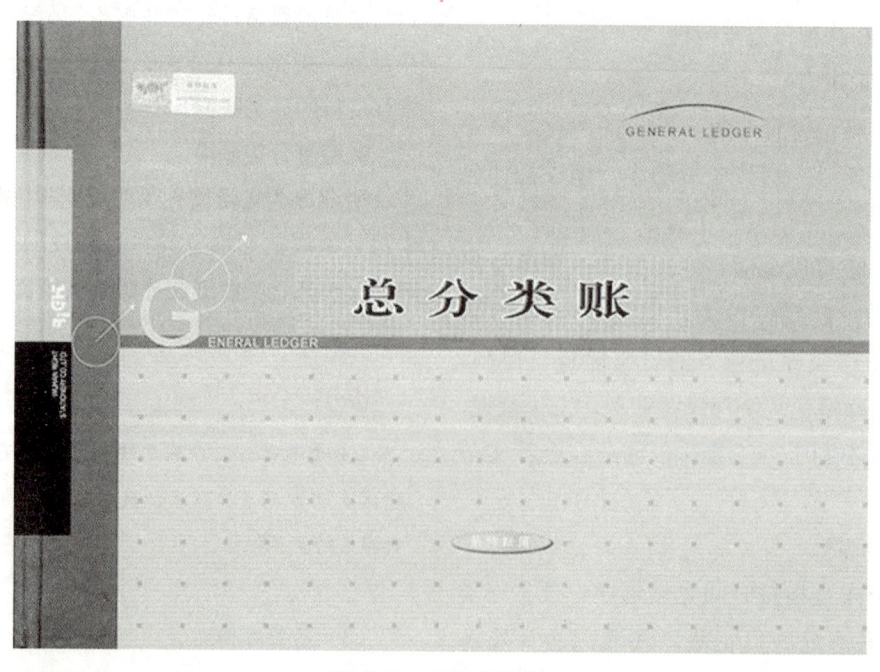

图6-1　订本式账簿

（2）活页式账簿。

活页式账簿（简称“活页账”）是把若干张零散的账页装订在账夹内，可以增添或取出账页的账簿。当账簿登记完毕之后（通常是一个会计年度结束之后），才将账页予以装订，加具封面，并给各账页连续编号。

活页式账簿的优点是记账时可根据实际需要，随时将空白账页装入账簿，或抽去不需用的账页，也便于分工记账；缺点是如果管理不善，可能造成账页散失或故意抽换账页。因此，使用时必须顺序编号，使用中要妥善保管，使用完毕后要装订成册或封扎保管。活页式账簿主要适用于各种明细分类账。活页式账簿如图6-2所示。

**明 细 分 类 账**

二级科目

| 年 | | 凭证号 | 摘要 | 借方发生额 | | | | | | | | | | 成本项目 | | | | | | | | | | | | | | | | | | | | | | | | | | | | | | | | | | | | | | | |
|---|---|---|---|---|---|---|---|---|---|---|---|---|---|---|---|---|---|---|---|---|---|---|---|---|---|---|---|---|---|---|---|---|---|---|---|---|---|---|---|---|---|---|---|---|---|---|---|---|---|---|---|---|---|
| | | | | | | | | | | | | | | 直接材料 | | | | | | | | | | 直接人工 | | | | | | | | | | 制造费用 | | | | | | | | | | 其他 | | | | | | | | | |
| 月 | 日 | | | 千 | 百 | 十 | 万 | 千 | 百 | 十 | 元 | 角 | 分 | 千 | 百 | 十 | 万 | 千 | 百 | 十 | 元 | 角 | 分 | 千 | 百 | 十 | 万 | 千 | 百 | 十 | 元 | 角 | 分 | 千 | 百 | 十 | 万 | 千 | 百 | 十 | 元 | 角 | 分 | 千 | 百 | 十 | 万 | 千 | 百 | 十 | 元 | 角 | 分 |
| | | | | | | | | | | | | | | | | | | | | | | | | | | | | | | | | | | | | | | | | | | | | | | | | | | | | | |
| | | | | | | | | | | | | | | | | | | | | | | | | | | | | | | | | | | | | | | | | | | | | | | | | | | | | | |
| | | | | | | | | | | | | | | | | | | | | | | | | | | | | | | | | | | | | | | | | | | | | | | | | | | | | | |
| | | | | | | | | | | | | | | | | | | | | | | | | | | | | | | | | | | | | | | | | | | | | | | | | | | | | | |
| | | | | | | | | | | | | | | | | | | | | | | | | | | | | | | | | | | | | | | | | | | | | | | | | | | | | | |
| | | | | | | | | | | | | | | | | | | | | | | | | | | | | | | | | | | | | | | | | | | | | | | | | | | | | | |
| | | | | | | | | | | | | | | | | | | | | | | | | | | | | | | | | | | | | | | | | | | | | | | | | | | | | | |

图6-2　活页式账簿

（3）卡片式账簿。

卡片式账簿（简称“卡片账”）是以卡片作为账页组成的账簿。卡片式账簿也是一种活页账，但它不是装在活页账夹中，而是装在卡片箱内。

卡片式账簿除具有上述活页账的优点外，还可以经常抽取、跨年度使用。为了防止破损，卡片式账簿一般采用硬卡片。卡片式账簿的缺点是容易散失，因此一般存放在卡片箱中，需要专人保管。在我国，一般只对固定资产的核算采用卡片账簿形式，少数企业在材料核算中也使用卡片式账簿形式。固定资产卡片式账簿如图6-3所示。

**固定资产卡片**

卡片编号　178　　　　日期　2021/3/20

| | | | | | |
|---|---|---|---|---|---|
| 固定资产编号 | 4568 | 固定资产名称 | 连铸机 | | |
| 类别编号 | 4568 | 类别名称 | 生产设备 | 资产名称 | |
| 规格型号 | RT938 | 使用部门 | 铸件车间 | | |
| 增加方式 | 购入 | 存放地点 | 铸件车间 | | |
| 使用状况 | 在用 | 使用年限（月） | 60 | 折旧方法 | 直线法 |
| 开始使用日期 | 2014/3/20 | 已计提月份 | 48 | 币种 | |
| 原值 | 800 000.00 | 净残值率 | 4% | 净残值 | 32 000.00 |
| 累计折旧 | | 月折旧率 | | 本月计提折旧额 | |
| 净值 | 614 400.00 | 对应折旧科目 | | 项目 | |

录入人　　　　录入日期

图6-3　固定资产卡片式账簿

账簿的分类如图6-4所示。

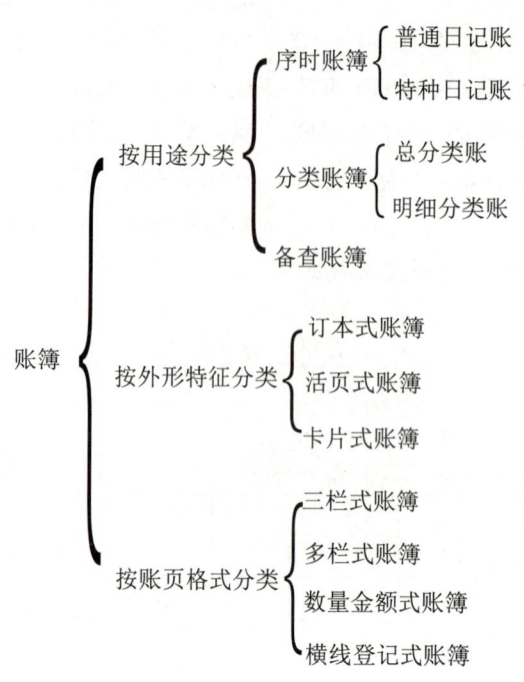

图 6-4　账簿的分类

## 任务 6.2　会计账簿的设置

### 6.2.1　会计账簿的设置原则

任何单位都必须根据自身的业务特点和经营管理的需要设置账簿。会计账簿的设置包括确定账簿的种类、内容和登记方法。一般来说，在设置账簿时，应遵循以下原则。

（1）系统性原则。

各单位应当按照国家会计制度的要求，结合本单位自身经济活动发展和管理的需要，系统设置各类账簿。设置的账簿以能够全面、系统反映经济活动情况为原则，满足各方面了解本单位财务状况和经营成果，以及足单位内部加强经济管理的需要。

（2）科学性原则。

账簿的设置要组织严密、层次分明。账簿之间要互相衔接、互相补充、互相制约，能清晰反映账户的对应关系，以便能够提供完整、系统的资料。

（3）实用性原则。

账簿的设置要根据经济单位规模的大小、经济业务的繁简、会计人员的多少，从加强管理的实际需要和具体条件出发，既要防止账簿重叠，也要防止过于简化。一般来讲，业务复杂、规模较大、会计人员较多、分工较细的单位，账簿设置可以详细一些；而业务简单、规模较小、会计人员较少的单位，账簿设置应相对简化。

## 6.2.2 会计账簿的格式及登记方法

**1. 总分类账的格式及登记方法**

总分类账能够分类、连续、全面、总括地反映企业经济活动的情况,为编制会计报表提供资料。

总分类账最常用的格式为三栏式,也有的采用多栏式。原材料总分类账的格式如图6-5所示。

> **提示**
>
> 多栏式总分类账一般是将企业使用的全部总分类账账户合设在一张账页上。如果总分类账账户较多,就会导致账页过长,不便于保管和记账,一般很少采用。

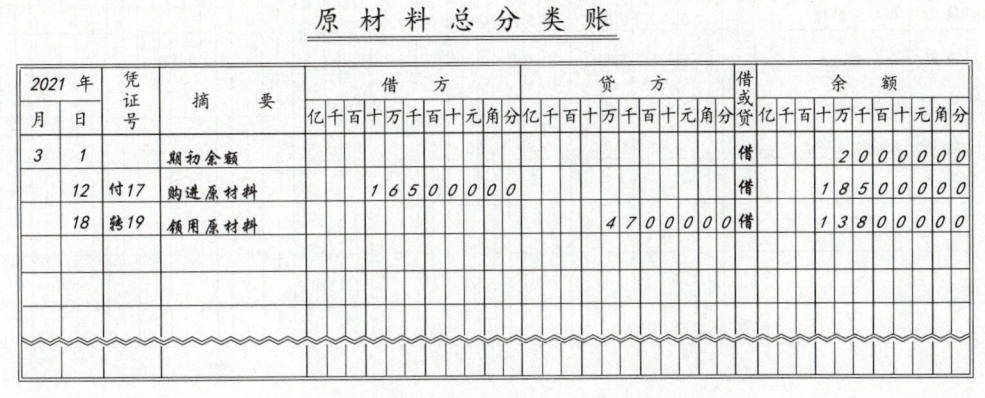

图6-5 原材料总分类账

总分类账既可以直接根据各种记账凭证逐笔登记,也可以通过一定的汇总方法,把各种记账凭证进行汇总,编制汇总记账凭证或科目汇总表,再登记总分类账。总分类账采用什么格式,根据什么登记,取决于各单位所采用的账务处理程序。

**2. 明细分类账的格式及登记方法**

明细分类账对总分类账起补充说明的作用,它提供的资料是编制会计报表的重要依据。明细分类账的格式主要有下列四种。

(1) 三栏式明细分类账。

三栏式明细分类账的格式与三栏式总分类账相同,即账页只设有"借方""贷方"和"余额"三个金额栏,不设数量栏。适用于只进行金额核算的资本、债权、债务明细账,如"应收账款""长期借款""短期借款"等账户。

应收账款明细分类账的格式如图6-6所示。

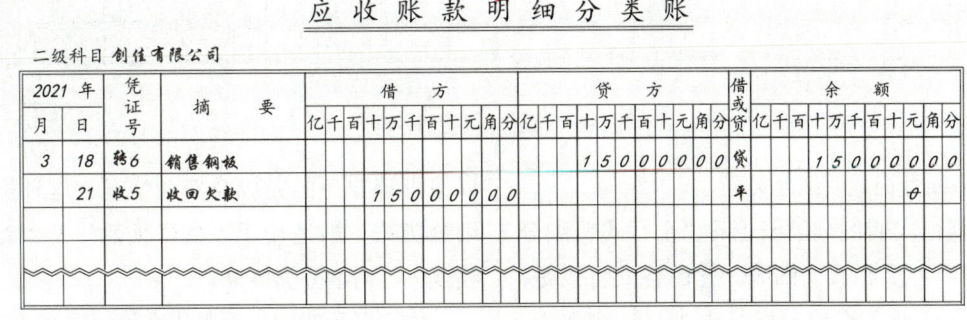

图6-6 应收账款明细分类账

(2) 多栏式明细分类账。

多栏式明细分类账是根据经济业务的特点和经营管理的需要,在一张账页内按有关明细项目分设若干专栏,集中反映有关明细项目的详细资料。适用于只需进行金额核算,不需进行数量核算的收入、成本、费用、利润和利润分配明细分类账。如"主营业务收入""制造费用""管理费用""营业外支出"等账户,这类账户月末一般无余额。

生产成本明细分类账的格式如图 6-7 所示。

**生产成本明细分类账**

二级科目 03 机修

| 2021年 | | 凭证号 | 摘要 | 借方发生额 | 成本项目 | | | |
|---|---|---|---|---|---|---|---|---|
| 月 | 日 | | | | 直接材料 | 直接人工 | 制造费用 | 其他 |
| 1 | 30 | 转23 | 分配原材料 | 1550000 | 1550000 | | | |
| | 30 | 转31 | 分配制造费 | 500000 | | | 500000 | |
| | 30 | 转3 | 分配工资 | 980000 | | 980000 | | |
| | 31 | 转31 | 结转完工产品 | 2410000 | 1100000 | 880000 | 430000 | |

图 6-7　生产成本明细分类账

(3) 数量金额式明细分类账。

数量金额式明细分类账按借方(购进)、贷方(发出)和余额(结存)项目分别设置"数量""单价"和"金额"专栏,适用于既要进行金额核算又要进行数量核算的账户,如"原材料""库存商品""包装物""低值易耗品"等存货账户。

原材料明细分类账的格式如图 6-8 所示。

**原材料明细分类账**

单位:元

| 2021年 | | 凭证号 | 摘要 | 借方 | | | 贷方 | | | 结余 | | |
|---|---|---|---|---|---|---|---|---|---|---|---|---|
| 月 | 日 | | | 数量 | 单价 | 金额 | 数量 | 单价 | 金额 | 数量 | 单价 | 金额 |
| 4 | 1 | | 期初余额 | | | | | | | 100 | 20.00 | 200000 |
| | 4 | 付5 | 购买原材料 | 500 | 20.00 | 1000000 | | | | 600 | 20.00 | 1200000 |
| | 9 | 转22 | 生产领用 | | | | 400 | 20.00 | 800000 | 200 | 20.00 | 400000 |

图 6-8　原材料明细分类账

(4) 横线登记式明细分类账。

横线登记式明细分类账也称"平行式明细分类账",是一种多栏式明细账。它的格式特点是,将相关的经济业务在同一横行内进行详细登记,以检查该业务的完成及变动情况。这种格式的明细分类账一般适用于"物资采购"及"委托银行收款"等明细分类核算。

物资采购明细分类账的格式如图 6-9 所示。

## 物资采购明细分类账

单位：元

| 序号 | 销货单位名称 | 材料名称 | 借方 | | | | | | 贷方 | | | | | 备注 |
|---|---|---|---|---|---|---|---|---|---|---|---|---|---|---|
| | | | 日期 | 凭证号数 | 发票编号 | 买价 | 采购费用 | 合计 | 日期 | 凭证号数 | 入库单号 | 采购成本 | 合计 | |
| 1 | 嘉禾公司 | 废钢 | 1 | 8 | 40976 | 40 000 | 1 000 | 41 000 | 3 | 9 | 1 | 41 000 | 41 000 | |
| 2 | 凯旋工厂 | 钢板 | 15 | 18 | 78563 | 60 000 | 2 000 | 62 000 | 18 | 20 | 2 | 62 000 | 62 000 | |

图 6-9　物资采购明细分类账

**3. 日记账的格式及登记方法**

根据不同需要，企业设置的日记账有普通日记账和特种日记账。

（1）普通日记账。

普通日记账是用来序时登记全部经济业务的账簿，又称为"分录账簿"。普通日记账是根据原始凭证逐笔登记的，把每一笔经济业务转化为会计分录登记在账上，然后再转记到分类账中。其结构一般包括：日期栏、摘要栏、对应账户栏、过账备查栏、借方金额栏、贷方金额栏。由于只有两个金额栏，因此，这种格式又称为"两栏式"。

普通日记账适用于规模较小、经济业务不多的企业，使用普通日记账程序简便，也可以满足业务需要。如果企业规模较大，业务量较多且较复杂，就不宜设置普通日记账。在编制普通日记账时，可以根据经济业务直接登记，然后再根据普通日记账登记分类账。因此，设置普通日记账一般可不再做记账凭证。

普通日记账的格式如图 6-10、图 6-11 所示。

## 普通日记账

第 4 页

| 2021年 | | 凭证号 | 摘要 | 借方 | | 贷方 | |
|---|---|---|---|---|---|---|---|
| 月 | 日 | | | 科目 | 金额（百十万千百十元角分） | 科目 | 金额（百十万千百十元角分） |
| 3 | 12 | 付9 | 购买办公用品 | 管理费用 | 320 00 | | |
| | 12 | 付9 | 购买办公用品 | | | 库存现金 | 320 00 |
| | 19 | 付10 | 支付欠款 | 应付账款 | 5316 00 | | |
| | 19 | 付10 | 支付欠款 | | | 银行存款 | 5316 00 |

图 6-10　普通日记账（"格式 1"）

## 普通日记账

第 11 页

| 2021年 | | 摘要 | 对应账户 | 借方 | | | | | | | | | 贷方 | | | | | | | | |
|---|---|---|---|---|---|---|---|---|---|---|---|---|---|---|---|---|---|---|---|---|---|---|
| 月 | 日 | | | 百 | 十 | 万 | 千 | 百 | 十 | 元 | 角 | 分 | 百 | 十 | 万 | 千 | 百 | 十 | 元 | 角 | 分 |
| 3 | 12 | 购买办公用品 | 管理费用 | | | | | 3 | 2 | 0 | 0 | 0 | | | | | | | | | |
| | | | 库存现金 | | | | | | | | | | | | | | 3 | 2 | 0 | 0 | 0 |
| 3 | 19 | 支付欠款 | 应付账款 | | | 5 | 3 | 1 | 6 | 0 | 0 | 0 | | | | | | | | | |
| | | | 银行存款 | | | | | | | | | | | | 5 | 3 | 1 | 6 | 0 | 0 | 0 |

**图 6-11　普通日记账（格式 2）**

（2）特种日记账。

特种日记账是专门用来登记某一类经济业务的日记账。常见的特种日记账一般有现金日记账、银行存款日记账。

①现金日记账。

现金日记账是用来逐日反映库存现金收入、付出及结余情况的特种日记账。现金日记账必须采用订本式账簿。账页格式一般采用三栏式，在同一张账页上分设"收入""支出""结余"三栏。为了清晰反映现金收付业务的具体内容，在"摘要"栏后，还应专设"对方科目"栏，登记对方科目名称。现金日记账的格式如图 6-12 所示。

## 现　金　日　记　账

| 2021年 | | 凭证号 | 摘要 | 借方 | | | | | | | | | 贷方 | | | | | | | | | 借或贷 | 余额 | | | | | | | | |
|---|---|---|---|---|---|---|---|---|---|---|---|---|---|---|---|---|---|---|---|---|---|---|---|---|---|---|---|---|---|---|---|
| 月 | 日 | | | 亿 | 千 | 百 | 十 | 万 | 千 | 百 | 十 | 元 | 角 | 分 | 亿 | 千 | 百 | 十 | 万 | 千 | 百 | 十 | 元 | 角 | 分 | | 亿 | 千 | 百 | 十 | 万 | 千 | 百 | 十 | 元 | 角 | 分 |
| 7 | 1 | | 期初余额 | | | | | | | | | | | | | | | | | | | | | | | 借 | | | | | 2 | 0 | 0 | 0 | 0 | 0 |
| | 5 | 付3 | 支付水费 | | | | | | | | | | | | | | | | | | 8 | 0 | 0 | 0 | 0 | 借 | | | | | 1 | 2 | 0 | 0 | 0 | 0 |
| | 7 | 收5 | 差旅费余数退回 | | | | | | | 2 | 5 | 0 | 0 | 0 | | | | | | | | | | | | 借 | | | | | 1 | 4 | 5 | 0 | 0 | 0 |

**图 6-12　现金日记账**

现金日记账由出纳人员按时间顺序逐日逐笔进行登记，根据"上日余额 + 本日收入 − 本日支出 = 本日余额"逐日结出现金余额，试算平衡并做到"日清月结"。由于从银行提取现金的业务，只填制银行存款付款凭证，不再填制现金收款凭证，所以对于从银行提取现金的现金收入数额，应根据银行存款付款凭证登记现金日记账的借方栏。为保证现金日记账的安全和完整，无论采用三栏式现金日记账还是多栏式现金日记账，都必须使用订本式账簿。

②银行存款日记账。

银行存款日记账是用来逐日反映银行存款收入、付出及结余情况的特种日记账。通过银行存款日记账的设置和登记，可以加强对银行存款的日常监督和管理，便于与开户银行进行账项的核对。

银行存款日记账的格式有三栏和多栏两种；基本结构与现金日记账相同。由于银行存款的支付都是根据特定的银行结算凭证进行的，因此账页设有"结算凭证""种类""号数"专栏。

多栏式银行存款日记账可以将收入和支出的核算在一本账上进行，也可以分设"银行存款收入日记账"和"银行存款支出日记账"。不管三栏式银行存款日记账还是多栏式银行存款日记账，都应在适当位置增加"结算凭证"栏，以便记账时标明每笔业务的结算凭证及编号，便于与开户银行核对。

三栏式银行存款日记账的格式如图 6-13 所示。

**银 行 存 款 日 记 账**

| 2021年 | | 凭证号 | 摘要 | 借方 | | | | | | | | | | ✓ | 贷方 | | | | | | | | | | 借或贷 | 余额 | | | | | | | | | |
|---|---|---|---|---|---|---|---|---|---|---|---|---|---|---|---|---|---|---|---|---|---|---|---|---|---|---|---|---|---|---|---|---|---|---|---|
| 月 | 日 | | | 亿 | 千 | 百 | 十 | 万 | 千 | 百 | 十 | 元 | 角 | 分 | | 亿 | 千 | 百 | 十 | 万 | 千 | 百 | 十 | 元 | 角 | 分 | | 亿 | 千 | 百 | 十 | 万 | 千 | 百 | 十 | 元 | 角 | 分 |
| 4 | 1 | | 上月结转 | | | | | | | | | | | | | | | | | | | | | | | | 借 | | | 1 | 3 | 0 | 0 | 0 | 0 | 2 | 5 |
| | 5 | 付10 | 购买设备 | | | | | | | | | | | | | | | | | 1 | 7 | 9 | 4 | 0 | 0 | 0 | 借 | | | 1 | 1 | 2 | 0 | 6 | 0 | 2 | 5 |
| | 8 | 收5 | 销售商品 | | | | | 5 | 4 | 0 | 0 | 0 | 0 | 0 | | | | | | | | | | | | | 借 | | | 1 | 1 | 7 | 4 | 6 | 0 | 2 | 5 |

图 6-13　三栏式银行存款日记账

银行存款日记账是根据银行存款收款凭证、银行存款付款凭证直接登记的，登记方法与现金日记账的登记方法基本相同。另外，现金日记账和银行存款日记账必须采用订本式账簿，不得用银行对账单代替日记账。

## 任务 6.3　记账规则

### 6.3.1　账簿启用的规则

账簿是重要的会计档案，为了确保账簿记录的合规性和完整性、明确记账责任，在启用账簿时应：

（1）在账簿封面上写明单位名称和账簿名称。

（2）在账簿扉页上附"账簿使用登记表"或"账簿启用表"，内容包括启用日期、账簿页数、记账人员和会计主管人员姓名，并加盖人员名章和单位公章。

（3）启用订本式账簿应当按从第一页到最后一页顺序编定页数，不得跳页、缺号。

（4）当记账人员或会计人员工作调动时，应注明交接日期、接办人员和监交人员姓名，由交接双方人员签名或盖章。

### 6.3.2 账簿的登记规则

会计人员应当根据审核无误的会计凭证登记账簿。登记账簿的基本要求如下。

（1）准确完整。登记会计账簿时，应当将会计凭证的日期、编号、业务内容摘要、金额和其他有关资料逐项记入账内，做到数字准确、摘要清楚、登记及时、字迹工整。每一会计事项，一方面要记入有关总分类账，另一方面要记入该总分类账所属的明细分类账。账簿记录中的日期，应该填写记账凭证上的日期；以自制原始凭证（如收料单、领料单等）作为记账依据的，账簿记录中的日期应按有关自制凭证上的日期填列。

（2）注明记账符号。账簿登记完毕，应在记账凭证上签名或盖章，并在记账凭证的"过账"栏内注明账簿页数或画"√"，表示记账完毕，避免重记、漏记，如图6-14所示。

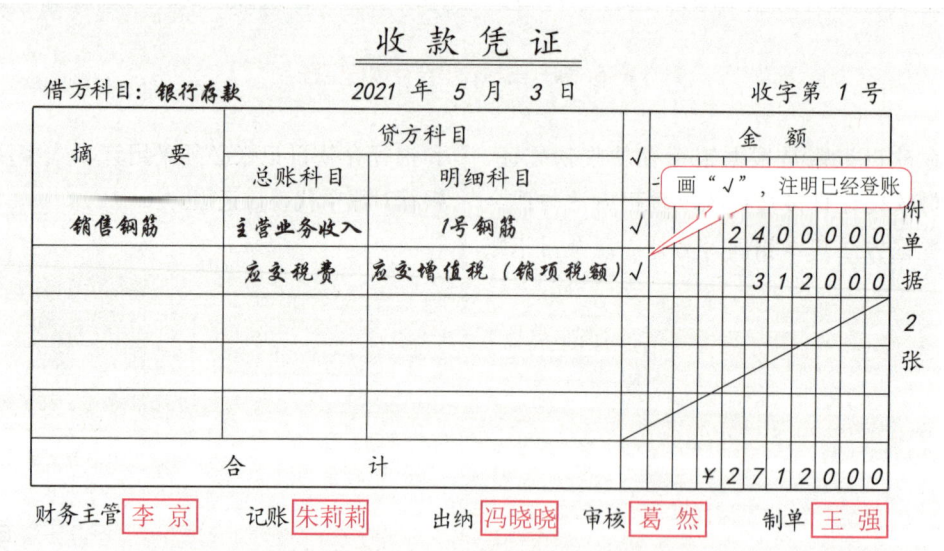

图 6-14 收款凭证

（3）书写留空。账簿中书写的文字和数字应紧靠底线书写，上面要留有适当的空格，不要写满格，一般书写数字应占格距的1/2。这样，在发生登记错误时便于更正，也方便查账，如图6-15所示。

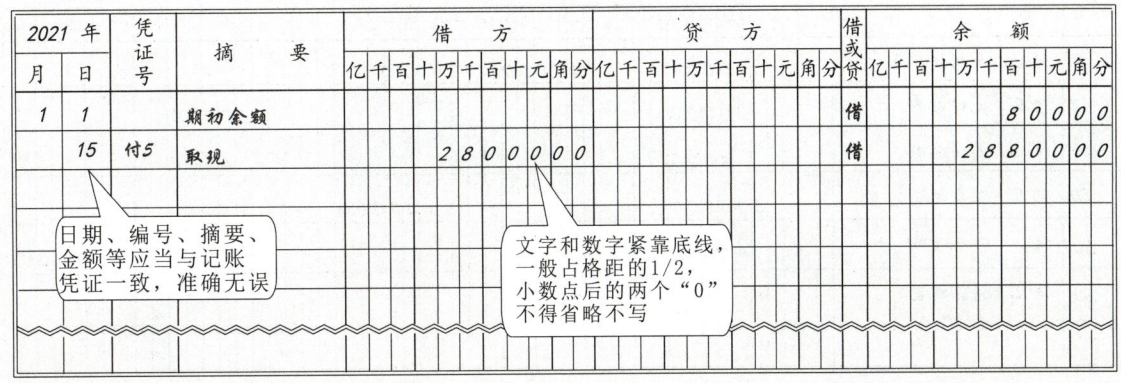

图 6-15　文字与数字书写格式

（4）正常记账使用蓝黑色墨水。为了保持账簿记录的持久性、防止涂改，登记账簿要用蓝黑色墨水或碳素墨水并用钢笔书写，不得使用圆珠笔（银行的复写账簿除外）或者铅笔书写。

（5）注意红色墨水的使用。下列情况，可以用红色墨水记账。

①按照红字冲账的记账凭证，冲销错误记录，如图 6-16 所示。

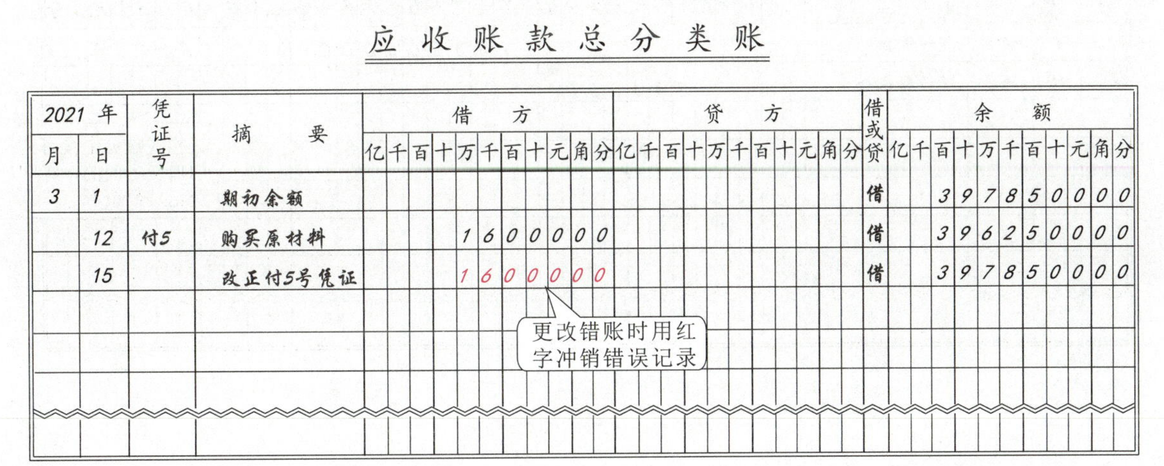

图 6-16　更改错账

②在不设借贷栏的多栏式账页中，登记减少数，如图 6-17 所示。

## 管理费用明细分类账

| 2021年 | | 凭证号 | 摘要 | 借方发生额 | 成本项目 | | | |
|---|---|---|---|---|---|---|---|---|
| 月 | 日 | | | | 修理费 | 工资 | 水电费 | 折旧费 |
| 3 | 8 | 付3 | 支付修理费 | 100 00 | 100 00 | | | |
| | 12 | 付9 | 支付电费 | 200 00 | | | 200 00 | |
| | 17 | 付10 | 支付水费 | 40 00 | | | 40 00 | |
| | 30 | 转8 | 汇总工资 | 6000 00 | | 6000 00 | | |
| | 30 | 转9 | 计提折旧 | 800 00 | | | | 800 00 |
| | 30 | 转15 | 结转损益 | 7140 00 | 100 00 | 6000 00 | 240 00 | 800 00 |

图 6-17 红字登记减少数

③三栏式账户的余额栏前，未印明余额方向⋮的，在余额栏内登记负数余额，如图 6-18 所示。

## 预付账款总分类账

| 2021年 | | 凭证号 | 摘要 | 借方 | 贷方 | 借或贷 | 余额 |
|---|---|---|---|---|---|---|---|
| 月 | 日 | | | | | | |
| 12 | 1 | 付1 | 预付货款 | | 13200 00 | | 13200 00 |
| | 10 | 转2 | 材料验收入库 | 5234 00 | | | 7966 00 |

> 三栏式账页中没有列明借贷方向的，红字登记负数余额

图 6-18 登记负数余额

④根据国家统一的会计制度规定可以用红字登记的其他情况。

（6）结出余额。凡需要结出余额的账户，结出余额后，应当在"借或贷"等栏目内写明"借"或"贷"等字样，以示余额方向；对于没有余额的账户，应在"借或贷"栏内写"平"字，并在"余额"栏用"θ"表示。现金日记账和银行存款日记账必须逐日结出余额。如图 6-19 所示。

**应收账款总分类账**

图 6-19 结出余额

(7) 过次承前。每一账页登记完毕结转下页时，应当结出本页合计数及余额，写在本页最后一行和下页第一行有关栏内，并在摘要栏内注明"过次页"和"承前页"字样；也可以将本页合计数及金额只写在下页第一行有关栏内，并在摘要栏内注明"承前页"字样。如图 6-20 所示。

①对需要结计本月发生额的账户，结计"过次页"的本页合计数应当为自本月初起至本页末止的发生额合计数。

②对需要结计本年累计发生额的账户，结计"过次页"的本页合计数应当为自年初起至本页末止的累计数。

③对既不需要结计本月发生额也不需要结计本年累计发生额的账户，可以只将每页末的余额结转次页。

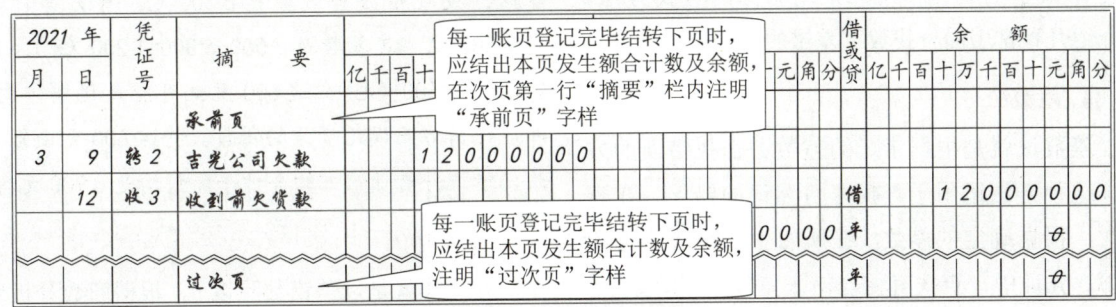

图 6-20 过次承前

(8) 不准刮擦涂改。账簿记录发生错误，不准涂改、挖补、刮擦或者用药水消除字迹，不准重新抄写，必须按照下列方法进行更正。

①登记账簿时发生错误，应当将错误的文字或者数字红线注销，但必须使原有字迹仍可辨认；然后在划线上方书写正确的文字或者数字，并由记账人员在更正处盖章。对于错误的数字，应当全部划红线更正，不得只更正其中的错误数字。对于文字错误，可只划去错误的部分。

②由于记账凭证错误而使账簿记录发生错误，应当按更正的记账凭证登记账簿。

(9) 各种账簿原则上每年都应更换新账簿。每年于年度开始前，将各种账簿上年年终结计的金额转记到新账簿相应账户的第一页第一行，并在"摘要"栏注明"上年结转"。

(10) 各种账簿应当多长时间登记一次，没有统一规定。一般原则是：总分类账按照单位所采用的账务处理程序定期汇总登记，也可逐日逐笔登记；各种明细分类账可根据记账凭证、原始凭证或原始汇总表逐日逐笔登记，也可定期汇总登记；固定资产、债权、债务等明细分类账应逐日逐笔登记；库存商品、原材料以及收入、费用明细分类账可以逐日逐笔登记，也可以定期汇总登记。现金日记账和银行存款日记账，必须根据办理完毕的收付款记账凭证，随时逐笔顺序登记。

（11）实行会计电算化的单位，总分类账和明细分类账应当定期打印。发生收款和付款业务的，在输入收款凭证和付款凭证的当天必须打印出现金日记账和银行存款日记账，并与库存现金核对无误。

## 任务 6.4　错账的查找与更正

### 6.4.1　错账的查找方法

错账产生的原因有很多种，除记账凭证编制错误外，大多是登记错误，如漏记、重记、记错账户、金额、方向和计算错误等。检查错账要针对差错数字的具体情况，采用不同的查找方法。现介绍几种常用的查找数字差错的方法。

**1. 差数法**

差数法就是根据错账的差数去查找错误的方法。这种方法适用于查找账目漏记的错误。在查找时，根据确定的差数，在所发生的经济业务和账簿、凭证中，查找有无与错账差数相同的数字，从而确定错误所在。

**2. 二除法**

二除法即用差错数除以2，按商数查找记错的数字。这种方法适用于查找数字记错方向的错误。例如，当发现现金日记账余额与库存现金实有数不符，且差数为偶数时，应首先检查记账方向是否发生错误。在登记现金日记账时，有时由于疏忽，错将借方金额登记到贷方，或者错将贷方金额登记到借方，这样必然会出现一方（借方或贷方）合计数增多，而另一方（贷方或借方）的合计数减少的情形，其差额正好是记错方向数的2倍，而且差错数为偶数，对这种错误的检查，就可以采用"二除法"。

【情景6-1】北京市惠达股份有限公司期末平账时，发现借方合计数是6 300元，贷方合计数是7 500元，其差数是7 500-6 300=1 200（元），用1 200÷2=600（元）。这600元就可能是记错方向，即应记借方而误记贷方的错数。将这600元由贷方改记借方，借贷双方的合计平衡数均是6 900元。

**3. 九除法**

九除法就是以差错数除以9，根据商数分析判断查找记错的数字。这种方法适用于查找数字错位或前后相邻位数颠倒所引起的错误。把十位数错记为百位数，或者把千位数错记为百位数。在检查时，用账面余额减去盘点数得出差额，除以9，得出的商数就是查找的差错数。

【情景6-2】北京市惠达股份有限公司2021年8月6日现金日记账的月初余额为400元，当天收到职工退回差旅费剩余款90元，支付购买办公用品费为100元，支付零星购置费64元。盘点时库存现金为326元，账面记载余额为1 136元。此项差错是在登记时错将90元记为900元。在检查时，用账面余额减去库存盘点数得出差额：1 136−326=810（元），再用810÷9，得出的商数是90，商数就是查找的差错数，多记金额为实收金额的9倍即810元。

## 6.4.2　错账的更正方法

错账更正的具体方法主要有划线更正法、红字更正法和补充登记法。

### 1. 划线更正法

（1）适用范围。在结账前发现账簿记录有文字或数字错误，而记账凭证没有错误。

（2）更正方法。更正时，可在错误的文字或数字上划一条红线，在红线的上方填写正确的文字或数字，并由记账及相关人员在更正处盖章，以明确责任。

【情景6-3】北京市惠达股份有限公司会计员李京在检查企业的账簿与记账凭证时发现一笔销售钢板应收账款17 515元的业务记录错误，原会计分录为：

借：应收账款　　17 515

　贷：主营业务收入　　15 500

　　应交税费——应交增值税

　　　　（销项税额）　　2 015

会计人员在登记应收账款账户时，将17 515元误记为18 515元，科目、方向无误，其更正如图6-21所示。

应收账款明细分类账

二级科目　北京市惠达股份有限公司

| 2021年 月 | 日 | 凭证号 | 摘要 | 借方 | 贷方 | 借或贷 | 余额 |
|---|---|---|---|---|---|---|---|
| 5 | 8 | 转6 | 销售钢板 | 李京 17 515.00（~~18 515.00~~） | | 借 | 李京 17 515.00（~~18 515.00~~） |
| | | | | | | | |
| | | | | | | | |
| | | | | | | | |

图6-21　划线更正法

### 2. 红字更正法

（1）适用范围。

①记账后发现记账凭证中应借、应贷的会计科目有错误而引起的记账错误。

②记账后发现记账凭证和账簿记录中应借、应贷会计科目无误，只是所记金额大于应记金额。

（2）更正方法。

①用红字填写一张与原错误记账凭证完全相同的记账凭证，以示注销原错误记账凭证，然后再用蓝字填写一张正确的记账凭证，并据以记账。

②按多记金额用红字编制一张与原记账凭证应借、应贷科目完全相同的记账凭证，以冲销多记金额，并据以记账。

【情景6-4】北京市惠达股份有限公司会计王京在2021年7月1日发现2021年6月1日冶金车间生产产品耗用生铁一批，价值300 000元，填制记账凭证时，误写成应借科目为“制造费用”，并已登记入账。原错误会计分录是：

借：制造费用　　300 000

　贷：原材料——生铁　　300 000

转账凭证如图6-22所示。

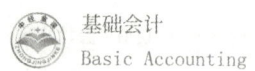

**转 账 凭 证**

2021 年 6 月 1 日　　　　　　　　　　　　　　转字第 1 号

| 摘要 | 总账科目 | 明细分类科目 | √ | 借方金额 千百十万千百十元角分 | √ | 贷方金额 千百十万千百十元角分 |
|---|---|---|---|---|---|---|
| 生产领料 | 制造费用 |  | √ | 3 0 0 0 0 0 0 0 |  |  |
|  | 原材料 | 生铁 |  |  | √ | 3 0 0 0 0 0 0 0 |
| 合　计 |  |  |  | ￥3 0 0 0 0 0 0 0 |  | ￥3 0 0 0 0 0 0 0 |

附单据 1 张

财务主管 李京　　记账 王京　　出纳　　审核 葛然　　制单 王强

图 6-22　转账凭证①

更正如下：

首先用红字填制一张与原记账凭证相同的记账凭证，据以登记冲销原错误记账。会计分录为：

借：制造费用　　　　　　　　300 000
　　贷：原材料——生铁　　　　300 000

转账凭证如图 6-23 所示。

**转 账 凭 证**

2021 年 7 月 1 日　　　　　　　　　　　　　　转字第 2 号

| 摘要 | 总账科目 | 明细分类科目 | √ | 借方金额 千百十万千百十元角分 | √ | 贷方金额 千百十万千百十元角分 |
|---|---|---|---|---|---|---|
| 冲销6月1日转字1号凭证 | 制造费用 |  | √ | 3 0 0 0 0 0 0 0 |  |  |
|  | 原材料 | 生铁 |  |  | √ | 3 0 0 0 0 0 0 0 |
| 合　计 |  |  |  | ￥3 0 0 0 0 0 0 0 |  | ￥3 0 0 0 0 0 0 0 |

附单据 1 张

财务主管 李京　　记账 王京　　出纳　　审核 葛然　　制单 王强

图 6-23　转账凭证②

其次用蓝黑字填制一张正确的记账凭证重新据以记账。会计分录为：

借：生产成本——冶金车间　　300 000
　　贷：原材料——生铁　　　　300 000

转账凭证如图 6-24 所示。

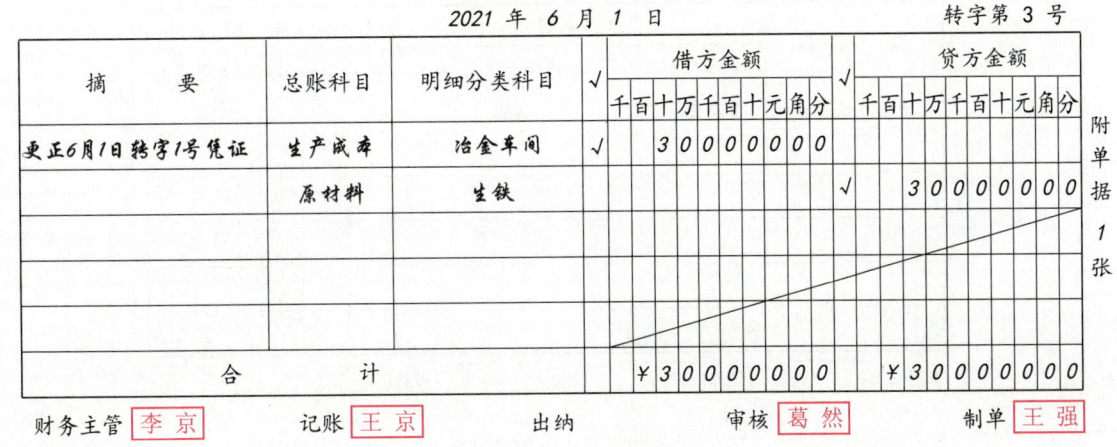

图6-24 转账凭证③

【情景6-5】北京市惠达股份有限公司会计王京在2021年7月1日发现2021年6月3日购买A4纸3 500元，填制记账凭证时，会计分录正确但误将3 500元记成了5 500元，并已登记入账。

原错误会计分录是：

借：管理费用　　　　　　　　　　5 500
　　贷：银行存款　　　　　　　　　　5 500

付款凭证如图6-25所示。

图6-25 付款凭证①

更正如下：用红字填制一张与原记账凭证科目一致，金额为2 000元的付款凭证，据以登记冲销原金额记账错误。会计分录为：

借：管理费用　　　　　　　　　　2 000
　　贷：银行存款　　　　　　　　　　2 000

付款凭证如图6-26所示。

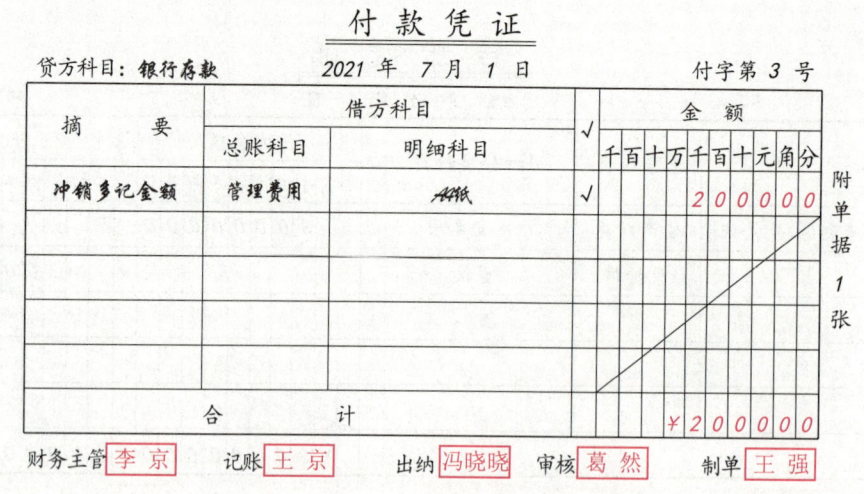

图 6-26 付款凭证②

### 3. 补充登记法

（1）适用范围。

若记账时发现记账凭证和账簿记录中应借、应贷会计科目无误，只是所记金额小于应记金额，则采用补充更正法进行更正。

（2）更正方法。

按少记的金额用蓝字编制一张与原记账凭证应借、应贷科目完全相同的记账凭证，以补充少记的金额，并据以记账。

【情景6-6】北京市惠达股份有限公司会计王京2021年7月2日发现2021年6月10日冶金车间生产产品耗用材料一批，价值400 000元。填制记账凭证时，会计分录正确但误将400 000元记成了40 000元。并已登记入账，原错误会计分录是：

借：生产成本——冶金车间　　40 000
　贷：原材料　　　　　　　　　　40 000

转账凭证如图6-27所示。

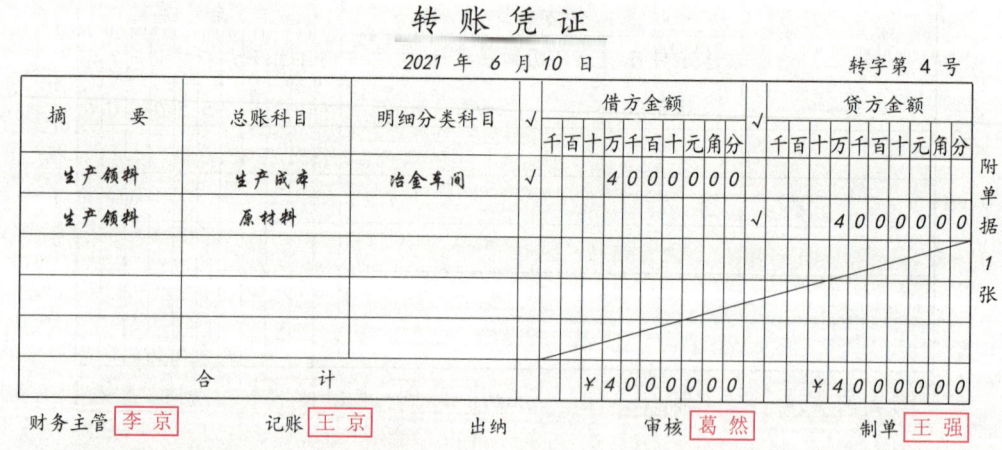

图 6-27 转账凭证①

更正如下：用蓝字填制一张与原记账凭证科目一致，金额为360 000元的转账凭证，据以登记补充原金额记账错误。会计分录为：

借：生产成本——冶金车间　　360 000
　贷：原材料　　　　　　　　　　360 000

转账凭证如图6-28所示。

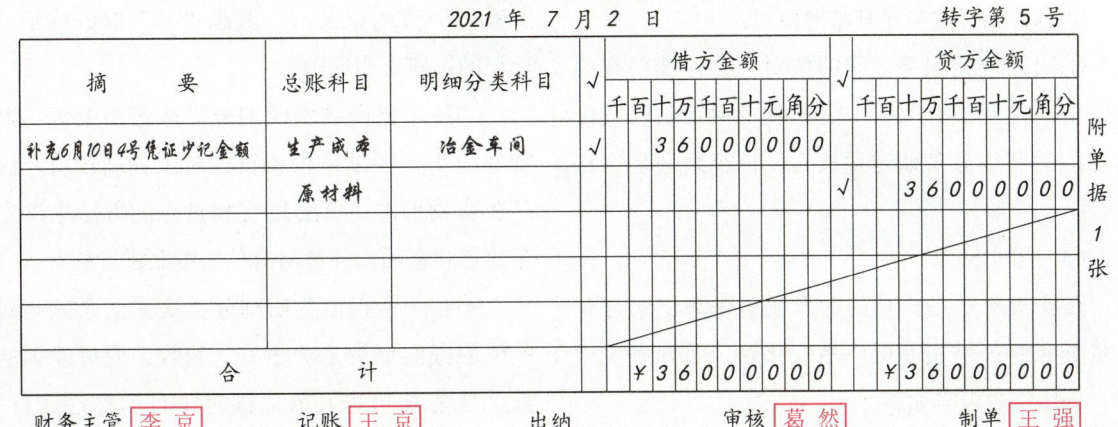

图 6-28　转账凭证②

## 任务 6.5　对账与结账

### 6.5.1　对账

**1. 对账的概念**

对账是指对各种账簿记录进行核对的工作。对账一般是在月末、季末、年末所有经济业务登记入账后，结账之前进行的。

**2. 对账的具体要求**

为了保证账簿记录的正确性、真实性和完整性，记账以后必须对账。这是因为，在填制记账凭证和过账，以及计算数量和金额、财产物资的盘点过程中，记录、计算出现差错，账实不符的情况难免发生，所以在结账之前，应将有关账簿中的记录进行核对，做到账证相符、账账相符、账实相符和账表相符。

**3. 对账的具体内容**

（1）账证核对。

账证核对是指核对会计账簿记录与原始凭证、记账凭证的时间、凭证字号、内容、金额是否一致，记账方向是否相符。

（2）账账核对。

账账核对是指各账簿之间的有关记录要相互核对，做到账账相符。具体核对内容如下：

①总分类账簿有关账户余额的核对。按照会计等式和记账规则，通过编制"试算平衡表"来完成。

②总分类账簿与所属明细分类账簿核对。总

分类账各账户的期末余额应与所属的各明细分类账的期末余额之和核对相符。

③总分类账簿与序时账簿核对。

④明细分类账簿之间的核对。会计部门有关实物资产的明细分类账与财产物资保管部门或使用部门的明细分类账定期核对，检查余额是否相符。

(3) 账实核对。

账实核对是指企业的财产物资账簿记录与有关资金和财产的实有数应相互核对，做到账实相符。具体核对内容如下。

①现金日记账账面余额与库存现金数额是否相符。平时，现金日记账要日清月结，每日均应结出余额，该余额应与库存现金实有数一致。在月末或者年末以及专门进行财产清查时，也要对现金进行清查盘点。库存现金的清查是通过实地盘点的方法，确定库存现金的实有数，再与现金日记账的结存数进行核对，以查明盈亏情况。

②银行存款日记账账面余额与银行对账单的余额是否相符。银行存款的清点采用与开户银行核对账目的方法，因为它无法进行实地盘点。核对之前，应详细检查本单位银行存款日记账，力求正确与完整，然后与银行对账单逐笔核对。对于双方一致的记录，一般画"√"以做标记，无标记的则应查明原因。

③各项财产物资明细分类账账面余额与财产物资的实有数额是否相符。对于各项物资，因其存在实物形态，可通过实物盘点的方法来确定实存数量和金额，并可与有关明细账进行核对。

④有关债权债务明细分类账账面余额与对方单位的账面记录是否相符。应收、应付款项的清查，是采取同对方单位核对账目的方法。首先，检查本单位各项应收、应付款账簿记录的正确性和完整性。在查明本单位记录正确无误后，再编制对账单，寄交对方核对。对账单一般一式两联，一份由对方单位留存，另一份作为回单。对方如果核对后相符，则应在回单上盖章并退回本单位；如果数字不符，则应在回单上注明不符情况，或另抄对账单退回，作为进一步核对的依据。在核对过程中如发现未达账项，则双方均应采用调节账面余额的方法，核对往来款项是否相符。如果发现记账错误，则应立即查明，并按规定更正。

## 6.5.2 结账

为了总括反映一定时期内（月份、季度、年度）账簿记录情况，必须定期结账。结账，就是在把一定时期内所发生的经济业务全部登记入账的基础上，结出每个账户的本期发生额和期末余额。该项工作的主要内容包括：

(1) 已经发生的债权、债务是否入账。

(2) 已经完工的产成品、专项工程成本是否结账。

(3) 已经清查出的财产物资盘盈、盘亏是否入账。

(4) 已经发生的收入、费用和应该摊销或预提的费用是否按权责发生制的要求入账。

(5) 应该结转的收入、费用和成本账户的余额是否已经结转。

上述工作完成后就可以进行结账。结账工作分日结、月结、季结和年结四种。结账的一般方法如下。

(1) 对不需按月结计本期发生额的账户，如各项应收应付款明细分类账和各项财产物资明细分类账等，月末结账时，只需要在最后一笔经济业务记录之下划通栏的单红线，不需要再结计一次余额，如图6-29所示。

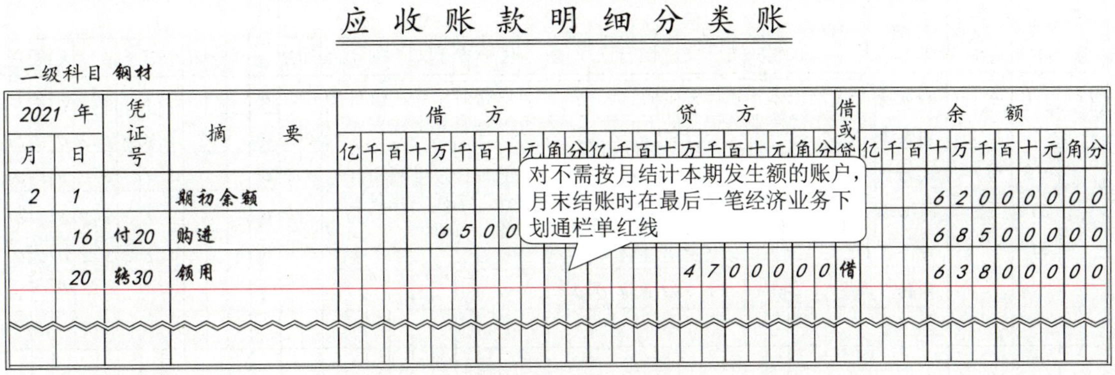

**应收账款明细分类账**

二级科目 钢材

| 2021年 | | 凭证号 | 摘要 | 借方 | 贷方 | 借或贷 | 余额 |
|---|---|---|---|---|---|---|---|
| 月 | 日 | | | 亿千百十万千百十元角分 | 亿千百十万千百十元角分 | | 亿千百十万千百十元角分 |
| 2 | 1 | | 期初余额 | | | | 6 2 0 0 0 0 0 |
| | 16 | 付20 | 购进 | 6 5 0 0 | | | 6 8 5 0 0 0 0 |
| | 20 | 转30 | 领用 | | 4 7 0 0 0 0 | 借 | 6 3 8 0 0 0 0 |

（对不需按月结计本期发生额的账户，月末结账时在最后一笔经济业务下划通栏单红线）

**图6-29 不需按月结计本期发生额的账户**

（2）现金、银行存款日记账和需要按月结计发生额的收入、费用等明细分类账，在每月结账时，要在最后一笔经济业务记录下面划通栏的单红线，结出本月发生额和余额，在"摘要"栏内注明"本月合计"字样，再在下面划通栏的单红线。如图6-30所示。

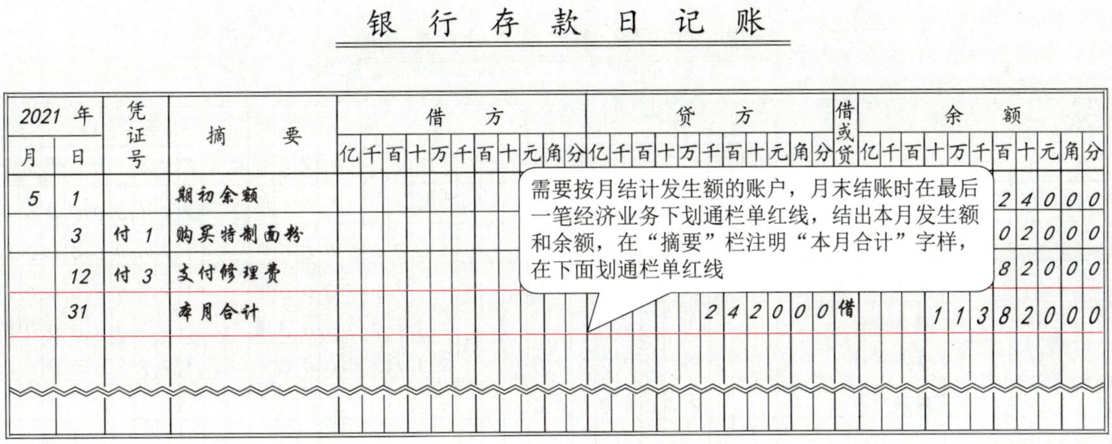

**银行存款日记账**

| 2021年 | | 凭证号 | 摘要 | 借方 | 贷方 | 借或贷 | 余额 |
|---|---|---|---|---|---|---|---|
| 月 | 日 | | | 亿千百十万千百十元角分 | 亿千百十万千百十元角分 | | 亿千百十万千百十元角分 |
| 5 | 1 | | 期初余额 | | | | 2 4 0 0 0 |
| | 3 | 付1 | 购买特制面粉 | | | | 0 2 0 0 0 |
| | 12 | 付3 | 支付修理费 | | | | 8 2 0 0 0 |
| | 31 | | 本月合计 | | 2 4 2 0 0 0 | 借 | 1 1 3 8 2 0 0 0 |

（需要按月结计发生额的账户，月末结账时在最后一笔经济业务下划通栏单红线，结出本月发生额和余额，在"摘要"栏注明"本月合计"字样，在下面划通栏单红线）

**图6-30 需要按月结计发生额的账户**

（3）需要结计本年累计发生额的某些明细账户，每月结账时，应在"本月合计"行下结出自年初起至本月末止的累计发生额，登记在月份发生额下面，在"摘要"栏内注明"本年累计"字样，并在下面划通栏的单红线。12月末的"本年累计"就是全年累计发生额，全年累计发生额下划通栏双红线。如图6-31所示。

## 银行存款日记账

（图示：2021年12月银行存款日记账，含期初余额、购买氧气、支付修理费、本月合计、本年累计、结转下年等行。期初余额借方余额 1 162 400.00；12月5日付1 购买氧气，贷方 22 000.00，余额 1 140 200.00；12月12日付3 支付修理费，贷方 2 000.00，余额 1 138 200.00；31日本月合计贷方 2 400.00；本年累计借方 1 162 400.00，贷方 24 200.00，余额 1 138 200.00；结转下年借方 1 138 200.00，余额为0，"平"。）

> 需要结出本年累计发生额的账户，每月结账时，先在该月最后一笔经济业务记录的下一行（月结行）并紧靠上线划通栏单红线，进行月结；然后再在"月结行"的下一行（本年累计行），结出自年初始至本月末止的累计发生额和月末余额，在"摘要"栏内注明"本年累计"字样，并在本年累计行的下一行紧靠上线划通栏双红线。

图 6-31  年末结账

（4）总账账户平时只需结出月末余额。在年终结账时，为了总括反映全年各项资金运动情况的全貌，核对账目要将所有总账账户结出全年发生额和年末余额，在"摘要"栏注明"本年累计"字样，并在合计数下划通栏双红线。如图6-32所示。

## 银行存款总分类账

（图示：2021年12月银行存款总分类账。期初余额借方余额 21 100 000.00；12月3日付1 购买储碳剂，贷方 1 300 000.00，余额 19 800 000.00；12月12日付3 支付安装费，贷方 120 000.00，余额 19 788 000.00；31日本月合计贷方 1 312 000.00，余额 19 788 000.00；本年累计借方 3 910 000.00，贷方 19 312 000.00，余额 19 788 000.00；结转下年借方 19 788 000.00，余额为0，"平"。）

图 6-32  总分类账年末结账

（5）在年度终了结账时，存在余额的账户，要将余额结转下年，并在"摘要"栏注明"结转下年"字样；在下一会计年度新建账簿时，将有关会计账户的第一行"余额"栏内填写上年结转的余额，并在"摘要"栏注明"上年结转"字样。即将有余额的账户余额直接记入新账"余额"栏内，不需要编制记账凭证，也不必将余额再记入本年账户的借方或贷方，使本年有余额的账户的余额变为零。如图6-33所示。

图6-33 "结转下年"和"上年结转"

## 任务6.6 会计账簿的管理

### 6.6.1 会计账簿的更换

会计账簿的更换通常在新会计年度建账时进行。一般来说，总账、日记账和多数明细账应每年更换一次。但有些财产物资明细账和债权债务明细账，材料品种、规格和往来单位较多，更换新账，重抄一遍工作量较大，因此，可以跨年度使用，不必每年更换一次。各种备查簿也可以连续使用。会计账簿同会计凭证和会计报表一样，都属于重要的经济档案和历史资料，应当妥善保管以供检查和利用。活页式账簿和卡片式账簿应在会计期末装订成册或封扎。

建立新账结转上年余额的方法如下。

（1）账簿余额直接结转。根据上年度账簿"结转下年余额"资料，登记在相应的新账簿账户首页的第一行，在"摘要"栏注明"上年结转"字样，作为新年度开始的年初余额。这种方法简便，因此被广泛使用。

（2）余额表结转。根据上年度账簿"结转下年余额"资料，编制"年终账户余额表"作为记账凭证，按账户余额登记在相应的新账簿中各账户首页的第一行，在"摘要"栏注明"上年结转"字样，作为新年度开始的年初余额。

### 6.6.2 会计账簿的保管

会计账簿的保管分为日常管理和归档管理两个方面。

**1. 会计账簿的日常管理**

（1）会计人员要明确分工，专人管理。

（2）非经管人员未经允许不得翻阅查看会计账簿。

（3）会计账簿除需要与外单位核对账目外，一律不准携带外出。

**2. 会计账簿的归档管理**

（1）企业必须依据《会计档案管理办法》的有关规定，建立会计档案的立卷、保管、查阅和销毁等管理制度，保证会计档案妥善保管、有序存放、方便查阅，严防会计数据毁损、散失和泄密。

（2）企业应设立会计档案保管机构，并指定专人保管。

（3）对于当年形成的会计档案，由会计机构按照归档要求，负责整理立卷，装订成册，编制会计档案保管清册。当年形成的会计档案，在会计年度终了后，可暂时由会计机构保管一年，期满后再移交档案管理机构，归档保管。

（4）会计档案的保管期限分为永久和定期两类：日记账、总账、明细账、其他辅助账簿和会计移交清册的保管期限均为 30 年；年度会计报告、会计档案保管清册和会计档案销毁清册为永久保存；固定资产卡片的保管期限为固定资产报废清理后再保管 5 年。

（5）会计档案保管期满，在单位负责人签署意见后，可以进行销毁。在销毁会计档案时，应当由档案机构和会计机构共同派员监销。在国家机关销毁会计档案时，应当由同级财政部门、审计部门派员监销。在财政部门销毁会计档案时，应当由同级审计部门派员监销。监销人在销毁会计档案前，应当按照会计档案销毁清册所列内容清点核对所要销毁的会计档案；销毁后，应当在会计档案销毁清册上签名盖章，并将监销情况报告本单位负责人。

（6）年度终了，各种账户在结转下年、建立新账后，要把旧账送交总账会计集中统一管理。会计账簿暂由本单位财务会计部门保管 1 年，期满之后，由财务会计部门编造清册移交本单位的档案部门保管。

企业和其他组织会计档案保管期限如表 6-1 所示。

表 6-1　企业和其他组织会计档案保管期限

| 序号 | 档案名称 | 保管期限 | 备注 |
|---|---|---|---|
| 一、会计档案 | | | |
| 1 | 原始凭证 | 30 年 | |
| 2 | 记账凭证 | 30 年 | |
| 二、会计账簿 | | | |
| 3 | 总账 | 30 年 | |
| 4 | 明细账 | 30 年 | |
| 5 | 日记账 | 30 年 | |
| 6 | 固定资产卡片 | | 固定资产报废清理后保管 5 年 |
| 7 | 其他辅助性账簿 | 30 年 | |
| 三、财务会计报告 | | | |
| 8 | 月季、季度、半年度财务会计报告 | 10 年 | |
| 9 | 年度财务会计报告 | 永久 | |
| 四、其他会计资料 | | | |
| 10 | 银行存款余额调节表 | 10 年 | |
| 11 | 银行对账单 | 10 年 | |
| 12 | 纳税申报表 | 10 年 | |
| 13 | 会计档案移交清册 | 30 年 | |
| 14 | 会计档案保管清册 | 永久 | |
| 15 | 会计档案销毁清册 | 永久 | |
| 16 | 会计档案鉴定意见书 | 永久 | |

财政总预算、行政单位、事业单位以及税收会计档案保管期限，如表6-2所示。

表6-2 财政总预算、行政单位、事业单位和税收会计档案保管期限

| 序号 | 档案名称 | 保管期限 | | | 备注 |
|---|---|---|---|---|---|
| | | 财政总预算 | 行政单位事业单位 | 税务会计 | |
| 一、会计凭证 ||||||
| 1 | 国家金库编送的各种报表及缴库退库凭证 | 10年 | | 10年 | |
| 2 | 各收入机关编送的报表 | 10年 | | | 包括：原始凭证、记账凭证和传票汇总表 |
| 3 | 行政单位和事业单位的各种会计凭证 | | 30年 | | 包括：拨款凭证和其他会计凭证 |
| 4 | 财政总预算拨款凭证和其他会计凭证 | 30年 | | | |
| 二、会计账簿 ||||||
| 5 | 日记账 | | 30年 | 30年 | |
| 6 | 总账 | 30年 | 30年 | 30年 | |
| 7 | 税收日记账（总账） | | | 30年 | |
| 8 | 明细分类、分类账或登记簿 | 30年 | 30年 | 30年 | |
| 9 | 行政单位和事业单位固定资产卡片 | | | | 固定资产报废清理后保管5年 |
| 三、财务会计报告 ||||||
| 10 | 政府综合财务报告 | 永久 | | | 下级财政、本级部门和单位报送的保管2年 |
| 11 | 部门财务报告 | | 永久 | | 所属单位报送的保管2年 |
| 12 | 财政总决算 | 永久 | | | 下级财政、本级部门和单位报送的保管2年 |
| 13 | 部门决算 | | 永久 | | 所属单位报送的保管2年 |
| 14 | 税收年报（决算） | | | 永久 | |
| 15 | 国家金库年报（决算） | 10年 | | | |
| 16 | 基本建设拨、贷款年报（决算） | 10年 | | | |
| 17 | 行政单位和事业单位会计月、季度报表 | | 10年 | | 所属单位报送的保管2年 |
| 18 | 税收会计报表 | | | 10年 | 所属税务机关报送的保管2年 |
| 四、其他会计资料 ||||||
| 19 | 银行存款余额调节表 | 10年 | 10年 | | |
| 20 | 银行对账单 | 10年 | 10年 | 10年 | |
| 21 | 会计档案移交清册 | 30年 | 30年 | 30年 | |
| 22 | 会计档案保管清册 | 永久 | 永久 | 永久 | |
| 23 | 会计档案销毁清册 | 永久 | 永久 | 永久 | |
| 24 | 会计档案鉴定意见书 | 永久 | 永久 | 永久 | |

# 项目小结

本项目介绍了会计账簿的意义、会计账簿的种类、会计账簿的设置原则、会计账簿的格式及登记方法、账簿启用的规则、账簿登记的规则、错账的查找方法、错账的更正方法、对账、结账、会计账簿的更换和会计账簿的保管。

# 思考与练习

## 一、单项选择题

1. 会计账簿是指由一定格式账页组成的，以经过审核的（　　）为依据，全面、系统、连续地记录各项经济业务的簿籍。
   A. 原始凭证　　　　B. 汇总原始凭证
   C. 累计原始凭证　　D. 会计凭证

2. 下列账簿组成部分中，作为记录经济业务事项的载体的是（　　）。
   A. 封面　　　　　　B. 扉页
   C. 账页　　　　　　D. 摘要栏

3. 固定资产明细账采用（　　）。
   A. 订本式账簿　　　B. 卡片式账簿
   C. 活页式账簿　　　D. 多栏式明细分类账

4. 年终结账，将余额结转下年（　　）。
   A. 不需要编制记账凭证，但应将上年科目的余额结平
   B. 应编制记账凭证，并将上年科目的余额结平
   C. 年度终了结账时，有余额的账户，要将余额结转下年，并在"摘要"栏注明"结转下年"字样
   D. 应编制记账凭证予以结转

5. 会计账簿的更换通常在新会计年度建账时进行。一般来说，（　　）应每年更换一次。
   A. 库存商品明细账　B. 应收账款明细账
   C. 现金日记账　　　D. 应付账款明细账

6. 登记账簿的依据是（　　）。
   A. 经济合同　　　　B. 会计分录
   C. 记账凭证　　　　D. 有关文件

7. 下列各项中，一般采用活页式账簿的是（　　）。
   A. 日记账　　　　　B. 总分类账
   C. 明细分类账　　　D. 备查账

8. 下列关于会计账簿的种类表述不正确的是（　　）。
   A. 会计账簿按照外形特征分类，可分为订本式账簿、活页式账簿和卡片式账簿
   B. 会计账簿按账页格式的不同，可以分为三栏式账簿、多栏式账簿、数量金额式账簿
   C. 会计账簿按用途可以分为序时账簿、分类账簿和备查账簿
   D. 会计账簿按账页格式的不同，可以分为活页式账簿、分类账簿和数量金额式账簿

9. 会计账簿可按不同的标准进行分类，下列属于按用途划分的账簿类别是（　　）。
   A. 数量金额式明细账　B. 活页账
   C. 订本账　　　　　　D. 序时账

10. 下列关于会计账簿启用与保管不正确的做

法是（　　）。

A. 启用账簿时，要填写"账簿启用登记表"

B. 为明确会计人员责任，登记某种账簿的人员，不必对该账簿的保管负责，应由保管会计档案的人员负责

C. 每日登记账簿，注意书写整齐清洁，不得涂污，避免账页破损，保持账本完整

D. 按有关规定使用账簿，账簿不得外借

## 二、多项选择题

1. 下列账簿应每年更换一次的有（　　）。

A. 总账　　　　　B. 日记账

C. 多数明细账　　D. 备查账簿

2. 下列各项中，关于会计账簿的更换与保管说法正确的有（　　）。

A. 会计账簿的更换通常在新会计年度建账时进行

B. 总账、多数明细账和日记账应每年更换一次

C. 备查账簿可以连续使用

D. 会计账簿暂由本单位财务会计部门保管1年，期满以后，移交档案部门保管

3. 下列属于结账程序的有（　　）。

A. 登记全部经济事项

B. 合理确定本期收入和费用

C. 计算确定本期成本、利润和亏损

D. 结算出资产、负债和所有者权益科目的本期发生额和余额

4. 必须按月结计发生额的账簿有（　　）。

A. 现金总账　　　B. 银行存款总账

C. 现金日记账　　D. 银行存款日记账

5. 下列关于对账的说法中正确的有（　　）。

A. 对账包括账证核对、账账核对和账实核对

B. 总分类账和序时账簿核对属于账账核对

C. 银行存款日记账一般至少1月核对一次

D. 往来款项核对属于账实核对

6. 下列对账工作中属于账实核对的有（　　）。

A. 库存现金日记账余额与库存现金核对

B. 银行存款日记账余额与银行对账单余额相核对

C. 应付账款各明细账户余额与各债权人寄来的对账单逐一核对

D. 财产物资明细账金额与财产物资实有数相核对

7. 下列对账工作中属于账账核对的有（　　）。

A. 会计部门财产物资明细账与财产物资保管部门的有关明细账相核对

B. 库存现金日记账与现金总账相核对

C. 总分类账与其所属明细分类账相核对

D. 应收账款各明细账户余额与各债务人寄来的对账单逐一核对

8. 账簿在启用时，下列选项中应在账簿扉页上详细填入的项目有（　　）。

A. 单位全称

B. 账簿名称及编号

C. 页数及起讫日期

D. 企业负责人和会计主管等有关人员签章

9. 对账的内容包括（　　）。

A. 账证核对　　　B. 账账核对

C. 账实核对　　　D. 账表核对

10. 企业对账时，"账账核对"包括（　　）。

A. 总账各账户的余额核对

B. 总账与所属明细账之间的核对

C. 总账与备查账之间的核对

D. 总账与现金与银行存款日记账的核对

## 三、判断题

1. 活页式账簿的优点是可以根据实际需要随时将空白账页装入账簿或抽去不需用的账页，并且便于分工记账。（　　）

2. 明细分类账一般采用卡片式账簿，有时也

会采用活页纸账簿。（  ）

3. 会计账簿登记中，如果不慎发生隔页，应立即将空页撕掉，并更改页码。（  ）

4. 现金日记账的账页格式均为三栏式，而且必须使用订本账。（  ）

5. 年终结账时，有余额的账户，应将其余额直接记入下年新账余额栏内，不需要编制记账凭证。（  ）

6. 结账就是定期计算账户的本期发生额和余额，结束本期账簿记录。（  ）

7. 账簿记录正确并不一定保证账实相符。（  ）

8. 建立新账时结转上年账户余额可以采用将账簿余额直接结转的方法。（  ）

9. 会计人员可使用铅笔、圆珠笔或钢笔登记账簿。（  ）

10. 在结账之前发现账簿记录中文字出现错误，可以用红字更正法进行更正。（  ）

## 四、思考题

1. 简述会计账簿的分类。

2. 简述可以用红色墨水记账的情况。

# 项目 7　财产清查

### 知识目标

◎ 了解财产清查的意义；
◎ 了解财产清查的准备工作；
◎ 掌握财产清查的种类。

### 技能目标

◎ 掌握财产清查的方法；
◎ 掌握财产清查的盘存制度；
◎ 掌握财产清查结果的处理。

### 案例导入

烟台志安企业的副总吴某，将企业在用的机器设备借给其亲属使用，但未办理任何手续。年底清查人员盘点时发现盘亏了一台设备，原值 500 000 元，已提折旧 100 000 元，净值为 400 000 元。经调查得知是吴某所为，于是企业派人向其亲属索要。但借方称该设备已被偷走。当问及吴某对此的处理意见时，他建议按正常报废处理。

#### 案例思考

盘亏的设备按正常报废处理是否符合规定？企业应该怎样正确处理盘亏的资产？

### 本章导语

财产清查是检查会计信息系统运行正常与否的有效方法。掌握财务清查的程序和过程能够对理解并掌握如何登记会计账簿起到补充和完善的作用。

# 任务 7.1 财产清查概述

## 7.1.1 财产清查的概念

财产清查是对各项财产物资进行实物盘点、账面核对以及对各项往来款项进行查询、核对，以保证账账、账实相符的一种专门方法。通过财产清查，可以查明各项财产物资、债权债务及所有者权益情况，加强物资管理，检查财产是否完整，并为正确核算损益提供正确资料。

> **提示**
>
> 财产清查是编制财务报表前必须做的一项工作。

## 7.1.2 造成账实不符的原因

造成账实不符的原因，主要有以下几点。

（1）在收、发各项财产过程中，由于计量、检验不准确而发生的品种、数量或质量上的差错。

（2）在财产发生增减变动时，没有填制凭证而登记入账；或者在填制凭证、登记入账时，发生计算上或登记上的差错。

（3）在财产保管过程中，受到气候等自然因素影响而发生数量和质量上的变化。

（4）由于保管不善或工作人员失职发生财产残损、变质与短缺，以及货币资金、债权债务差错。

（5）由于不法分子营私舞弊、贪污盗窃等造成财产物资损失。

（6）因未达账项或拒付而引起的单位间的账账不符等。

## 7.1.3 财产清查的意义

企业应当建立健全财产物资清查制度，加强管理，以保证财产物资核算的真实性和完整性。具体而言，财产清查的意义主要有以下几个方面。

（1）保证账实相符，提高会计资料的准确性。通过财产清查，可以确定各项财产物资的实有数，将实有数与账存数进行对比，发现盘盈或盘亏，及时调整账簿记录，做到账实相符，以保证账簿记录的真实性、准确性，为经济管理提供可靠的数据资料。

（2）切实保障各项财产物资的安全与完整。通过财产清查，可以查明各项财产物资的保管情况是否良好，有无因管理不善，造成霉烂、变质、损失、浪费，或者被非法挪用、贪污盗窃的情况，以便采取有效措施，改善管理，切实保障各项财产物资的安全与完整。

（3）加速资金周转，提高资金使用效益。通过财产清查，可以查明各项财产物资的储备和利用情况，以便分类后采取不同措施，积极利用和处理，提高财产物资的使用效率。

（4）可以促进企业建立健全规章制度。通过财产清查，企业可以有针对性地对资金结算、账务核算、财产验收保管，以及债权债务、资本金的管理等方面存在的问题，进行调查研究，找出原因，采取措施，健全各项管理制度，并促使企业认真贯彻执行，严格遵守财经纪律。

# 任务 7.2 财产清查的种类和方法

## 7.2.1 财产清查的种类

### 1. 按财产清查范围分类

按财产清查范围分类,可以分为全面清查和局部清查。

全面清查是指对企业的所有财产进行全面、彻底的盘点与核对。这种清查范围广、工作量大,一般在年终结算前进行一次。在单位撤销、合并或改变隶属关系时,为了明确经济责任,一般也要进行全面清查。

局部清查是指根据实际需要对部分财产进行的盘点与核对。这种清查范围小、涉及人员少、工作量小,但专业性强,一般在平时进行。例如,对流动性较大的材料、在产品、产成品等,除年终进行全部清查外,还要轮流盘点或重点抽查;对各种贵重物资,每月要清查盘点一次;对库存现金,每天都要由出纳员清点核对;对银行存款、银行借款,每月要按规定日期与银行至少核对一次;对各种债权债务,也要与有关单位在年度内核对 1~2 次。

具体如表 7-1 所示。

表 7-1 按财产清查范围分类

| 种类 | 全面清查 | 局部清查 |
|---|---|---|
| 内容 | 对企业的所有财产进行全面彻底的盘点与核对 | 根据实际需要对部分财产进行盘点与核对 |
| 特点 | 一般在年末、季末或月末结账时进行 | 具体时间不确定,如果工作需要,可随时进行 |
| 范围 | 可以是全面清查,也可以是局部清查 | 多数情况下是局部清查,如改换财产物资保管人员进行的有关财产物资的清查,发生意外灾害等进行的突击会计检查等;也可以是全面清查,如单位撤销、合并或改变隶属关系而进行的全面清查 |

### 2. 按财产清查时间分类

按财产清查时间分类,可以分为定期清查和不定期清查。

定期清查是指按事先计划或管理制度规定的时间对财产进行的清查。这种清查一般在年末、季末、月末结账时进行。

不定期清查是指没有事先安排计划、随时根据实际情况的需要而临时进行的财产清查。这种清查,不受规定清查时间的约束,一般是在有特殊需要或特殊变动情况下进行的,如更换财产物资的保管人员、发生非常灾害和意外损失时,进行的临时性清产核资工作。

具体如表 7-2 所示。

表 7-2 按财产清查时间分类

| 种类 | 定期清查 | 不定期清查 |
|---|---|---|
| 内容 | 根据管理制度的规定或预先计划安排的时间对财产物资进行的清查 | 根据实际需要对财产物资进行的临时性清查 |
| 特点 | 一般在年末、季末或月末结账时进行 | 具体时间不确定,如果工作需要,可随时进行 |
| 范围 | 可以是全面清查,也可以是局部清查 | 多数情况下是局部清查,如改换财产物资保管人员进行的有关财产物资的清查,发生意外灾害等进行的损失情况的清查,财政、税收、审计等部门进行的突击会计检查等;也可以是全面清查,如单位撤销、合并或改变隶属关系而进行的全面清查 |

### 3. 按财产清查的执行系统分类

按照清查的执行系统分类,可以分为内部清查和外部清查。

内部清查是指由本单位内部自行组织清查工

作小组所进行的财产清查。大多数财产清查是内部清查。

外部清查是指由上级主管部门、审计机关、司法部门、注册会计师根据国家有关规定或情况对本单位进行的财产清查。一般来讲，进行外部清查时应有本单位相关人员参加。

具体如表 7-3 所示。

表 7-3 按财产清查的执行系统分类

| 种类 | 内部清查 | 外部清查 |
| --- | --- | --- |
| 内容 | 由本单位内部自行组织清查工作小组进行的财产清查工作。大多数财产清查是内部清查 | 由上级主管部门、审计机关、司法部门、注册会计师等机构或人员，根据国家有关规定或情况对本单位进行的财产清查。一般来讲，进行外部清查时应有本单位相关人员参加 |

### 7.2.2 财产清查的准备工作

**1. 财产清查前的工作**

在财产清查时，本着先清查数量、核对有关账簿记录等，后认定质量的原则进行。财产清查小组应先确定财产的数量是否账实相符，即清查的结果与账面结存数量是否一致，然后进一步认定财产的质量是否符合要求。如"冷背残次"存货及停用报废的固定资产等是否单独标注，是否及时处理。

**2. 财产清查流程**

财产清查既是会计核算的专门方法，又是财产物资管理的重要制度。企业必须有计划、有组织地进行财产清查。财产清查应当包括以下程序。

（1）建立财产清查组织。为了顺利进行财产清查工作，保证财产清查的质量，财产清查应成立专门的财产清查工作领导小组，并配备数量足够、责任心强、工作认真负责、业务水平高的财产清查人员。

（2）组织清查人员学习有关政策，掌握有关法律、法规和相关业务知识，提高财产清查工作的质量。

（3）确定清查对象、范围，明确清查任务。财产清查领导小组应及时向被清查的单位下达财产清查任务。向被清查单位下达实物资产清查任务一般以财产清查通知的形式告知。财产清查通知的内容一般包括清查的意义、清查的目的和任务、清查的时点和范围、清查的方式和时间安排、清查的工作要求等。

（4）制定清查方案，具体安排清查内容、时间、步骤、方法，以及必要的准备。财会部门应在财产清查前，将所有已发生的经济业务登记入账，并结出有关账户余额，核对清楚。做到账簿记录完整、计算正确、账证相符、账账相符，为财产清查提供正确可靠的依据。

（5）财产物资保管部门应将截至财产清查时点前的各项财产物资的收支，办理好凭证手续，全部登记入账，并结出余额。同时，财产物资保管人员应将其所保管的各种财产物资，归类整理，排放整齐，粘贴标签，标明品种、规格和结存数量，以便盘点核对。

（6）组织有关部门准备好各种必要、精确的度量器具，印制好财产清查登记表。

（7）对银行存款和往来款项进行清查，应事先取得对账单，以便查对。

清查人员要将各项财产物资的盘点结果，逐一如实登记在盘点记录（盘存清单）中，列明所查财产物资的实存数量和款项及债权债务的实有数额，并由参加盘点的人员和实物保管人员同时签章生效。

**3. 财产清查完的工作**

清查人员需要根据盘存清单，填制财产清查结果报告表。财产清查结果报告表是指对实物清查后的数据进行汇总、统计后，填制的书面记录。

根据"财产清查结果报告表"和"盘点报告表"等已经查实的数据资料，编制记账凭证，记入有关账簿，使账簿记录与实际盘存数相符，同时将财产清查结果及处理建议报送股东大会或董事会、经理（厂长）会议或类似机构批准。

### 7.2.3 财产清查的盘存制度

财产清查的盘存制度是指确定财产物资账面结存数量的方法。财产清查的盘存制度包括永续盘存制和实地盘存制两种。

**1. 永续盘存制**

（1）永续盘存制的概念。

永续盘存制是指在会计核算过程中通过设置存货明细账，并根据会计凭证逐笔登记存货的收入数（增加）和发出数（减少），随时确定财产物资结存数的一种方法。

（2）永续盘存制的方法。

在收入和发出某项财产时，应根据有关会计凭证及时将收入数和发出数（包括收入数量和金额及发出数量和金额）登记在相应明细账簿的收入栏和发出栏，并将收入与发出所引起的该项财产的结存数额及时结出，登记在账簿的结存栏内。

（3）永续盘存制的计算公式如下。

$$账面期末结存数 = 账面期初结存数 + 本期增加数 - 本期减少数$$

账实是否相符，即清查的结果与账面结存数量是否一致，然后进一步认定财产的质量是否符合要求。

【情景7-1】2021年9月，北京市惠达股份有限公司钢筋的期初结存、本期购进和本期发出数额的资料如表7-4所示。

表7-4 钢筋收、发、结存资料

| 日期 | 摘要 | 数量/千克 | 单价/元 | 金额/元 |
|---|---|---|---|---|
| 9月1日 | 期初结存 | 2 000 | 50 | 100 000 |
| 9月4日 | 发出 | 1 800 | | |
| 9月6日 | 购进 | 3 500 | 50 | 175 000 |
| 9月10日 | 购进 | 2 000 | 50 | 100 000 |
| 9月20日 | 发出 | 5 000 | | |

根据表7-4，采用永续盘存制，登记A材料明细账。如图7-1所示。

原材料（钢筋）明细分类账

| 2021年 | | 凭证号 | | 摘要 | 借方 | | 金额 | 贷方 | | 金额 | 结余 | | 金额 |
|---|---|---|---|---|---|---|---|---|---|---|---|---|---|
| 月 | 日 | 字 | 号 | | 数量 | 单价 | | 数量 | 单价 | | 数量 | 单价 | |
| 9 | 1 | | | 期初余额 | | | | | | | 2000 | 50.00 | 100 000 00 |
| | 4 | 略 | | 发出 | | | | 1800 | 50.00 | 90 000 00 | 200 | 50.00 | 10 000 00 |
| | 6 | | | 购进 | 3500 | 50.00 | 175 000 00 | | | | 3700 | 50.00 | 185 000 00 |
| | 10 | | | 购进 | 2000 | 50.00 | 100 000 00 | | | | 5700 | 50.00 | 285 000 00 |
| | 20 | | | 发出 | | | | 5000 | 50.00 | 250 000 00 | 700 | 50.00 | 35 000 00 |
| | 30 | | | 本月发生额及金额 | 5500 | 50.00 | 275 000 00 | 6800 | 50.00 | 340 000 00 | 700 | 50.00 | 35 000 00 |

图7-1 原材料明细分类账

（4）永续盘存制的优缺点。

永续盘存制的优点是便于随时掌握财产物资的账面结存数，当发生溢缺时有利于查明原因、明确责任、及时纠正、加强财产物资的管理和控制。缺点是会计核算工作量较大。

**2. 实地盘存制**

（1）实地盘存制的概念。

实地盘存制是指在会计核算过程中，对于各

种财产物资,平时只登记收入数,不登记发出数,会计期末通过实地盘点确定实际盘存数,倒挤出本期发出财产物资数量的一种方法。

(2) 实地盘存制的具体做法。

① 对于某项财产的增减变动,平时只依据会计凭证将增加数量和金额登记在相应账簿的收入栏内。

② 对于该项财产的减少数,不在账簿中逐笔登记。

③ 结账时(一般为月末)根据实地盘点的数量作为账存数量,计算出结余金额,作为账存金额。

(3) 实地盘存制的计算公式。

$$\text{期初结存数} + \text{本期增加数} - \text{期末结存数} = \text{本期耗用或销售存货数}$$

期末结存数 = 实际库存数量 × 存货单位成本

$$\text{实际库存数量} = \text{实地盘点数量} + \text{已提未销数量} - \text{已销未提数量} + \text{在途数量本期减少数}$$

【情景 7-2】接【情景 7-1】资料,期末盘点该种材料的实际结存数量为 1 000 千克。采用实地盘存制,登记钢筋明细账。如图 7-2 所示。

钢筋单位成本 = $\dfrac{100\,000 + 17\,5000 + 100\,000}{2\,000 + 3\,500 + 2\,000}$ = 50(元/千克)

结余钢筋总成本 = 1 000 × 50 = 50 000(元)

本期发出钢筋数量 = 2 000 + 3 500 + 2 000 − 1 000 = 6 500(千克)

本期发出钢筋成本 = 6 500 × 50 = 325 000(元)

原材料(钢筋)明细分类账

| 2021年 | | 凭证字号 | 摘要 | 借方 | | | 贷方 | | | 结余 | | |
|---|---|---|---|---|---|---|---|---|---|---|---|---|
| 月 | 日 | | | 数量 | 单价 | 金额 | 数量 | 单价 | 金额 | 数量 | 单价 | 金额 |
| 9 | 1 | | 期初金额 | | | | | | | 2000 | 50.00 | 100000.00 |
| | 4 | 略 | 发出 | | | | | | | | | |
| | 6 | | 购进 | 3500 | 50.00 | 175000.00 | | | | | | |
| | 30 | | 购进 | 2000 | 50.00 | 100000.00 | | | | 1000 | 50.00 | 50000.00 |
| | 30 | | 发出 | | | | 6500 | 50.00 | 325000.00 | | | |
| | 30 | | 每月发生额及余额 | 5500 | 50.00 | 275000.00 | 6500 | 50.00 | 325000.00 | 1000 | 50.00 | 50000.00 |

图 7-2 原材料明细分类账

(4) 实地盘存制的优缺点。

实地盘存制的优点是会计核算工作量较小;缺点是不便于随时掌握财产物资的账面结存数和财产物资的溢缺情况,且手续不严密,倒挤出的财产物资的减少数中可能包括由于非正常因素导致的减少,不利于对财产物资的管理和控制。

## 7.2.4 财产清查的具体方法

**1. 库存现金的清查方法**

(1) 库存现金清查的种类。

① 日常自查。由出纳人员每日清点库存现金实有数,并与现金日记账余额相核对,这种经常性的现金清查工作,是出纳人员的职责。

② 专门清查。在出纳人员对库存现金进行经常性清查的基础上,由清查小组对库存现金进行定期或不定期清查。在清查时,为了明确经济责任,出纳人员必须在场,现金由出纳人员经手盘点,清查人员从旁监督,不允许使用不具有法律效力的借条、收据等抵充库存现金。专门清查时间应视企业的不同情况而定,对于以现金收支为主的单位,每

月应安排两次以上的专门清查；对于一般单位，至少应于月末结账前，对库存现金进行专门检查。

（2）库存现金清查的范围。

库存现金清查的范围包括：

①库存现金的实有数额与账面数额是否相符；

②库存现金是否按《现金管理暂行条例》的规定用途支出；

③库存现金余额是否超过银行规定的库存现金限额；

④有无白条抵库的情况；

⑤有无违反单位其他现金管理制度的情况。

（3）库存现金清查的方法。

库存现金清查采用的是实地盘点法，即出纳人员在专门清查人员的监督下清点保险柜内的现金，以确定库存现金的实有数额。然后将现金的实有数额与"现金日记账"的账面结存余额相核对，查明账实是否相符。

现金清查后，需填制"现金盘点报告表"，该表是对现金进行账项调整和对比分析的原始凭证，应由清查人员、出纳人员签名或盖章，并由会计机构负责人（会计主管人员）审核后签名或盖章。"现金盘点报告表"一般一式两联，一联为"报账联"，作为调整现金账簿记录的依据；另一联为"批复联"，作为处理现金盘盈或盘亏的依据。

**2. 银行存款的清查方法**

银行存款的清查通常采用与开户银行核对账目的方法，企业每月须将企业"银行存款日记账"与"银行对账单"逐笔、逐项进行核对并确定是否存在错弊。

银行存款的清查应按以下顺序进行。

（1）核对"银行存款日记账"与"银行对账单"余额。银行对账单是指由企业开户银行记录的反映该银行存款存入和使用情况的记录单。银行对账单如图7-3所示。

## 银行对账单

账号：9115623550012454658
单位：北京市惠达股份有限公司　　2021年10月10日

| 交易日期 | 交易摘要 | 票号 | 借方（支出） | 贷方（收入） | 余额 |
|---|---|---|---|---|---|
| 2021.10.01 | 期初余额 | | | | 600 000.00 |
| 2021.10.10 | 收到销货款 | 2326015 | | 200 000.00 | 800 000.00 |
| 2021.10.15 | 支付材料款 | 2345672 | 80 000.00 | | 720 000.00 |
| 2021.10.21 | 委托收款 | 6231890 | | 1 000.00 | 721 000.00 |
| 2021.10.21 | 支付水电费 | 6634557 | 1 000.00 | | 720 000.00 |
| 2021.10.31 | 结转下期 | | | | 720 000.00 |

图7-3　银行对账单

在将"银行存款日记账"与"银行对账单"进行核对时，首先应核对两者的余额。如果余额相符，则表明双方账簿记录正确。如果两者余额不符，则存在两种可能：一是双方或一方记账存在错误；二是存在未达账项。

（2）查找未达账项。未达账项是企业和银行之间由于记账时间不一致而导致的一方已经入账，而另一方未入账的事项。企业与银行之间的未达账项，分为以下四种情况。

①企业已收，银行未收，即企业已经收款入账，银行尚未收款入账的事项。

②企业已付，银行未付，即企业已经付款入账，银行尚未付款入账的事项。例如，企业开出转账支票并已入账，而持票人尚未到银行办理转账业务。

③银行已收，企业未收，即银行已经收款入

账，企业尚未收款入账的事项。

④银行已付，企业未付，即银行已经付款入账，企业尚未付款入账的事项。

(3) 编制银行存款余额调节表。银行存款余额调节表的编制方法是：以双方账面余额为基础，各自分别加上对方已收款入账而已方尚未入账的数额，减去对方已付款入账而己方尚未入账的数额。

具体公式为：

企业银行存款日记账余额＋银行已收企业未收款－银行已付企业未付款＝银行对账单存款余额＋企业已收银行未收款－企业已付银行未付款

"银行存款余额调节表"编制完毕后，如果调节后余额相符，则说明银行存款账实相符，应由清查人员、出纳人员和会计主管在"银行存款余额调节表"上签字后，存档保管。如果调节后余额不符，则说明企业和开户银行双方记账过程可能存在错误。属于开户银行错误，应当交由银行核查更正；属于企业错误，应查明错误所在，区别漏记、重记、错记或串记等情况，分别采用不同的方法进行更正。

(4) 将"银行存款余额调节表"调整平衡，经主管会计签章后，呈报开户银行。凡有几个银行户头以及开设有外币存款户头的单位，应分别按存款户头和币种开设"银行存款日记账"。每月底，应分别将各户头的"银行存款日记账"与各户头的"银行对账单"核对，并分别编制各户头的"银行存款余额调节表"。

【情景7-3】北京市惠达股份有限公司根据2021年8月基本存款账户的"银行存款日记账"（见图7-4）和本月底银行送来的"银行对账单"（见图7-5），查找未达账项并编制银行存款余额调节表（见图7-6）。

图7-4　银行存款日记账

## 银行对账单

账号：911562355012454658
单位：北京市惠达股份有限公司　　2021 年 8 月 31 日

| 交易日期 | 交易摘要 | 票号 | 借方（支出） | 贷方（收入） | 余额 |
|---|---|---|---|---|---|
| 2021.08.01 | 期初余额 | | | | 800 000.00 |
| 2021.08.10 | 收到销货款 | 2326015 | | 120 000.00 | 920 000.00 |
| 2021.08.16 | 支付材料款 | 2345672 | 100 000.00 | | 820 000.00 |
| 2021.08.21 | 委托收款 | 6231890 | | 90 000.00 | 910 000.00 |
| 2021.08.28 | 支付水电费 | 6634557 | 3 000.00 | | 907 000.00 |
| 2021.08.31 | 结转下期 | | | | 907 000.00 |

图 7-5　银行对账单

## 银行存款余额调节表

*2021 年 8 月 31 日*

| 项目 | 金额 | 项目 | 金额 |
|---|---|---|---|
| 企业方银行存款账面余额 | 864 000.00 | 银行方对账单余额 | 907 000.00 |
| 加：银行已收款记账、企业尚未记账的款项 | 3 000.00 | 加：企业已收款记账、银行尚未记账的款项 | 80 000.00 |
| 减：银行已付款记账、企业尚未记账的款项 | 90 000.00 | 减：企业已付款记账、银行尚未记账的款项 | 36 000.00 |
| 调节后的存款余额 | 951 000.00 | 调节后的存款余额 | 951 000.00 |

图 7-6　银行存款余额调节表

> **提示**
>
> 银行存款余额调节表不能作为编制会计分录的依据。对于银行已经入账、企业尚未入账的未达账项，应该在收到有关凭证后再进行账务处理。调节后的存款余额是企业可动用的银行存款实有数额。

### 3. 往来款项的清查方法

往来款项包括各种应收、应付、暂收、暂付的款项。

往来款项的清查一般采用发函询证的方法进行核对。一般程序如下。

（1）检查"往来明细账"余额。在清查之前，首先检查本单位各种往来款项账簿上的记录是否登记完毕，是否准确。

（2）编制往来款项对账单。往来款项对账单一般分为两联。第一联留在对方单位作为存根，是与往来单位进行核对的函证。该联次须根据"往来明细账"，注明需核对公司名称、结账日期、应收应付款金额等，并加盖单位印章后送达往来单位。第二联为回单，是往来单位核对后的回复函。如果对方单位核对相符，则应由往来单位在回单上注明"核对无误"字样，并盖章退回；如发现数额不符，则往来单位在回单上注明不符情况，或另抄将对账单和回单一并退回，作为进一步核对的依据。往来款项对账单以及往来款项对账单（回函）如图 7-7、图 7-8 所示。

往来款项对账单

北京市佳奇股份有限公司：

根据我单位账簿记录，贵公司与我单位的往来款项如下：

| 结账日期 | 欠贵公司 | 贵公司欠 |
|---|---|---|
| 2021 年 10 月 30 日止 | | 130 000 元 |

请贵公司核对无误后签章证明，将此信寄回，如有不符，请将情况（包括时间、内容、金额、不符原因）告知。

北京市惠达股份有限公司 财务专用章

单位签章

2021 年 10 月 30 日

图 7-7　往来款项对账单

往来款项对账单

（注：本函仅用于对账，如结账日期后已付清，仍请回函）

（回函）

北京市惠达股份有限公司：

卑函收悉，在来信所述的结账日期，本公司与贵单位的往来账目，经核对 相符

北京市佳奇股份有限公司 财务专用章

单位签章

2021 年 10 月 30 日

图 7-8　往来款项对账单（回函）

（3）编制往来款项清查结果报告单。往来款项清查结束后，应根据清查中发现的问题，及时编制“往来款项清查报告单”（如图 7-9 所示），列明核对相符与不符的金额。对于不相符金额，如果确实记录有误，则按规定手续进行更正；如果存在未达账项，则进行调整，待收到正式凭证后，再作账项调整。对于存在争议的款项以及无法收回的款项，应在报告单上列明详细情况，以便及时采取措施进行处理，以避免或减少坏账损失。

## 往来款项清查报告单

编制单位：北京市惠达股份有限公司　　2021年10月31日　　编号：02

| 明细分类账户 | | 清查结果 | | 核对不相符原因分析 | | | 备注 |
|---|---|---|---|---|---|---|---|
| 名称 | 账面余额 | 核对相符金额 | 核对不相符金额 | 未达账项金额 | 有争议款项金额 | 其他 | |
| 应收账款 | 130 000.00 | 130 000.00 | | | | | |
| | | | | | | | |
| | | | | | | | |
| | | | | | | | |

财务主管　李京　　　　　　　　　　　　　　　　　　　　　　出纳：冯晓晓

第二联：财务部门记账

图7-9　往来款项清查报告单

### 4. 实物的清查方法

实物财产主要包括原材料、在产品、库存商品、固定资产等。实物财产清查首先应对实物财产进行实地盘点，查明实物财产的实存数额；其次比较实存数额与账面数额是否存在差异。实物财产清查的程序和方法如下。

（1）盘点实物财产时保管人员必须在场，并参加盘点工作。对实物财产的数量进行清查的同时，还要对实物财产的质量进行鉴定。对于可以逐一点数、过磅、丈量的财产物资，进行逐一盘点；对包装完整的材料和商品等大件物资，确定数量，并进行抽查；对于量大、成堆、笨重且单位价格较低的物资，可以采用技术推算法确定数量或重量；在途实物清查可以采用外调核对法，核实账实是否相符。简而言之，就是要根据实物的特点，采取相应的方法进行清查，同时防止重查、漏查。

（2）登记盘存单。盘点实物财产后，应将盘点情况如实逐项登记在盘存单上，并由盘点人员和实物保管人员签章。盘存单如图7-10所示。

## 盘 存 单

编制单位：北京市惠达股份有限公司　2021年10月31日
存放地点：三号仓库　　　　财产类别：原材料　　　编号：028

| 序号 | 名称 | 规格 | 计量单位 | 盘点数量 | 单价 | 金额 | 备注 |
|---|---|---|---|---|---|---|---|
| 1 | 钢材 | | 千克 | 300 | 50.00 | 15 000.00 | |
| 2 | 钢板 | | 张 | 300 | 20.00 | 6 000.00 | |
| | | | | | | | |
| | | | | | | | |

盘点人：詹停　　　　　　　　　　　　　　　　　　　　　　保管人：张颖

第二联：财务部门记账

图7-10　盘存单

（3）编制账存实存对比表。盘点完毕，将"盘存单"中所记录的实存数与账面结存数进行核对，如果发现实物盘点结果与账面结存结果不相符，则根据"盘存单"和有关账簿记录，填制"账存实存对比表"，以确定实物财产的盘盈数或盘亏数。如图7-11所示。

图 7-11　账存实存对比表

# 任务 7.3　财产清查结果的处理

## 7.3.1　财产清查结果的处理

对于财产清查中发现的问题，如财产物资的盘盈、盘亏、毁损或其他各种损失，应核实情况，调查分析产生的原因，按照国家有关法律法规的规定，进行处理。对财产清查结果的处理，一般应做好以下几项工作。

（1）查明情况，分析原因，明确责任。

对财产清查发现的实存数与账面数的差异，即财产的盘盈、盘亏和毁损，应根据"实存账存对比表"和"现金盘点报告单"等资料，查明发生差异的原因和性质，明确经济责任。依据有关法令、制度规定，实事求是地提出处理意见。

（2）积极处理多余积压财产，清理往来款项。

对于财产清查中发现的超储积压物资，应分不同情况迅速组织处理，或内部消化，或对外销售，加速资金周转；对于利用率不高或闲置不用的固定资产，也应查明原因，积极处理，做到物尽其用；对于不能清算的债权债务，应派专人进行协调、催办，查明不能清算的原因，按照结算纪律和结算制度的要求进行处理。

（3）总结经验教训，建立健全各项管理制度。

对于财产清查中发现的问题和不足，应在查明问题、性质和原因的基础上，认真总结经验教训，制定改进工作的具体措施，建立健全财产物资管理制度，提高财产管理水平。

（4）调整账簿记录，达到账实相符。

对清查中发现的各项差异，会计上应分两步进行处理。第一步，将已查明的财产盘盈、盘亏或损失等，根据有关原始凭证，编制记账凭证，登记入账，使各项财产的账面金额与实存数一致；第二步，根据发生差异的性质和原因，按规定程序报经上级部门批准，待批准后编制相关记账凭证，对财产清查发现的差异进行账务处理。

### 7.3.2 财产清查结果处理的步骤与方法

对财产清查结果的处理可分为以下两种情况。

(1) 审批之前的处理。

根据"清查结果报告表""盘点报告表"等已经查实的数据资料，填制记账凭证，记入有关账簿，使账簿记录与实际盘存数相符，同时根据权限，将处理建议报股东大会、董事会、经理（厂长）会议或类似机构批准。

(2) 审批之后的处理。

企业清查的各种财产损溢，应于期末前查明原因，并根据企业的管理权限，经股东大会、董事会、经理（厂长）会议或类似机构批准后，在期末结账前处理完毕。企业应严格按照有关部门对财产清查结果提出的处理意见进行账务处理，填制有关记账凭证，登记账簿，并追回由于责任者原因造成的财产损失。

企业清查的各种财产损溢，如果在期末结账前未经批准，则应在对外提供财务报表时，先按上述规定进行处理，并在附注中做出说明；其后批准处理的金额与已处理金额不一致的，应调整财务报表相关项目的年初数。

### 7.3.3 财产清查结果的账务处理

**1. 设置"待处理财产损溢"账户**

为核算和监督企业在财产清查中查明的各项财产物资的盘盈、盘亏和毁损及其处理情况，企业应设置"待处理财产损溢"账户。

(1) 性质：资产类账户。

(2) 核算内容：核算和监督企业在财产清查中查明的各项财产物资的盘盈、盘亏和毁损及其处理情况。

(3) 明细设置：属于双重性质的资产类账户，下设"待处理流动资产损溢"和"待处理非流动资产损溢"两个明细账户。

(4) 账户结构："待处理财产损溢"账户结构如图7-12所示。

| 借　　　　待处理财产损溢　　　　贷 |
|---|
| 财产物资的盘亏数、毁损数和批准转销的财产物资盘盈数 \| 财产物资的盘盈数和批准转销的财产物资盘亏及毁损数 |
| 期末结账后应无余额 \| 期末结账后应无余额 |

图7-12 "待处理财产损溢"账户结构

**2. 现金的清查**

库存现金的盘盈与盘亏，在查明原因前，根据"现金盘点表"（报账联），通过"待处理财产损溢——待处理流动资产损溢"账户核算。待查明原因后，按规定程序报经股东大会、董事会、经理（厂长）会议等类似机构批准后，根据"现金盘点表"（批复联）转入有关账户，做到账实相符。

(1) 库存现金盘盈的账务处理。

在库存现金盘盈时，应及时办理库存现金的入账手续，调整库存现金账簿记录。即按盘盈的金额，借记"库存现金"账户，贷记"待处理财产损溢——待处理流动资产损溢"账户。

对于盘盈的库存现金，应及时查明原因，按管理权限报经批准后，按盘盈的金额，借记"待处理财产损溢——待处理流动资产损溢"账户，按需要支付或退还他人的金额，贷记"其他应付款"账户，按无法查明原因的金额，贷记"营业外收入"账户。

【情景7-4】北京市惠达股份有限公司2021年11月30日在现金清查中发现现金溢余700元。经查，上述现金溢余中有400元属于少支付给职员王达的款项，另外300元原因不明。

11月30日，会计人员根据"现金盘点表"（报账联略），编制如下会计分录：

借：库存现金　　　　　　　　　　700
　　贷：待处理财产损溢——待处理流动
　　　　　资产损溢　　　　　　　700

根据上述会计分录，填制记账凭证，登记"库存现金"日记账及总账，做到账实相符。

11月30日，经查上述现金溢余属于应支付给王达的现金，经批准后转入"其他应付款"账户，会计人员根据上级批复处理决定，编制如下会计分录：

借：待处理财产损溢——待处理流动
　　　资产损溢　　　　　　　　700
　　贷：其他应付款——王达　　　400
　　　　营业外收入　　　　　　　300

（2）库存现金盘亏的账务处理。

库存现金盘亏时，应及时办理盘亏确认手续，调整库存现金账簿记录。即按盘亏的金额，借记"待处理财产损溢——待处理流动资产损溢"账户，贷记"库存现金"账户。对于盘亏的库存现金，应及时查明原因，按管理权限报经批准后，按可收回的保险赔偿和过失人赔偿的金额，借记"其他应收款"账户，按管理不善等原因造成净损失的金额，借记"管理费用"账户，冲销"待处理财产损溢——待处理流动资产损溢"的贷方。

【情景7-5】北京市惠达股份有限公司2021年9月29日在现金清查中发现现金短缺500元。30日，经公司经理会议批准，短缺的500元由出纳人员自行赔偿。

9月29日，会计人员根据"现金盘点表"（报账联略），编制如下会计分录：

借：待处理财产损溢——待处理流动
　　　资产损溢　　　　　　　　500
　　贷：库存现金　　　　　　　　500

根据上述会计分录，登记"库存现金"日记账及总账，做到账实相符。

9月30日，经查上述现金短缺为出纳人员失职造成，由出纳人员冯晓晓赔偿。会计人员根据处理决定，编制如下会计分录：

借：其他应收款——冯晓晓　　　　500
　　贷：待处理财产损溢——待处理流动
　　　　　资产损溢　　　　　　500

### 3. 存货的清查

（1）存货盘盈的账务处理。

在存货盘盈时，应及时办理存货入账手续，调整存货账簿的实存数。盘盈的存货应按重置成本作为入账价值，借记"原材料""库存商品"等账户，贷记"待处理财产损溢——待处理流动资产损溢"账户。对于盘盈的存货，应及时查明原因，按管理权限报经批准后，冲减管理费用，即按入账价值，借记"待处理财产损溢——待处理流动资产损溢"账户，贷记"管理费用"账户。

【情景7-6】北京市惠达股份有限公司2021年9月28日在财产清查中发现仓库红木盘盈10块，市场价每块1 000元，共计10 000元。30日，经查红木盘盈是因计量不准造成的，报请公司经理会议批准后，做冲减管理费用处理。

9月28日，会计人员根据"盘存单"及"账存实存对比表"（报账联），调整有关账户的数额，编制如下会计分录：

借：原材料——红木　　　　　10 000
　　贷：待处理财产损溢——待处理流动
　　　　　资产损溢　　　　　10 000

根据上述会计分录，登记"原材料——红木"总账及明细账，做到账实相符。

9月30日，经查明，红木是因计量不准造成的，经批准冲减本月管理费用。会计人员根据"账存实存对比表"（批复联）编制如下会计分录：

借：待处理财产损溢——待处理流动
　　　资产损溢　　　　　　10 000
　　贷：管理费用　　　　　　　10 000

（2）存货盘亏的账务处理。

存货盘亏时按盘亏金额，借记"待处理财产损溢——待处理流动资产损溢"账户，贷记"原材料""库存商品"等账户。涉及增值税的，还应进行相应处理。

对于盘亏的存货，应及时查明原因，按管理

权限报经批准后，按可收回的保险赔偿和过失人赔偿的金额，借记"其他应收款"账户；按管理不善等原因造成净损失的金额，借记"管理费用"账户；按自然灾害等原因造成净损失的金额，借记"营业外支出"账户，冲销"待处理财产损溢——待处理流动资产损溢"的贷方。

【情景7-7】北京市惠达股份有限公司2021年10月28日盘亏废钢10千克，实际总成本100元，红木毁损10块，实际总成本1 000元。经查废钢属于自然损耗产生的定额内损耗；红木是管理不善造成的毁损，预计可收回残料500元，应向保管人员吴丽索赔200元，尚未收到保管人员的赔款（假定不考虑增值税）。

在报经批准前，根据"账存实存对比表"确定的材料盘亏数调整账面记录，编制会计分录如下：

借：待处理财产损溢——待处理流动
　　　　资产损溢　　　　　　1 100
　　贷：原材料——废钢　　　　100
　　　　　　　——红木　　　1 000

经批准后，转销材料盘亏的会计分录如下：

借：管理费用　　　　　　　　　400
　　其他应收款——吴丽　　　　200
　　原材料　　　　　　　　　　500
　　贷：待处理财产损溢——待处理流动资
　　　　　　产损溢　　　　　1 100

### 4. 固定资产的清查

（1）固定资产盘盈的账务处理。

企业在财产清查过程中盘盈的固定资产，经查明确属企业所有，按管理权限报经批准后，应根据盘存凭证填制固定资产交接凭证，经有关人员签字后送交企业会计部门，填写固定资产卡片，并作为前期差错处理，通过"以前年度损益调整"账户核算。盘盈的固定资产通常按重置成本作为入账价值，借记"固定资产"账户，贷记"以前年度损益调整"账户。涉及增值税、所得税和盈余公积的，还要按相关规定处理。

【情景7-8】北京市惠达股份有限公司在财产清查过程中，发现一台未入账的设备，重置成本为30 000元。该盘盈固定资产作为前期差错进行处理。不考虑增值税，该企业在盘盈固定资产时，应做如下会计处理：

借：固定资产　　　　　　　30 000
　　贷：以前年度损益调整　　30 000

（2）固定资产盘亏的账务处理。

固定资产盘亏时，应及时办理固定资产注销手续，按盘亏固定资产的账面价值，借记"待处理财产损溢——待处理固定资产损溢"账户，按已提折旧额，借记"累计折旧"账户，按其原价，贷记"固定资产"账户。

对于盘亏的固定资产，应及时查明原因，按管理权限报经批准后，按过失人及保险公司应赔偿的金额，借记"其他应收款"账户，按盘亏固定资产的原价扣除累计折旧和过失人及保险公司赔偿后的差额，借记"营业外支出"账户，按盘亏固定资产的账面价值，贷记"待处理财产损溢——待处理固定资产损溢"账户。

【情景7-9】北京市惠达股份有限公司在财产清查中发现短缺设备一台，账面原价60 000元，已提折旧20 000元（假定不考虑增值税）。

在报经批准前根据"账存实存对比表"确定的固定资产盘亏数，调整账簿记录。企业编制会计分录如下：

借：待处理财产损溢——待处理固定
　　　　资产损溢　40 000
　　累计折旧　　　20 000
　　贷：固定资产　　　　　　60 000

在批准后，根据批准处理意见，转销固定资产盘亏的会计分录如下：

借：营业外支出　　　　　　40 000
　　贷：待处理财产损溢——待处理固定
　　　　　　资产损溢　40 000

# 项目小结

本项目介绍了财产清查的概念、造成账实不符的原因、财产清查的意义、财产清查的种类、财产清查的准备工作、财产清查的盘存制度、财产清查的具体方法、财产清查结果的处理、财产清查结果处理的步骤与方法、财产清查结果的账务处理。

# 思考与练习

## 一、单项选择题

1. 对现金进行盘点时，盘点结果应编制的原始凭证是（ ）。
   A. 盘存单　　　　B. 账存实存对比表
   C. 库存现金报告表　D. 银行对账单

2. 银行存款清查中发现的未达账项，应通过编制（ ）来检查调整后的账面余额是否相符。
   A. 账存实存对比表
   B. 盘存单
   C. 对账单
   D. 银行存款余额调节表

3. 对于往来款项，清查方法一般采用（ ）。
   A. 实地盘点法　　B. 技术推算法
   C. 询证法　　　　D. 核对账目法

4. 库存现金清查中对于无法查明原因的长款，经批准应计入（ ）。
   A. 其他应收款　　B. 其他应付款
   C. 营业外收入　　D. 管理费用

5. 无法查明原因的现金溢余应该记入（ ）科目。
   A. 管理费用　　　B. 营业外收入
   C. 销售费用　　　D. 其他业务收入

6. 财产清查的目的是达到（ ）。
   A. 账账相符　　　B. 账证相符
   C. 账实相符　　　D. 账表相符

7. 财产物资的盘盈是指（ ）。
   A. 账存数大于实存数
   B. 实存数大于账存数
   C. 由于记账差错多记的金额
   D. 由于记账差错少记的金额

8. 出纳员每日业务终了对现金进行清点属于（ ）。
   A. 局部清查和不定期清查
   B. 全面清查和定期清查
   C. 局部清查和定期清查
   D. 全面清查和不定期清查

9. 企业银行存款日记账与银行对账单的核对，属于（ ）。
   A. 账实核对　　　B. 账证核对
   C. 账账核对　　　D. 账表核对

10. 在记账无误的情况下，银行对账单与企业银行存款日记账账面余额不一致是（ ）。
    A. 应付账款造成的
    B. 由于未达账项造成的
    C. 由于坏账损失造成的
    D. 应收账款造成的

## 二、多项选择题

1. 财产清查的方法有（　　）。
   A. 技术推算法　　B. 收付实现制
   C. 发函询证法　　D. 实地盘存法

2. "待处理财产损溢"账户下应设置（　　）明细账户。
   A. 待处理固定资产损溢
   B. 待处理流动资产损溢
   C. 待处理非流动资产损溢
   D. 待处理现金资产损溢

3. 固定资产盘亏的核算业务涉及的账户有（　　）。
   A. 营业外支出　　B. 以前年度亏损
   C. 累计折旧　　　D. 其他应收款

4. 对于盘亏的财产物资，经批准后进行会计处理，可能涉及的借方账户有（　　）。
   A. 管理费用　　　B. 营业外支出
   C. 待处理财产损溢　D. 其他应收款

5. 财产清查的内容包括（　　）。
   A. 货币资金　　　B. 财产物资
   C. 应收、应付款项　D. 交易性金融资产

6. 库存现金清查的内容包括（　　）。
   A. 是否挪用现金
   B. 是否白条抵库
   C. 是否超限额留存现金
   D. 账实是否相符

7. 不定期清查适用于（　　）的情况。
   A. 更换财产保管人　B. 发生自然损害
   C. 发生意外损失　　D. 更换现金保管人

8. 在财产清查过程中，应编制并据以调整账面记录的原始凭证有（　　）。
   A. 库存现金盘点报告单
   B. 银行存款余额调节表
   C. 财产物资查盘存单
   D. 财产清查盈亏明细表

9. 清查库存现金时发现的现金溢余，经核查后属于支付给其他单位的款项，则应（　　）。
   A. 借记"待处理财产损溢——待处理流动资产损溢"
   B. 贷记"待处理财产损溢——待处理流动资产损溢"
   C. 借记"其他应收款"
   D. 贷记"其他应收款"

10. 下列有关财产清查目的的说法正确的是（　　）。
    A. 账账相符　　　B. 账证相符
    C. 账实相符　　　D. 账表相符

## 三、判断题

1. 财产清查是保证账证、账账、账实一致的重要手段和方法。（　）

2. 为便于反映财产清查盘盈盘亏情况，企业会计上应设置"待处理财产损溢"账户，借方登记财产的盘亏、毁损数额以及盘盈的转销数，贷方登记财产的盘盈数额以及盘亏的转销数。（　）

3. 无法查明原因造成的现金短缺应记入营业外支出账户。（　）

4. 对于流动资产的盘盈一般冲减管理费用，固定资产盘盈作为前期差错更正。（　）

5. 未经批准转销，存货的盘盈应通过"待处理财产损溢"账户进行核算。（　）

6. 财产清查就是指对各种实物财产的清查。（　）

7. 在财产清查中，需要将清查盘点的结果与有关的账簿记录资料进行查对，这里所说的"有关账簿"指的是总分类账簿。（　）

8. 财产清查是在账簿中对交易或事项既反映价值量又反映实物量的一种方法。（　）

9. 库存现金清查的基本方法是将库存现金日记账与银行对账单进行核对。（　）

10. 公司对银行存款的清查应在公司内部进行。（　）

## 四、简答题

1. 进行财产清查有什么意义？
2. 什么是未达账款？企业与开户银行之间的未达账款主要有哪几种？
3. 财产清查应做好哪些准备工作？
4. 怎么进行实物的清查？

# 项目 8 会计报表

### 知识目标

◎ 了解会计报表的意义和作用；
◎ 掌握资产负债表的格式；
◎ 掌握利润表的格式；
◎ 掌握所有者权益变动表的格式；
◎ 掌握现金流量表的格式。

### 技能目标

◎ 知晓会计报表的编制要求；
◎ 掌握资产负债表的编制方法；
◎ 掌握利润表的编制方法；
◎ 掌握所有者权益变动表编制方法；
◎ 掌握现金流量表编制方法。

### 案例导入

陈先生是南方股份有限公司（以下简称"南方股份"）的忠实投资者，从三年前南方股份上市以来，他便一直持有南方股份的股票。南方股份是一家从事有色金属冶炼及压延加工的公司，陈先生虽然持有份额不多，但是其半生积蓄，因而他对涉及南方股份的各方面信息尤为关注。一直以来，南方股份稳定的行业发展前景以及每年不俗的业绩表现令陈先生颇感欣慰，投资前景本是波澜不惊，然而，南方股份2017年4月公布的年报却令陈先生心有不平。其中令陈先生最为不满的是，持股三年来公司一直处于盈利状态，而且近两年来利润增长更为迅速，业绩发展水平高居同行业榜首，可却从未分过红利。尤其是 2018 年，在净资产收益率高出同行业平均水平 2 倍的情况下，公司还是捂紧口袋，不肯分红。随着这种不满情绪的高涨，陈先生突然心生疑窦——莫非报表上的利润有水分，公司拿不出钱来分红？乱了心绪的他立即找到在咨询公司工作的朋友张先生，请他分析一下自己捧在手里奉若明珠的股票究竟是垃圾、鸡肋，还是煮在锅里的肥肉。

#### 案例思考

张先生在阅读了南方股份的年度报告后，运用高度的职业敏感列出了一些有用的信息，给了陈先生一个满意的答复。如果你是张先生，你将从哪些方面入手搜集信息？将对哪些信息进行深入分析？

### 本章导语

会计报表是反映企业财务状况、经营成果和现金流量的一种报告，是会计核算工作的最终环节。根据财务人员提供的会计报表，管理人员能够了解本单位的财务情况，改善管理水平，提高经济效益。

# 任务 8.1  会计报表概述

## 8.1.1  会计报表的概念和作用

**1. 会计报表的概念**

会计报表是以会计账簿为主要依据，以货币为计量单位，全面、总括地反映会计主体在一定时期内财务状况、经营成果和现金流量的报告文件。

会计报表是会计核算的最终成果。企业在日常会计核算中，对经营过程中发生的各项经济业务，分别通过设置账户、复式记账、填制和审核凭证、登记账簿、成本计算、财产清查等会计核算方法，反映在各种会计账簿中。会计账簿资料是根据会计凭证分类汇总登记的，虽然比会计凭证反映的信息更具条理化、系统化，但是就其某一会计期间的经营过程整体而言，其所提供的会计信息仍然是不完整的，不能集中且简明扼要地反映公司经营过程的全貌。因此，定期对会计账簿资料进行归集、加工、汇总，编制各种会计报表，为有关方提供总括性的会计信息，是企业一项重要的会计工作。

**2. 会计报表的作用**

会计报表可供各有关方使用，其作用主要体现在以下几个方面。

（1）为政府管理部门进行宏观经济管理政策、经济决策提供有用信息。

会计报表是国家经济管理部门制定宏观经济管理政策、经济决策的重要信息来源。国家经济管理部门通过基层单位会计报表提供的会计信息，可以了解和掌握各地区、各部门的经济发展情况，通过制定有关法律和制度，调节、规范和引导各行业、各部门的经济行为，从而进行宏观调控，以保证国民经济的正常运行。财政、税务和审计部门，通过会计报表提供的信息，可以检查企业遵守国家财务制度和财经纪律的情况，检查企业资金的使用情况及成本的计算情况，检查企业利润的形成和分配情况，检查企业税金的计提和缴纳情况等，以便对企业行使管理、监督和检查职责。

（2）为投资者决策提供有用信息。

会计报表是企业投资者进行决策的重要依据。投资者通过会计报表提供的信息，了解企业的财务状况、生产经营状况和现金流量状况，进而判断投资风险和投资报酬，预测公司未来的发展前景，以便进行正确的投资决策。

（3）为债权人提供决策有用信息。

会计报表也是企业债权人进行决策的重要依据。债权人主要关心企业的偿债能力，通过会计报表所提供的信息，了解企业的财务状况、生产经营状况和现金流量状况，进而判断企业的偿债能力，有助于债权人进行信贷决策和赊销决策。

（4）为企业内部管理提供所需要的信息。

会计报表是企业内部加强经营管理的重要依据。企业领导层和各职能部门通过会计报表所提供的信息，可以了解各项计划的执行情况和预算的完成情况，总结、分析企业生产经营中存在的具体问题，制定改进措施，不断改善经营管理、提高经营管理水平，有助于企业就未来规划和长远发展做出正确决策。

## 8.1.2 会计报表的分类

**1. 按编报期间不同，会计报表分为中期财务报表和年度财务报表**

（1）中期财务报表是指以短于一个完整会计年度的报告期间为基础编制的财务报表，包括月报、季报和半年报等。

中期财务报表应当包括以下内容：资产负债表、利润表、现金流量表、附注。其中，资产负债表、利润表、现金流量表应相当于完整报表，其格式和内容应当与年度财务报表相一致；附注可以较年度财务报表适当简略。

（2）年度财务报表是指以一个完整的会计年度（自公历1月1日起至12月31日止）为基础编制的财务报表。年度财务报表一般包括，资产负债表、利润表、现金流量表、所有者权益变动表和附注等内容。

**2. 按编报主体不同，会计报表分为合并财务报表和个别财务报表**

（1）合并财务报表反映的是母公司和子公司所组成的企业集团整体的财务状况和经营成果，反映的对象是由若干法人组成的会计主体，是经济意义上的会计主体，而不是法律意义上的主体。

（2）个别财务报表反映的是单个企业法人的财务状况和经营成果，反映的对象是企业法人。对于由母公司和若干个子公司组成的企业集团来说，母公司和子公司编制的个别财务报表分别反映母公司本身或子公司本身的财务状况和经营成果，而合并财务报表则反映由母公司和子公司组成的集团这一会计主体综合的财务状况和经营成果。

**3. 按所反映的经济内容不同，会计报表分为静态报表和动态报表**

（1）静态报表是综合反映企业某一特定日期资产、负债和所有者权益状况的报表，如资产负债表。

（2）动态报表是综合反映企业一定时期的经营情况、财务成果、所有者权益变动情况的报表，如利润表、现金流量表、所有者权益变动表。

## 8.1.3 会计报表的编制要求

各单位对外报送的会计报表应当根据《企业会计准则》规定的项目和要求编制；单位内部使用的会计报表，其格式和要求由各单位自行规定。

**1. 会计报表的编制要求**

会计报表应根据登记完整、核对无误的会计账簿资料编制，做到数字真实、计量准确、内容完整、说明清楚、报送及时。

（1）数字真实。

编制会计报表必须如实反映财务状况和经营成果情况，不能用估计数代替实际数，更不能弄虚作假、篡改数字、隐瞒谎报。

（2）计算准确。

账簿记录是编制会计报表的主要依据，在编制会计报表时，必须首先保证账簿数字计算准确。在对已经发生的经济活动和财务收支事项全部登记入账的基础上，通过编制总分类账户本期发生额试算平衡表来验算账目有无错漏，为正确编制会计报表提供可靠数据。编制完成后，还必须认真复核，做到账与表之间、表与表之间相关数字相符。

（3）内容完整。

每个单位都必须按照统一规定的报表种类、格式和内容编制会计报表，以保证会计报表的完整性。对不同的会计期间（月、年）要求编制的各种会计报表，必须编制齐全；应当填列的指标，无论是表内项目还是补充资料，都必须全部填列；应当汇总编制的所属单位的会计报表，必须全部汇总，不得漏编、漏报。

（4）说明清楚。

会计报表需要加以说明的问题，应附有简要的文字说明，对会计报表中主要指标的构成和计算方法，本报告期发生的特殊情况，如经营范围变化、经营结构变更以及本报告期经济效益影响较大的各种因素等，都应加以说明。

（5）报送及时。

会计报表必须遵照国家或上级机关规定的期限和程序及时编制、及时报送。要保证会计报表编报及时，必须加强日常的核算工作，认真做好记账、算账、对账、财产清查、账项调整等工作，以确保会计报表的及时报送。但是不能为赶编会计报表而提前结账，更不能因为提前报送而影响报表质量。

**2. 财务报表编制的原则性要求**

（1）企业应当以持续经营为基础，根据实际发生的交易或事项，按照企业会计准则的规定进行确认和计量，并在此基础上编制财务报表。

（2）财务报表项目的列报应当在各个会计期间保持一致，不得随意变更，但下列情况除外：

①企业会计准则要求改变财务报表项目的列报；

②企业经营业务的性质发生重大变化后，变更财务报表项目的列报能够提供更可靠、更相关的会计信息。

（3）在编制财务报表过程中，企业应当考虑报表项目的重要性。

（4）财务报表中资产项目和负债项目的金额、收入项目和费用项目的金额不得相互抵销，其他会计准则另有规定的除外。

（5）当期财务报表的列报，应至少提供所有列报项目上一可比会计期间的比较数据，以及与理解当期财务报表相关的说明，但其他会计准则另有规定的除外。如资产负债表中的"期末余额"与"年初余额"，利润表中的"本期金额"和"上期金额"等。

（6）企业应在财务报表的显著位置至少披露下列各项：

①编报企业的名称；

②资产负债表日或财务报表涵盖的会计期间；

③人民币金额单位；

④财务报表是合并财务报表的，应当予以标明。

（7）企业应至少按年编制财务报表。年度财务报表涵盖的期间短于1年的，应当披露年度财务报表的涵盖期间，以及短于1年的原因。

# 任务 8.2 编制会计报表前的账项调整任务

企业的生产经营活动是一个循环的过程，为了及时向与企业有关的各方提供会计信息，需要将企业连续不断的生产经营过程人为地划分为会计期间。会计期间的划分可能涉及收入和费用归属期的确认，而归属期可能与收付期不同。收入和费用的收付期，是指收入实际收到和费用实际支出的期间；收入和费用的归属期，是指在权责发生制下收入与费用确认的期间。在日常经济业务中，有些款项虽已收到入账，但它不属于本期的收入；有些款项虽已支付，但它不属于本期的费用。所以，在结账和编制会计报表前必须对这些账项按归属期进行调整。通过调整，合理确定各期的收入和费用，并将费用与收入进行配比，正确计算各期的经营成果。

期末，在编制会计报表前需要进行账项调整的业务有应计收入、应计费用、预收收入、预付费用等四种类型。

## 8.2.1 应计收入的调整

应计收入也称"应收收入",是指会计期内已实现(赚取)但尚未收到款项的各项收入,如应收利息、应收租金等。

凡属于本期应得的收入,虽然未收取现金,但在计算本期损益时必须加以确认。所以,在期末时要运用会计调整方法,一方面将归属本期应收的收入先行登记入账并列入利润表;另一方面将未收款项的收账权利确认为应收款项,列入资产负债表。

> **提示**
> 按权责发生制原则,凡属于本期的收入,不管其款项是否收到,都应作为本期的收入,在期末时调整入账。

【情景 8-1】北京市惠达股份有限公司在 2021 年 7 月初,将闲置的仓库租赁给北京市智诚有限公司存放商品,租期为 6 个月,租金为 4 800 元。租赁合同规定,每季度末北京市智诚有限公司向本单位支付季度租金。按权责发生制原则,本单位应确认 7 月的租金收入为 800 元。账项调整如下:

借:其他应收款 —— 北京市
　　智诚有限公司　　800
贷:其他业务收入　　800

8 月末、9 月末确认租金收入的账项调整与 7 月编制的会计分录相同。当 9 月末本单位收到北京市智诚有限公司付来的季度租金收入 2 400 元时,账项调整如下:

借:银行存款　　2 400
贷:其他应收款 —— 北京市
　　智诚有限公司　2 400

将以上应计收入业务进行账项调整后登记入账。

> **提示**
> 应计收入是一种属于债权性质的资产。

## 8.2.2 应计费用的调整

应计费用是会计学中一项重要知识(也称"应付费用""应计负债"),是已经发生但尚未支付的费用。

应计费用是指让企业在本期受益的支出,理应归属于本期发生的费用,但由于这些费用尚未支付,因此在日常账簿记录中尚未登记入账,如应付银行的借款利息费用、应付租金费用、应交税费等。

应计费用的调整一方面要确认费用,另一方面要增加负债。费用确认后于结账时转入"本年利润"账户,负债则于下期支付时再予以冲销。

> **提示**
> 按照权责发生制原则,凡属于本期的费用,不管其款项是否支付,都应作为本期费用处理,期末时将那些属于本期但尚未支付的费用调整入账。

【情景 8-2】北京市惠达股份有限公司在 2021 年 7 月初,向银行取得贷款,按合同规定,借款利息按季结算,即在每个季度的最后一个月结算借款利息。公司 7 月末、8 月末、9 月末各月预提应付银行借款利息费用 2 000 元。会计分录如下:

借:财务费用　　2 000
贷:应付利息　　2 000

9 月末,公司按合同规定,支付第三季度银行借款利息共计 6 000 元,编制会计分录如下:

借:应付利息　　6 000
贷:银行存款　　6 000

如果出现预提入账的利息支出与实际的利息支出不一致时,按差额调整财务费用。当全季利息支出额大于预提入账的金额时,按差额借记"财务费用"账户,贷记"应付利息"账户;当全季利息支出额小于预提金额时,按差额借记"应付利息"账户，贷记"财务费用"账户。

【情景8-3】北京市惠达股份有限公司第三季度每月预提入账的利息支出均为2 000元，全季共计6 000元，而银行通知单注明，北京市惠达股份有限公司第三季度银行存款利息支出为5 700元，即实际利息支出比预提入账的金额少300元。这时应将差额300元借记"财务费用"账户。

借：应付利息　　　　　　　　　　　6 000
　贷：财务费用　　　　　　　　　　　300
　　　银行存款　　　　　　　　　　5 700

> **提示**
> 应计费用是一种负债。

### 8.2.3 预收收入的调整

预收收入是指本期已收款，而不属于或不完全属于本期收入款项的账项调整，本期已收款入账但尚未向付款单位提供商品、劳务等的款项，叫"预收款项"。

预收账款是一种负债性质的预收收入，不应归属于本期收入。当商品或劳务在本会计期间已全部或部分提供后，应在期末将预收款项全部或部分结转为本期收入，这就是预收收入的账项调整。

> **提示**
> 按照权责发生制原则，收入的实现不以收到款项为标准，在采用预收货款结算方式下，应该对这部分预收收入进行账项调整。

【情景8-4】北京市惠达股份有限公司8月按购销合同规定，预先收取北京市世友家具公司购买全部商品货款160 000元30%的定金48 000元，存入银行。会计分录如下：

借：银行存款　　　　　　　　　　48 000
　贷：预收账款——北京市
　　　　世友家具公司　　　　　　48 000

【情景8-5】接【情景8-4】中资料，按购销合同规定，为北京市世友家具公司发出商品，货款为160 000元，增值税20 800元。北京市世友家具公司将剩余款项全部付清，本单位将其存入银行。会计分录如下：

借：银行存款　　　　　　　　　　132 800
　　预收账款——北京市
　　　　世友家具公司　　　　　　48 000
　贷：主营业务收入　　　　　　　160 000
　　　应交税费——应交增值税
　　　　（销项税额）　　　　　　20 800

### 8.2.4 预付费用的调整

预付费用是指本期已实际付款，但应由本期和以后各期分别负担的费用，如预付报刊订阅费、预付财产保险费等。

> **提示**
> 按照权责发生制原则，费用的归属期不以实际支付款项期为标准，而是以受益期为归属期，因此应该对这部分预付费用进行账项调整。

【情景8-6】北京市惠达股份有限公司以银行存款预付下半年度报刊订阅费9 000元。预付下半年的报刊订阅费，应由下半年的各月共同负担。所预付的报刊订阅费有预付费用的性质。因此，预付时，应借记"预付账款——报刊订阅费"账户，贷记"银行存款"账户。会计分录如下：

借：预付账款——报刊订阅费　　　9 000
　贷：银行存款　　　　　　　　　　9 000

各月应摊销的报刊订阅费用，月末应借记"制造费用"或"管理费用"账户，贷记"预付账款——报刊订阅费"账户。

【情景8-7】接【情景8-6】中资料，月末，分摊应由本期负担的报刊订阅费1 500元。其中：生产车间应负担900元，行政管理部门应负担600元。会计分录如下：

借：制造费用　　　　　　　　900
　　管理费用　　　　　　　　600
　　贷：预付账款——报刊订阅费　1 500

**提示**
预付费用是一种属于债权性质的资产。

除四种业务类型外，还有一些其他账项，如固定资产折旧费、应收账款的坏账准备、存货的盘盈盘亏等，也需要在期末进行账项调整。

## 任务8.3　资产负债表

### 8.3.1　资产负债表的概念

资产负债表属于静态报表，是反映企业某一特定日期财务状况的财务报表。该报表是根据会计恒等式"资产＝负债＋所有者权益"，按照一定分类标准和一定顺序，对企业在一定日期的资产、负债、所有者权益各项目进行适当排列，并对日常工作中形成的大量数据进行整理后编制而成的。

企业的财务状况会随着企业经济业务的开展不断变化，而资产负债表只反映期末或编报日特定时点的财务状况，同一企业不同日期的资产负债表反映的财务状况各不相同。因此，该表是反映企业静态财务状况的一种基本报表。一般要求按月、按年编制。

### 8.3.2　资产负债表的内容和结构

**1. 资产负债表的内容**

资产负债表主要包括以下三方面内容。

（1）资产。

企业在某一特定日期所拥有或控制的经济资源的数量及各类经济资源的构成情况，包括流动资产、长期投资、固定资产、无形资产等。

（2）负债。

企业在某一特定日期所承担的债务数量及债务的构成情况，包括各项流动负债和长期负债。

（3）所有者权益。

企业投资者在某一特定日期拥有的净资产数量及所有者权益的构成情况，包括投资者投入的资本、资本公积、盈余公积和未分配利润。

**2. 资产负债表的结构**

资产负债表一般由表头、表体、表尾三部分组成。表头部分列示报表的名称、编制单位、编报时间、报表编号、货币单位等；表体部分是资产负债表的主体和核心，主要列示资产、负债、所有者权益等项目；表尾部分主要是对表体的内容进行补充说明，它提供企业和有关部门需要了解的有关指标的详细内容。

资产负债表的格式一般有两种，即报告式资产负债表和账户式资产负债表。

（1）报告式资产负债表。

报告式资产负债表，也称"垂直式资产负债表"，是将资产、负债和所有者权益项目采用垂直分列的形式排列于表格的上下。其简化格式如表8-1所示。

表 8-1　资产负债表（报告式）

编制单位：北京市惠达股份有限公司　　2021年12月31日　　　　　　　　　　　　　　　　单位：元

| 资　产 | |
|---|---|
| 流动资产 | 360 000.00 |
| 非流动资产 | 1 380 000.00 |
| 　资产总计 | 1 740 000.00 |
| 负　债 | |
| 流动负债 | 240 000.00 |
| 非流动负债 | 300 000.00 |
| 　负债合计 | 540 000.00 |
| 所有者权益 | |
| 实收资本 | 550 000.00 |
| 资本公积 | 90 000.00 |
| 盈余公积 | 150 000.00 |
| 未分配利润 | 410 000.00 |
| 　所有者权益合计 | 1 200 000.00 |
| 　负债及所有者权益总计 | 1 740 000.00 |

（2）账户式资产负债表。

账户式资产负债表是根据"资产＝负债＋所有者权益"这一会计等式，以等号为界，将资产项目列示在报表左方，将负债和所有者权益项目列示在报表右方，且资产项目的余额一般在借方，负债和所有者权益的余额一般在贷方，从而就形成了借贷记账法下"T"形账户的基本格式。通过左右两方"资产总计"和"负债及所有者权益总计"相等来检验资产负债表编制的正确性。资产负债表的内容及格式规范，如表8-2所示。

表 8-2　资产负债表（账户式）

会企01表

编制单位：　　　　　　　　　　年　月　日　　　　　　　　　　　　　　　　单位：

| 资　产 | 期末余额 | 年初余额 | 负债和所有者权益（或股东权益） | 期末余额 | 年初余额 |
|---|---|---|---|---|---|
| 流动资产 | | | 流动负债 | | |
| 　货币资金 | | | 　短期借款 | | |
| 　交易性金融资产 | | | 　交易性金融负债 | | |
| 　衍生金融资产 | | | 　衍生金融负债 | | |
| 　应收票据 | | | 　应付票据 | | |
| 　应收账款 | | | 　应付账款 | | |

续表

| 资　产 | 期末余额 | 年初余额 | 负债和所有者权益（或股东权益） | 期末余额 | 年初余额 |
|---|---|---|---|---|---|
| 应收款项融资 | | | 预收款项 | | |
| 预付款项 | | | 合同负债 | | |
| 其他应收款 | | | 应付职工薪酬 | | |
| 存货 | | | 应交税费 | | |
| 合同资产 | | | 其他应付款 | | |
| 持有待售资产 | | | 持有待售负债 | | |
| 一年内到期的非流动资产 | | | 一年内到期的非流动负债 | | |
| 其他流动资产 | | | 其他流动负债 | | |
| 　流动资产合计 | | | 　流动负债合计 | | |
| 非流动资产 | | | 非流动负债 | | |
| 　债权投资 | | | 　长期借款 | | |
| 　其他债权投资 | | | 　应付债券 | | |
| 　长期应收款 | | | 　　其中：优先股 | | |
| 　长期股权投资 | | | 　　　　　永续债 | | |
| 　其他权益工具投资 | | | 　租赁负债 | | |
| 　其他非流动金融资产 | | | 　长期应付款 | | |
| 　投资性房地产 | | | 　预计负债 | | |
| 　固定资产 | | | 　递延收益 | | |
| 　在建工程 | | | 　递延所得税负债 | | |
| 　生产性生物资产 | | | 　其他非流动负债 | | |
| 　油气资产 | | | 　非流动负债合计 | | |
| 　使用权资产 | | | 负债合计 | | |
| 　无形资产 | | | 所有者权益（或股东权益） | | |
| 　开发支出 | | | 　实收资本（或股本） | | |
| 　商誉 | | | 　其他权益工具 | | |
| 　长期待摊费用 | | | 　　其中：优先股 | | |
| 　递延所得税资产 | | | 　　　　　永续债 | | |
| 　其他非流动资产 | | | 　资本公积 | | |
| 　非流动资产合计 | | | 　减：库存股 | | |
| | | | 　其他综合收益 | | |
| | | | 　专项储备 | | |
| | | | 　盈余公积 | | |
| | | | 　未分配利润 | | |
| | | | 所有者权益（或股东权益）合计 | | |
| 资产总计 | | | 负债和所有者权益（或股东权益）总计 | | |

## 8.3.3 资产负债表的编制方法

**1. 资产负债表的填列内容**

资产负债表各项目均需要填列"年初余额"和"期末余额"两栏内容。其中"年初余额"栏内各项目的数据，应根据上年末资产负债表的"期末余额"栏内所列数据直接填列；"期末余额"栏应根据总分类账户和明细分类账户的期末余额填列。具体有以下几种填列方法。

（1）根据有关总账账户的期末余额直接填列。

"交易性金融资产""工程物资""固定资产清理""递延所得税资产""短期借款""交易性金融负债""应付票据""应付职工薪酬""应交税费""应付利息""应付股利""其他应付款""专项应付款""预计负债""递延所得税负债""实收资本（或股本）""资本公积""库存股""盈余公积"等项目应根据有关总账账户的余额直接填列。

（2）根据有关总账账户的期末余额分析填列。

资产负债表中某些项目的内容涵盖范围广，应根据几个总账账户的期末余额分析填列。如"货币资金"项目，应根据"库存现金""银行存款""其他货币资金"三个总账账户的期末余额合计数填列；"存货"项目，应根据"原材料""委托加工物资""周转材料""库存商品""生产成本""材料成本差异"等总账账户期末余额的分析汇总数，再减去"存货跌价准备"账户余额后的净额填列；"未分配利润"项目，应根据"本年利润"账户和"利润分配"账户的期末余额分析计算填列，若为负数表示未弥补的亏损，以"-"反映。

（3）根据有关明细账户的期末余额分析填列。

资产负债表中某些项目应根据相应几个总账账户所属明细账户余额计算填列。如"预付账款""应付账款""预收账款""应收账款"项目。

① "应收账款"项目金额 = "应收账款"明细账户借方余额 + "预收账款"明细账户借方余额（假定不考虑坏账准备）

② "预收账款"项目金额 = "应收账款"明细账户贷方余额 + "预收账款"明细账户贷方余额

③ "预付账款"项目金额 = "预付账款"明细账户借方余额 + "应付账款"明细账户借方余额

④ "应付账款"项目金额 = "应付账款"明细账户贷方余额 + "预付账款"明细账户贷方余额

（4）根据有关总账账户和明细账户的期末余额分析填列。

如"长期借款"项目，应根据"长期借款"总账账户期末余额扣除"长期借款"明细账户中将在一年内到期且企业不能自主地将清偿义务延期的长期借款后的金额填列；"应付债券"项目，应根据"应付债券"总账账户期末余额扣除"应付债券"明细账户中将在一年内到期数额后的金额填列；"长期待摊费用"项目，应根据"长期待摊费用"账户的期末余额扣除将于一年内（含一年）摊销的数额后的金额填列。将于一年内摊销完毕的数字，应当填列在流动资产下"一年内到期的流动资产"项目中。

（5）根据有关总账账户期末余额减去备抵账户余额后的净额填列。

如"应收账款""应收票据""其他应收款""存货""长期股权投资""固定资产""工程物资""在建工程""无形资产"等项目，应根据总账账户期末余额分别减去相应减值准备账户后的净额填列。"固定资产"项目，应根据"固定资产"总账账户期末余额减去"累计折旧"和"固定资产减值准备"账户余额后的净额填列；"无形资产"项目，应根据"无形资产"总账账户期末余额减去"累计摊销"和"无形资产减值准备"账户期末余额后的净额填列。

（6）报表中的合计与总计，应根据报表项目之间的关系计算填列。

资产负债表的"年初余额"栏通常根据上年末有关项目的期末余额填列，且与上年末资产负债表"期末余额"栏一致。如果企业上年度资产负债表规定的项目名称和内容与本年度不一致，应当对上年末资产负债表相关项目的名称和数字按照本年度的规定进行调整，填入"年初余额"栏。

## 2. 资产负债表各项目的填列方法

（1）资产项目的列报说明。

"货币资金"项目，应根据"库存现金""银行存款""其他货币资金"科目期末余额的合计数填列。

"交易性金融资产"项目，反映资产负债表日企业分类为以公允价值计量且其变动计入当期损益的金融资产，以及企业持有的指定为以公允价值计量且其变动计入当期损益的金融资产的期末账面价值。该项目应根据"交易性金融资产"科目相关明细科目的期末余额分析填列。自资产负债表日起超过一年到期且预期持有超过一年的以公允价值计量且其变动计入当期损益的非流动金融资产的期末账面价值，在"其他非流动金融资产"项目反映。

"应收票据"项目，反映企业因销售商品、提供劳务等而收到的商业汇票，包括银行承兑汇票和商业承兑汇票。本项目应根据"应收票据"科目的期末余额，减去"坏账准备"科目中有关应收票据计提的坏账准备期末余额后的金额填列。

"应收账款"项目，反映企业因销售商品、提供劳务等经营活动应收取的款项。本项目应根据"应收账款"和"预收账款"科目所属各明细科目的期末借方余额合计数，减去"坏账准备"科目中有关应收账款计提的坏账准备期末余额后的金额填列。

"预付款项"项目，反映企业按照购货合同规定预付给供应单位的款项等。本项目应根据"预付账款"和"应付账款"科目所属各明细科目的期末借方余额合计数计算分析填列。

"应收利息"项目，反映企业应收取的债券投资等的利息。本项目应根据"应收利息"科目的期末余额，减去"坏账准备"科目中有关应收利息计提的坏账准备期末余额后的金额填列。

"应收股利"项目，反映企业应收取的现金股利和应收取其他单位分配的利润。本项目应根据"应收股利"科目的期末余额，减去"坏账准备"科目中有关应收股利计提的坏账准备期末余额后的金额填列。

"其他应收款"项目，反映企业除应收票据、应收账款、预付账款、应收股利、应收利息等经营活动以外的其他各种应收、暂付的款项。本项目应根据"其他应收款"科目的期末余额，减去"坏账准备"科目中有关其他应收款计提的坏账准备期末余额后的金额填列。

"存货"项目，反映企业期末在库、在途和在加工中的各种存货的可变现净值。本项目应根据"材料采购""原材料""库存商品""周转材料""委托加工物资""委托代销商品""生产成本"等科目的期末余额合计，减去"受托代销商品款""存货跌价准备"科目期末余额后的金额填列。材料采用计划成本核算，以及库存商品采用计划成本核算或售价核算的企业，还应按加或减材料成本差异、商品进销差价后的金额填列。

"一年内到期的非流动资产"项目，反映企业将于一年内到期的非流动资产项目的金额。本项目应根据有关科目的期末余额填列。

"其他流动资产"项目，反映企业除货币资金、交易性金融资产、应收票据、应收账款、存货等流动资产以外的其他流动资产。本项目应根据有关科目的期末余额填列。

"债权投资"项目，反映资产负债表日企业以摊余成本计量的长期债权投资的期末账面价值。该项目应根据"债权投资"科目的相关明细科目期末余额，减去"债权投资减值准备"科目减值准备期末余额后的金额分析填列。自资产负债表日起一年内到期的长期债权投资的期末账面价值，在"一年内到期的非流动资产"项目反映。企业购入的以摊余成本计量的一年内到期的债权投资的期末账面价值，在"其他流动资产"项目反映。

"其他债权投资"项目，反映资产负债表日企业分类为以公允价值计量且其变动计入其他综合收益的长期债权投资的期末账面价值。该项目应根据"其他债权投资"科目相关明细科目的期末余额分析填列。自资产负债表日起一年内到期的长期债权投资的期末账面价值，在"一年内到期的非流动资产"项目反映。企业购入的以公允价值计量且其变动计入其他综合收益的一年内到期的债权投资的期末账面价值，在"其他流动资产"

项目反映。

"其他权益工具投资"项目,反映资产负债表日企业指定为以公允价值计量且其变动计入其他综合收益的非交易性权益工具投资的期末账面价值。该项目应根据"其他权益工具投资"科目的期末余额填列。

"长期股权投资"项目,反映企业持有的对子公司、联营企业和合营企业的长期股权投资。本项目应根据"长期股权投资"科目的期末余额,减去"长期股权投资减值准备"科目期末余额后的金额填列。

"投资性房地产"项目,反映企业持有的投资性房地产。企业采用成本模式计量投资性房地产的,本项目应根据"投资性房地产"科目的期末余额,减去"投资性房地产累计折旧(摊销)"和"投资性房地产减值准备"科目期末余额后的金额填列;企业采用公允价值模式计量投资性房地产的,本项目应根据"投资性房地产"科目的期末余额填列。

"固定资产"项目,反映企业各种固定资产原值减去累计折旧和累计减值准备后的净额。本项目应根据"固定资产"科目的期末余额,减去"累计折旧"和"固定资产减值准备"科目期末余额后的金额填列。

"在建工程"项目,反映企业期末各项未完工程的实际支出,包括交付安装的设备价值,未完建筑安装工程已经耗用的材料、工资和费用支出,预付出包工程的价款等的可收回金额。本项目应根据"在建工程"科目的期末余额,减去"在建工程减值准备"科目期末余额后的金额填列。

"工程物资"项目,反映企业尚未使用的各项工程物资的实际成本。本项目应根据"工程物资"科目的期末余额,减去"工程物资减值准备"科目期末余额后的金额填列。

"固定资产清理"项目,反映企业因出售、毁损、报废等原因转入清理但尚未清理完毕的固定资产的净值,以及在固定资产清理过程中所发生的清理费用和变价收入等各项金额的差额。本项目应根据"固定资产清理"科目的期末借方余额填列,如"固定资产清理"科目期末为贷方余额,以"-"填列。

"生产性生物资产"项目,反映企业持有的生产性生物资产。本项目应根据"生产性生物资产"科目的期末余额,减去"生产性生物资产累计折旧"和"生产性生物资产减值准备"科目期末余额后的金额填列。

"油气资产"项目,反映企业持有的矿区权益和油气井及相关设施的原价减去累计折耗和累计减值准备后的净额。本项目应根据"油气资产"科目的期末余额,减去"累计折耗"科目期末余额和相应减值准备后的金额填列。

"无形资产"项目,反映企业持有的无形资产,包括专利权、非专利技术、商标权、著作权、土地使用权等。本项目应根据"无形资产"科目的期末余额,减去"累计摊销"和"无形资产减值准备"科目期末余额后的金额填列。

"开发支出"项目,反映企业开发无形资产过程中能够资本化形成无形资产成本的支出部分。本项目应根据"研发支出"科目中所属的"资本化支出"明细科目期末余额填列。

"商誉"项目,反映企业合并中形成的商誉的价值。本项目应根据"商誉"科目的期末余额,减去相应减值准备后的金额填列。

"长期待摊费用"项目,反映企业已经发生但应由本期和以后各期负担的分摊期限在一年以上的各项费用。长期待摊费用中在一年内(含一年)摊销的部分,在资产负债表"一年内到期的非流动资产"项目填列。本项目应根据"长期待摊费用"科目的期末余额减去将于一年内(含一年)摊销的数额后的金额填列。

"递延所得税资产"项目,反映企业确认的可抵扣暂时性差异产生的递延所得税资产。本项目应根据"递延所得税资产"科目的期末余额填列。

"其他非流动资产"项目,反映企业除长期股权投资、固定资产、在建工程、工程物资、无形资产等资产以外的其他非流动资产。本项目应根据有关科目的期末余额填列。

(2)负债项目的列报说明。

"短期借款"项目,反映企业向银行或其他金融机构等借入的期限在一年内(含一年)的借款。

本项目应根据"短期借款"科目的期末余额填列。

"交易性金融负债"项目，反映企业承担的以公允价值计量且其变动计入当期损益的为交易目的所持有的金融负债。本项目应根据"交易性金融负债"科目的期末余额填列。

"应付票据"项目，反映企业购入材料、商品和接受劳务供应等开出、承兑的商业汇票，包括银行承兑汇票和商业承兑汇票。本项目应根据"应付票据"科目的期末余额填列。

"应付账款"项目，反映企业购买材料、商品和接受劳务供应等经营活动应支付的款项。本项目应根据"应付账款"和"预付账款"科目所属各明细科目的期末贷方余额合计数填列。

"预收款项"项目，反映企业按照购货合同规定预付给供应单位的款项。本项目应根据"预收账款"和"应收账款"科目所属各明细科目的期末贷方余额合计数填列。

"应付职工薪酬"项目，反映企业根据有关规定应付给职工的工资、职工福利、社会保险费、住房公积金、工会经费、职工教育经费、非货币性福利、辞退福利等各种薪酬。外商投资企业按规定从净利润中提取的职工奖励及福利基金，也在本项目列示。

"应交税费"项目，反映企业按照税法规定应当缴纳的各种税费，包括增值税、消费税、所得税、资源税、土地增值税、城市维护建设税、房产税、土地使用税、车船使用税、教育费附加、矿产资源补偿费等。企业代扣代缴的个人所得税，也通过本项目列示。企业所缴纳的税金不需要预计应交数的，如印花税、耕地占用税等，不在本项目列示。本项目应根据"应交税费"科目的期末贷方余额填列；如"应交税费"科目期末为借方余额，应以"－"填列。

"应付利息"项目，反映企业按照规定应当支付的利息，包括分期付息到期还本的长期借款应支付的利息、企业发行的债券应支付的利息等。本项目应当根据"应付利息"科目的期末余额填列。

"应付股利"项目，反映企业分配的现金股利或利润。企业分配的股票股利，不通过本项目列示。本项目应根据"应付股利"科目的期末余额填列。

"其他应付款"项目，反映企业除应付票据、应付账款、预收款项、应付职工薪酬、应付股利、应付利息、应交税费等经营活动以外的其他各项应付、暂收的款项。本项目应根据"其他应付款"科目的期末余额填列。

"一年内到期的非流动负债"项目，反映企业非流动负债中将于资产负债表日后一年内到期部分的金额，如将于一年内偿还的长期借款。本项目应根据有关科目的期末余额填列。

"其他流动负债"项目，反映企业除短期借款、交易性金融负债、应付票据、应付账款、应付职工薪酬、应交税费等流动负债以外的其他流动负债。本项目应根据有关科目的期末余额填列。

"长期借款"项目，反映企业向银行或其他金融机构借入的期限在一年以上（不含一年）的各项借款。本项目应根据"长期借款"科目的期末余额填列。

"应付债券"项目，反映企业为筹集长期资金而发行的债券本金和利息。本项目应根据"应付债券"科目的期末余额填列。

"长期应付款"项目，反映企业除长期借款和应付债券以外的其他各种长期应付款项。本项目应根据"长期应付款"科目的期末余额，减去相应的"未确认融资费用"科目期末余额后的金额填列。

"专项应付款"项目，反映企业取得政府作为企业所有者投入的具有专项或特定用途的款项。本项目应根据"专项应付款"科目的期末余额填列。

"预计负债"项目，反映企业确认的对外提供担保、未决诉讼、产品质量保证、重组义务、亏损性合同等预计负债。本项目应根据"预计负债"科目的期末余额填列。

"递延所得税负债"项目，反映企业确认的应纳税暂时性差异产生的所得税负债。本项目应根据"递延所得税负债"科目的期末余额填列。

"其他非流动负债"项目，反映企业除长期借款、应付债券等负债以外的其他非流动负债。本项目应根据有关科目的期末余额减去将于一年内（含一年）到期偿还后的余额填列。非流动负债各项目中将于一年内（含一年）到期的非流动负债，应在"一年内到期的非流动负债"项目内单独反映。

（3）所有者权益项目的列报说明。

"实收资本（或股本）"项目，反映企业各投资者实际投入的资本（或股本）总额。本项目应根据"实收资本（或股本）"科目的期末余额填列。

"资本公积"项目，反映企业资本公积的期末余额。本项目应根据"资本公积"科目的期末余额填列。

"库存股"项目，反映企业持有尚未转让或注销的本公司股份金额。本项目应根据"库存股"科目的期末余额填列。

"盈余公积"项目，反映企业盈余公积的期末余额。本项目应根据"盈余公积"科目的期末余额填列。

"未分配利润"项目，反映企业尚未分配的利润。本项目应根据"本年利润"科目和"利润分配"科目的余额计算填列。未弥补的亏损在本项目内以"-"填列。

### 3. 资产负债表的编制方法举例

【情景8-8】北京市惠达股份有限公司2021年6月30日结账后有关账户的期末余额如表8-3所示。

表8-3　账户的期末余额表

2021年6月30日　　　　　　　　　　　　　　　　　　　　　　　　　单位：元

| 会计账户 | 借方余额 | | 会计账户 | 贷方余额 | |
| --- | --- | --- | --- | --- | --- |
| | 期末 | 年初 | | 期末 | 年初 |
| 库存现金 | 9 563 | 6 547 | 短期借款 | 60 000 | 360 000 |
| 银行存款 | 964 200 | 785 420 | 应付票据 | 120 000 | 240 000 |
| 交易性金融资产 | 0 | 20 000 | 应付账款 | 12 900 | 12 900 |
| 应收票据 | 68 000 | 142 360 | 预收账款 | 90 050 | 101 850 |
| 应收账款 | 60 900 | 62 580 | 坏账准备 | 2 160 | 1 080 |
| 预付账款 | 120 000 | 60 000 | 应付职工薪酬 | 68 000 | 42 000 |
| 其他应收款 | 6 500 | 20 000 | 应交税费 | 247 920 | 43 920 |
| 原材料 | 2 091 860 | 2 001 450 | 应付股利 | 49 362 | 0 |
| 库存商品 | 962 600 | 1 020 000 | 其他应付款 | 60 000 | 60 000 |
| 长期股权投资 | 260 000 | 260 000 | 累计折旧 | 240 000 | 480 000 |
| 固定资产 | 2 881 500 | 1 800 000 | 长期借款 | 888 900 | 888 900 |
| 在建工程 | 684 300 | 1 800 000 | 实收资本 | 5 600 000 | 5 600 000 |
| 无形资产 | 868 000 | 960 000 | 资本公积 | 150 000 | 0 |
| | | | 盈余公积 | 149 475 | 120 000 |
| | | | 利润分配（未分配利润） | 1 238 656 | 987 707 |
| 合计 | 8 977 423 | 8 938 357 | 合计 | 8 977 423 | 8 938 357 |

有关明细科目借贷方余额如下。

①应收账款明细账户——A公司期末借方余额为86 900元、期初借方余额为86 200元；B公司期末贷方余额为26 000元、期初贷方余额为

23 620元。

②预付账款明细账户——甲公司期末借方余额为180 000元、期初借方余额为160 000元；乙公司期末贷方余额为60 000元、期初贷方余额为

100 000元。

③应付账款明细账户——丙公司期末、期初借方余额均为26 000元；丁公司期末、期初贷方余额均为38 900元。

④预收账款明细账户——C公司期末借方余额为123 600元、期初借方余额为25 100元；D公司期末贷方余额为213 650元、期初贷方余额为126 950元。

根据上述资料，编制该公司的资产负债表，如表8-4所示。

**表8-4　资产负债表（简表）**

编制单位：北京市惠达股份有限公司　　　　2021年6月30日　　　　　　　　　　　　　单位：元

| 资　产 | 期末余额 | 年初余额 | 负债和所有者权益（或股东权益） | 期末余额 | 年初余额 |
|---|---|---|---|---|---|
| 流动资产 | | | 流动负债 | | |
| 　货币资金 | 973 763 | 791 967 | 　短期借款 | 60 000 | 360 000 |
| 　交易性金融资产 | | 20 000 | 　交易性金融负债 | | |
| 　应收票据 | 68 000 | 142 360 | 　应付票据 | 120 000 | 240 000 |
| 　应收账款 | 208 340 | 110 220 | 　应付账款 | 98 900 | 138 900 |
| 　预付账款 | 206 000 | 186 000 | 　预收账款 | 239 650 | 150 570 |
| 　应收利息 | | | 　应付职工薪酬 | 68 000 | 42 000 |
| 　应收股利 | | | 　应交税费 | 247 920 | 43 920 |
| 　其他应收款 | 6 500 | 20 000 | 　应付利息 | | |
| 　存货 | 3 054 460 | 3 021 450 | 　应付股利 | 49 362 | |
| 　持有待售资产 | | | 　其他应付款 | 60 000 | 60 000 |
| 　一年内到期的非流动资产 | | | 　持有待售负债 | | |
| 　其他流动资产 | | | 　一年内到期的非流动负债 | | |
| 　流动资产合计 | 4 517 063 | 4 291 997 | 　其他流动负债 | | |
| 非流动资产 | | | 　流动负债合计 | 943 832 | 1 035 390 |
| 　债权投资 | | | 非流动负债 | | |
| 　其他债权投资 | | | 　长期借款 | 888 900 | 888 900 |
| 　长期应收款 | | | 　应付债券 | | |
| 　长期股权投资 | 260 000 | 260 000 | 　长期应付款 | | |
| 　投资性房地产 | | | 　专项应付款 | | |
| 　固定资产 | 2 641 500 | 1 320 000 | 　预计负债 | | |
| 　在建工程 | 684 300 | 1 800 000 | 　递延所得税负债 | | |
| 　工程物资 | | | 　其他非流动负债 | | |
| 　固定资产清理 | | | 　非流动负债合计 | 888 900 | 888 900 |
| 　生产性生物资产 | | | 　负债合计 | 1 832 732 | 1 924 290 |
| 　油气资产 | | | 所有者权益（或股东权益） | | |
| 　无形资产 | 868 000 | 960 000 | 　实收资本（或股本） | 5 600 000 | 5 600 000 |
| 　开发支出 | | | 　资本公积 | 150 000 | |
| 　商誉 | | | 　减：库存股 | | |
| 　长期待摊费用 | | | 　专项储备 | | |
| 　递延所得税资产 | | | 　盈余公积 | 149 475 | 120 000 |
| 　其他非流动资产 | | | 　未分配利润 | 1 238 656 | 987 707 |
| 　非流动资产合计 | 4 453 800 | 4 340 000 | 所有者权益（或股东权益）合计 | 7 138 131 | 6 707 707 |
| 资产总计 | 8 970 863 | 8 631 997 | 负债和所有者权益（或股东权益）总计 | 8 970 863 | 8 631 997 |

# 任务 8.4 利润表

## 8.4.1 利润表的概念

利润表是反映企业在一定会计期间经营成果的财务报表，其编制依据为"收入－费用＝利润"。该表是将企业一定会计期间内收入、费用和利润（或亏损）的项目进行适当分类、汇总、排列后编制而成的。

与资产负债表相比，利润表有两个显著特征：

（1）利润表反映的是报告期间而不是报告时点的动态财务数据。

（2）利润表中所列数据是报告期间相关业务项目的累计数而不是结余数。

## 8.4.2 利润表的内容和结构

### 1. 利润表的内容

利润表主要反映以下几方面的内容。

（1）营业收入。由主营业务收入和其他业务收入组成。

（2）营业利润。以营业收入为基础，减去营业成本（由主营业务成本和其他业务成本组成）、税金及附加、销售费用、管理费用、财务费用、资产减值损失，加上公允价值变动收益与投资收益（减去投资损失），即为营业利润。

（3）利润总额。营业利润加上营业外收入，减去营业外支出，即为利润总额。

（4）净利润。以利润总额为基础，减去所得税费用，即为净利润。

（5）其他综合收益。包括"以后会计期间不能重分类进损益的其他综合收益"和"以后会计期间在满足规定条件时将重分类进损益的其他综合收益"两类。

（6）综合收益总额。反映净利润与其他综合收益税后净额之和。

（7）每股收益。包括基本每股收益和稀释每股收益两项指标。

### 2. 利润表的结构

利润表一般有表首、正表两部分。其中，表首概括地说明报表名称、编制单位、编制日期、报表编号、货币名称、计量单位等；正表反映形成经营成果的各个项目和计算过程。利润表的基本结构通常有单步式和多步式两种。

（1）单步式利润表。

单步式利润表是将本期所有的收入加在一起，然后将所有的费用加在一起，相抵后一次计算出净利润额。

采用单步式利润表，虽编制方式简单，但不利于会计报表分析。单步式利润表的格式如表 8-5 所示。

（2）多步式利润表。

多步式利润表是按净利润形成的主要环节，将营业利润、利润总额、净利润、综合收益、每股收益等分步进行计算，从而得出最终成果的报表。在我国，一般采用多步式利润表，其格式如表 8-6 所示。

表 8-5　单步式利润表

编制单位：　　　　　　　　　　　　　年　月　　　　　　　　　　　　　　单位：

| 项　目 | 行　次 | 本月数 | 本年累计数 |
|---|---|---|---|
| 一、收入 | | | |
| 1. 营业收入 | | | |
| 2. 营业外收入 | | | |
| 3. 投资净收益 | | | |
| 收入合计 | | | |
| 二、成本和费用 | | | |
| 1. 营业成本 | | | |
| 2. 税金及附加 | | | |
| 3. 销售费用 | | | |
| 4. 管理费用 | | | |
| 5. 财务费用 | | | |
| 6. 营业外支出 | | | |
| 7. 所得税费用 | | | |
| 成本和费用合计 | | | |
| 三、净利润 | | | |

表 8-6　多步式利润表

会企 02 表

编制单位：　　　　　　　　　　　　　年度　　　　　　　　　　　　　　单位：

| 项　目 | 本期金额 | 上期金额 |
|---|---|---|
| 一、营业收入 | | |
| 　减：营业成本 | | |
| 　　　税金及附加 | | |
| 　　　销售费用 | | |
| 　　　管理费用 | | |
| 　　　研发费用 | | |
| 　　　财务费用 | | |
| 　　　　其中：利息费用 | | |
| 　　　　　　　利息收入 | | |
| 　加：其他收益 | | |
| 　　　投资收益（损失以"-"填列） | | |
| 　　　　其中：对联营企业和合营企业的投资收益 | | |
| 　　　　　　　以摊余成本计量的金融资产终止确认收益（损失以"-"填列） | | |
| 　　　净敞口套期收益（损失以"-"填列） | | |
| 　　　公允价值变动收益（损失以"-"填列） | | |
| 　　　信用减值损失（损失以"-"填列） | | |
| 　　　资产减值损失（损失以"-"填列） | | |
| 　　　资产处置收益（损失以"-"填列） | | |
| 二、营业利润（亏损以"-"填列） | | |
| 　加：营业外收入 | | |

| 项　　目 | 本期金额 | 上期金额 |
|---|---|---|
| 减：营业外支出 | | |
| 三、利润总额（亏损以"-"填列） | | |
| 　减：所得税费用 | | |
| 四、净利润（净亏损以"-"填列） | | |
| 　（一）持续经营净利润（净亏损以"-"填列） | | |
| 　（二）终止经营净利润（净亏损以"-"填列） | | |
| 五、其他综合收益的税后净额 | | |
| 　（一）不能重分类进损益的其他综合收益 | | |
| 　　1. 重新计量设定受益计划变动额 | | |
| 　　2. 权益法下不能转损益的其他综合收益 | | |
| 　　3. 其他权益工具投资公允价值变动 | | |
| 　　4. 企业自身信用风险公允价值变动 | | |
| 　　…… | | |
| 　（二）将重分类进损益的其他综合收益 | | |
| 　　1. 权益法下可转损益的其他综合收益 | | |
| 　　2. 其他债权投资公允价值变动 | | |
| 　　3. 金融资产重分类计入其他综合收益的金额 | | |
| 　　4. 其他债权投资信用减值准备 | | |
| 　　5. 现金流量套期储备 | | |
| 　　6. 外币财务报表折算差额 | | |
| 　　…… | | |
| 六、综合收益总额 | | |
| 七、每股收益 | | |
| 　（一）基本每股收益 | | |
| 　（二）稀释每股收益 | | |

### 8.4.3　利润表的编制方法

利润表中各项目均需填列"本期金额"和"上期金额"两栏。"上期金额"栏内的各项数字，应根据上年该期利润表的"本期金额"栏内所列数字填列。"本期金额"栏内各期数字，除"基本每股收益"和"稀释每股收益"项目外，应当按照相关账户的本期发生额填列。

**1. 利润表各项目的内容及其填列方法**

（1）"营业收入"项目，反映企业经营主要业务和其他业务所确认的收入总额。本项目应根据"主营业务收入"和"其他业务收入"科目的发生额分析填列。

（2）"营业成本"项目，反映企业经营主要业务和其他业务所发生的成本总额。本项目应根据"主营业务成本"和"其他业务成本"科目的发生额分析填列。

（3）"税金及附加"项目，反映企业经营业务应负担的消费税、城市建设维护税、资源税、土地增值税和教育费附加等。本项目应根据"税金及附加"科目的发生额分析填列。

（4）"销售费用"项目，反映企业在销售商品过程中发生的包装费、广告费等费用和为销售本企业商品而专设的销售机构的职工薪酬、业务费等经营费用。本项目应根据"销售费用"科目的发生额分析填列。

（5）"管理费用"项目，反映企业为组织和管理生产经营发生的管理费用。本项目应根据"管理费用"的发生额分析填列。

（6）"财务费用"项目，反映企业筹集生产经营所需资金等而发生的筹资费用。本项目应根据"财务费用"科目的发生额分析填列。

（7）"资产减值损失"项目，反映企业各项资产发生的减值损失。本项目应根据"资产减值损失"科目的发生额分析填列。

（8）"公允价值变动收益"项目，反映企业应当计入当期损益的资产或负债的公允价值变动收益。本项目应根据"公允价值变动损益"科目的发生额分析填列，如为损失，则以"-"填列。

（9）"投资收益"项目，反映企业以各种方式对外投资取得的收益。本项目应根据"投资收益"科目的发生额分析填列。如为投资损失，则以"-"填列。

（10）"营业利润"项目，反映企业实现的营业利润。如为亏损，则以"-"填列。

（11）"营业外收入"项目，反映企业发生的与经营业务无直接关系的各项收入。本项目应根据"营业外收入"科目的发生额分析填列。

（12）"营业外支出"项目，反映企业发生的与经营业务无直接关系的各项支出。本项目应根据"营业外支出"科目的发生额分析填列。

（13）"利润总额"项目，反映企业实现的利润。如为亏损，则以"-"填列。

（14）"所得税费用"项目，反映企业应从当期利润总额中扣除的所得税费用。本项目应根据"所得税费用"科目的发生额分析填列。

（15）"净利润"项目，反映企业实现的净利润。如为净亏损，则以"-"填列。

（16）"基本每股收益"和"稀释每股收益"项目，反映普通股或潜在普通股已公开交易的企业，以及正处在公开发行普通股或潜在普通股过程中的企业的每股收益信息。

**2. 利润表编制方法举例**

【情景8-9】北京市惠达股份有限公司2021年损益类账户发生额资料如表8-7所示。

表8-7 损益类账户发生额资料

单位：元

| 项　　目 | 借方 | 贷方 |
| --- | --- | --- |
| 主营业务收入 |  | 3 400 000 |
| 主营业务成本 | 1 200 000 |  |
| 税金及附加 | 54 000 |  |
| 销售费用 | 110 000 |  |
| 管理费用 | 230 600 |  |
| 财务费用 | 68 000 |  |
| 其他业务收入 |  | 900 000 |
| 其他业务成本 | 600 000 |  |
| 投资收益 |  | 120 000 |
| 营业外收入 |  | 60 000 |
| 营业外支出 | 120 000 |  |
| 所得税费用 | 524 350 |  |

根据上述资料，编制 2021 年度的利润表。如：表 8-8 所示。

表 8-8 利润表

编制单位：北京市惠达股份有限公司　　　　　2021 年 12 月　　　　　　　　　　　单位：元

| 项　目 | 本年累计 | 上年金额（略） |
|---|---|---|
| 一、营业收入 | 4 300 000.00 | |
| 　　减：营业成本 | 1 800 000.00 | |
| 　　　　税金及附加 | 54 000.00 | |
| 　　　　销售费用 | 110 000.00 | |
| 　　　　管理费用 | 230 600.00 | |
| 　　　　财务费用 | 68 000.00 | |
| 　　　　资产减值损失 | | |
| 　　加：公允价值变动收益（损失以"-"填列） | | |
| 　　　　投资收益（损失以"-"填列） | 120 000.00 | |
| 　　　　　其中：对联营企业和合营企业的投资收益 | | |
| 　　　　资产处置收益（损失以"-"填列） | | |
| 　　　　其他收益 | | |
| 二、营业利润（亏损以"-"填列） | 2 157 400.00 | |
| 　　加：营业外收入 | 60 000.00 | |
| 　　减：营业外支出 | 120 000.00 | |
| 　　　　其中：非流动资产处置损失 | | |
| 三、利润总额（亏损以"-"填列） | 2 097 400.00 | |
| 　　减：所得税费用 | 524 350.00 | |
| 四、净利润（净亏损以"-"填列） | 1 573 050.00 | |
| 　　（一）持续经营净利润（净亏损以"-"填列） | 0.00 | |
| 　　（二）终止经营净利润（净亏损以"-"填列） | 0.00 | |
| 五、每股收益 | | |
| 　　（一）基本每股收益 | | |
| 　　（二）稀释每股收益 | | |

## 任务 8.5　现金流量表

### 8.5.1　现金流量表的概念

现金流量表是反映企业在一定会计期间现金和现金等价物流入和流出的报表。通过现金流量表，可以为报表使用者提供企业一定会计期间内现金和现金等价物流入和流出的信息，便于使用者了解和评价企业获取现金和现金等价物的能力，据以预测企业未来现金流量。

**提示**

现金流量表是动态报表。

## 8.5.2 现金流量表的内容和结构

**1. 现金流量表的内容**

为了满足会计信息使用者阅读和利用现金流量表的需要，现金流量表不仅要反映现金流入、流出的信息，而且要结合企业的经济活动，分类反映各类活动对现金流量的影响及现金流动过程。因此，结合企业活动类别，可以将现金流量的内容分为以下三大类。

（1）经营活动产生的现金流量。

经营活动包括企业投资活动和筹资活动以外的所有交易及事项。由于行业特点不同，不同类别的企业，对经营活动范围的认定不尽相同。就制造业企业而言，经营活动主要包括销售商品、提供劳务、购买商品、支付职工薪酬、缴纳税费等。通过经营活动取得的现金收入和发生的现金支出，构成经营活动产生的现金流量。

（2）投资活动产生的现金流量。

投资活动是指企业非流动资产的构建和不包括在现金等价物范围内的投资及其处置活动。投资活动主要包括：取得和收回投资、构建和处置固定资产、购买和处置无形资产及其他非流动资产等。通过投资活动取得的现金收入或发生的现金支出，构成投资活动产生的现金流量。

（3）筹资活动产生的现金流量。

筹资活动是指导致企业资本、债务规模和构成发生变化的活动。筹资活动主要包括：吸收投资、举借和偿还各种债务、分配利润、支付利息等。通过筹资活动取得的现金收入和发生的现金支出，构成筹资活动产生的现金流量。

**2. 现金流量表的结构**

根据我国《企业会计准则第31号——现金流量表》及应用指南的规定，现金流量表主要分为正表和包含补充资料在内的报表附注两大部分。

现金流量表的正表由六项内容组成：一是经营活动产生的现金流量；二是投资活动产生的现金流量；三是筹资活动产生的现金流量；四是汇率变动对现金及现金等价物的影响；五是现金及现金等价物净增加额；六是期末现金及现金等价物余额。在项目排列上，按照重要性原则以及各类活动中现金流入流出情况分别按上述顺序进行。

报表附注中的补充资料主要有三项内容：一是将净利润调节为经营活动产生的现金流量；二是不涉及现金收支的重大投资和筹资活动；三是现金及现金等价物净变动情况。

## 8.5.3 现金流量表的编制方法

编制现金流量表时，列报经营活动现金流量的方法有直接法和间接法两种。采用直接法编报现金流量表，便于分析企业经营活动产生的现金流量的来源和用途，预测企业现金流量的未来前景；采用间接法编报现金流量表，便于将净利润与经营活动产生的现金流量净额进行比较，了解两者差异产生的原因，从现金流量的角度分析净利润的质量。所以，现金流量表准则规定企业应当采用直接法编制现金流量表正表，同时要求采用间接法编制报表附注。

**1. 直接法**

直接法是指通过现金收入和现金支出的主要类别直接反映来自企业经营活动现金流量的一种填报方法。一般来说现金流量应按现金流入和流出总额反映，但代客户收取或支付的现金以及周转快、金额大、期限短的项目的现金收入和支出，应以净额反映。在采用直接法填报经营活动的现金流量时，一般以利润表中的营业收入为起点，调整与经营活动有关项目的增减变动，然后计算出经营活动的现金流量。

在直接法中，现金流量表的编制以工作底稿为手段，以利润表和资产负债表数据为基础，对每一项目进行分析并编制调整分录，从而编制出现金流量表。整个工作底稿纵向分成三段：第一段是资产负债表项目,其中又分为借方项目和贷方项目两部分;第二段是利润表项目;第三段是现金流量表项目。工作底稿横向分为五栏,在资产负债表部分,第一栏是项目栏,填列资产负债表各项目名称;第二栏是期初数,用来填列资产负债表项目的期初数;第三栏是调整分录的借方;第四栏是调整分录的贷方;第五栏是期末数,用来填列资产负债表项目的期末数。在利润表和现金流量表部分,第一栏也是项目栏,用来填列利润表和现金流量表项目名称;第二栏空置不填;第三栏、第四栏分别是调整分录的借方和贷方;第五栏是本期数,利润表部分这一栏数字应和本期利润表数字核对相符,现金流量表部分这一栏的数字可直接用来编制正式的现金流量表。

采用工作底稿编制现金流量表的程序如下。

第一步,将资产负债表的期初数和期末数过入工作底稿的期初数栏和期末数栏。

第二步,对当期业务进行分析并编制调整分录。调整分录大体有以下几类:第一类是涉及利润表中的收入、成本和费用项目,以及资产负债表中的资产、负债及所有者权益项目,通过调整,将权责发生制下的收入、费用转换为现金基础;第二类涉及资产负债表和现金流量表中的投资、筹资项目,反映投资和筹资活动的现金流量;第三类涉及利润表和现金流量表中的投资和筹资项目,目的是将利润表中有关投资和筹资方面的收入和费用列入现金流量表投资、筹资现金流量中。此外,还有一些调整分录并不涉及现金收支,只是为了核对资产负债表项目期末、期初数的变动。

在调整分录中涉及现金和现金等价物的事项,并不再借记或贷记现金,而是分别记入"经营活动产生的现金流量""投资活动产生的现金流量""筹资活动产生的现金流量"有关项目,借记表明现金流入,贷记表明现金流出。

第三步,将调整分录过入工作底稿。

第四步,核对调整分录,借贷合计应当相等,资产负债表项目的期初数加减调整分录中的借贷方金额后,应当等于期末数。

第五步,根据工作底稿中的现金流量表项目编制正式的现金流量表。

### 2. 间接法

间接法是以本期净利润为起算点,调整不涉及现金的收入、费用、营业外收支以及有关项目的增减变动,计算并列示经营活动的现金流量。

由于净利润是按照权责发生制原则确定的,且包括了与投资活动和筹资活动相关的收益及费用,所以将净利润调节为经营活动现金流量,实际上就是将按照权责发生制原则确定的净利润调整为现金净流入,并剔除投资活动和筹资活动对现金流量的影响。

现金流量表准则规定企业应当采用直接法编报现金流量表,同时要求在附注中提供以净利润为基础调节到经营活动现金流量的信息。现金流量表如表8-9所示。

表8-9 现金流量表

编制单位: 　　　　　　　　　年　月　　　　　　　　　　　单位:

| 项　　目 | 本期金额 | 上期金额 |
| --- | --- | --- |
| 一、经营活动产生的现金流量 | | |
| 　销售商品、提供劳务收到的现金 | | |
| 　收到的税费返还 | | |
| 　收到的其他与经营活动有关的现金 | | |
| 　　经营活动现金流入小计 | | |
| 　购买商品、接受劳务支付的现金 | | |
| 　支付给职工以及为职工支付的现金 | | |
| 　支付的各项税费 | | |

续表

| 项　　目 | 本期金额 | 上期金额 |
|---|---|---|
| 　　支付其他与经营活动有关的现金 | | |
| 　　　经营活动现金流出小计 | | |
| 　　　　经营活动产生的现金流量净额 | | |
| 二、投资活动产生的现金流量 | | |
| 　　收回投资收到的现金 | | |
| 　　取得投资收益收到的现金 | | |
| 　　处置固定资产、无形资产和其他长期资产收回的现金净额 | | |
| 　　处置子公司及其他营业单位收到的现金净额 | | |
| 　　　投资活动现金流入小计 | | |
| 　　购建固定资产、无形资产和其他长期资产支付的现金 | | |
| 　　投资支付的现金 | | |
| 　　取得子公司及其他营业单位支付的现金净额 | | |
| 　　支付其他与投资活动有关的现金 | | |
| 　　　投资活动现金流出小计 | | |
| 　　　　投资活动产生的现金流量净额 | | |
| 三、筹资活动产生的现金流量 | | |
| 　　吸收投资收到的现金 | | |
| 　　取得借款收到的现金 | | |
| 　　收到其他与筹资活动有关的现金 | | |
| 　　　筹资活动现金流入小计 | | |
| 　　偿还债务支付的现金 | | |
| 　　分配股利、利润或偿付利息支付的现金 | | |
| 　　支付其他与筹资活动有关的现金 | | |
| 　　　筹资活动现金流出小计 | | |
| 　　　　筹资活动产生的现金流量净额 | | |
| 四、汇率变动对现金及现金等价物的影响 | | |
| 五、现金及现金等价物净增加额 | | |
| 　　加：期初现金及现金等价物余额 | | |
| 六、期末现金及现金等价物余额 | | |

**提示**

现金流量表是动态报表。

# 任务 8.6　所有者权益变动表

## 8.6.1　所有者权益变动表的概念

所有者权益变动表是反映构成所有者权益的各组成部分当期增减变动情况的报表。所有者权益变动表应当全面反映一定时期所有者权益变动的情况，不仅包括所有者权益总量的增减变动，还包括所有者权益增减变动的重要结构性信息，让报表使用者准确理解所有者权益增减变动的根源。

> **提示**
> 所有者权益变动表属于动态报表，即期间报表，反映所有者权益各组成部分的当期增减变动。

## 8.6.2　所有者权益变动表的内容和结构

### 1. 所有者权益变动表的内容

所有者权益变动表的内容包括：

（1）当期净利润。
（2）直接计入所有者权益的利得和损失。
（3）会计政策变更和差错更正的累积影响金额。
（4）所有者投入资本和向所有者分配利润等。
（5）按规定提取的盈余公积。
（6）实收资本、资本公积、盈余公积、未分配利润的期初和期末余额及其调节情况。

### 2. 所有者权益变动表的结构

所有者权益变动表以矩阵形式列示，分为"本年金额"和"上年金额"两栏，该形式能够清晰反映所有者权益各组成部分当期的增减变动情况：首先，通过列示导致所有者权益变动的交易或事项，从所有者权益变动的来源角度全面反映一定时期所有者权益的变动情况；其次，按照所有者权益各组成部分（包括实收资本、资本溢价、其他综合收益、盈余公积、未分配利润和库存股等）及其总额列示，反映交易或事项对所有者权益的影响；最后，通过列示"本年金额"和"上年金额"两个栏次，分析比较金额变动情况。所有者权益变动表的具体格式如表 8-10 所示。

表 8-10　所有者权益变动表

编制单位：　　　　　　　　年度　　　　　　　　单位：

| 项目 | 本年金额 | | | | | | | 上年金额（略） | | | | | | |
|---|---|---|---|---|---|---|---|---|---|---|---|---|---|---|
| | 实收资本（或股本） | 资本公积 | 减：库存股 | 其他综合收益 | 盈余公积 | 未分配利润 | 所有者权益合计 | 实收资本（或股本） | 资本公积 | 减：库存股 | 其他综合收益 | 盈余公积 | 未分配利润 | 所有者权益合计 |
| 一、上年末余额 | | | | | | | | | | | | | | |
| 　加：会计政策变更 | | | | | | | | | | | | | | |
| 　　　前期差错更正 | | | | | | | | | | | | | | |
| 　　　其他 | | | | | | | | | | | | | | |
| 二、本年初余额 | | | | | | | | | | | | | | |
| 三、本期增减变动金额（减少以"-"填列） | | | | | | | | | | | | | | |
| 　（一）其他综合收益 | | | | | | | | | | | | | | |

续表

| 项目 | 本年金额 | | | | | | | 上年金额（略） | | | | | | |
|---|---|---|---|---|---|---|---|---|---|---|---|---|---|---|
| | 实收资本（或股本） | 资本公积 | 减：库存股 | 其他综合收益 | 盈余公积 | 未分配利润 | 所有者权益合计 | 实收资本（或股本） | 资本公积 | 减：库存股 | 其他综合收益 | 盈余公积 | 未分配利润 | 所有者权益合计 |
| （二）所有者投入和减少资本 | | | | | | | | | | | | | | |
| 1. 所有者投入资本 | | | | | | | | | | | | | | |
| 2. 其他权益工具持有者投入资本 | | | | | | | | | | | | | | |
| 3. 股份支付计入所有者权益的金额 | | | | | | | | | | | | | | |
| 4. 其他 | | | | | | | | | | | | | | |
| （三）利润分配 | | | | | | | | | | | | | | |
| 1. 提取盈余公积 | | | | | | | | | | | | | | |
| 2. 对所有者（或股东）的分配 | | | | | | | | | | | | | | |
| 3. 其他 | | | | | | | | | | | | | | |
| （四）所有者权益内部结转 | | | | | | | | | | | | | | |
| 1. 资本公积转增资本（或股本） | | | | | | | | | | | | | | |
| 2. 盈余公积转增资本（或股本） | | | | | | | | | | | | | | |
| 3. 盈余公积弥补亏损 | | | | | | | | | | | | | | |
| 4. 设定受益计划变动额结转留存收益 | | | | | | | | | | | | | | |
| 5. 其他综合收益结转留存收益 | | | | | | | | | | | | | | |
| 6. 其他 | | | | | | | | | | | | | | |
| 四、本期期末余额 | | | | | | | | | | | | | | |

### 8.6.3　所有者权益变动表的编制方法

（1）"上年末余额"，反映上年资产负债表中实收资本（或股本）、资本公积、库存股、盈余公积、未分配利润的年末余额。

（2）"会计政策变更"和"前期差错更正"，分别反映采用追溯调整法处理的会计政策变更的累积影响金额和采用追溯重述法处理的会计差错更正的累积影响金额。

（3）"本年初余额"项目，反映"上年末余额"与"会计政策变更""前期差错更正"的合计数。

（4）"本年增减变动额"。

① "净利润"反映企业当年实现的净利润（或净亏损）金额。

② "直接计入所有者权益的利得和损失"，反映企业当年直接计入所有者权益的利得和损失金额。

③ "所有者投入和减少资本"，反映企业当年所有者投入的资本和减少的资本。

Ⅰ. "所有者投入资本"，反映企业接受投资者投入，形成的实收资本（或股本）和资本溢价或股本溢价。

Ⅱ. "股份支付计入所有者权益的金额"，反映企业处于等待期中的权益结算的股份支付，计入当年资本公积的金额。

④ "利润分配"，反映企业当年的利润分配金额。

Ⅰ. "提取盈余公积"，反映企业按照规定提取的盈余公积。

Ⅱ. "对所有者（或股东）的分配"，反映对所有者（或股东）分配的利润（或股利）金额。

⑤ "所有者权益内部结转"，反映企业构成所

有者权益的组成部分之间的增减变动情况。

Ⅰ."资本公积转增资本（或股本）"，反映企业以资本公积转增资本或股本的金额。

Ⅱ."盈余公积转增资本（或股本）"，反映企业以盈余公积转增资本或股本的金额。

Ⅲ."盈余公积弥补亏损"，反映企业以盈余公积弥补亏损的金额。

## 项目小结

本项目介绍了会计报表概述、编制会计报表前的账项调整任务、资产负债表、利润表、现金流量表和所有者权益变动表。

## 思考与练习

### 一、单项选择题

1. 下列项目中，不属于财务报告目标主要内容的是（　　）。

A. 向财务报告使用者提供与企业财务状况有关的会计信息

B. 向财务报告使用者提供与企业经营成果有关的会计信息

C. 反映企业管理层受托责任履行情况

D. 反映国家宏观经济管理的需要

2. 按照现行的会计准则，财务报表不包括（　　）。

A. 资产负债表　　　　B. 利润分配表

C. 所有者权益变动表　D. 现金流量表

3. 企业财务情况说明书不包括（　　）。

A. 企业的生产经营情况

B. 盈亏情况及利润分配情况

C. 资本结构及其变动情况

D. 会计报表重要项目注释

4. （　　）是企业对外披露会计信息最重要的手段。

A. 会计报表　　　　B. 会计账簿

C. 财务情况说明书　D. 财务会计报告

5. 资产负债表中的"未分配利润"项目，应（　　）。

A. 根据"本年利润"科目的余额填列

B. 根据"利润分配"科目的余额填列

C. 根据"利润分配——未分配利润"科目的发生额填列

D. 根据"本年利润"科目和"利润分配"科目的余额计算填列

6. 下列各项中，不属于所有者权益变动表项目的是（　　）。

A. 提取盈余公积
B. 应付债券
C. 综合收益总额
D. 所有者投入和减少资本

7. 现金流量表中，现金流量的正确分类方法是（ ）。
A. 经营活动、投资活动和筹资活动
B. 现金流入、现金流出和非现金活动
C. 直接现金流量和间接现金流量
D. 营业活动现金流量和非营业活动现金流量

8. 利润表是反映（ ）的会计报表。
A. 企业在某一特定日期生产经营成果
B. 企业在一定会计期间的财务状况
C. 企业在某一特定日期财务状况
D. 企业在一定会计期间生产经营成果

## 二、多项选择题

1. 会计报表使用者借助资产负债表提供的会计信息，可以分析出（ ）。
A. 企业资产的结构及其状况
B. 企业需要承担的债务数额
C. 企业经营活动的盈利能力
D. 企业经营活动的现金流量

2. 下列各项中，对资产负债表的作用描述正确的有（ ）。
A. 通过编制资产负债表可以反映企业资产的构成及其状况
B. 通过编制资产负债表可以分析企业的偿债能力
C. 通过编制资产负债表可以分析企业的获利能力
D. 通过编制资产负债表可以反映企业所有者权益的情况

3. 下列选项中，不属于资产负债表项目的有（ ）。
A. 库存现金
B. 待处理财产损溢
C. 利润分配——未分配利润
D. 投资收益

4. 下列各项中，属于资产负债表中流动负债项目的有（ ）。
A. 应付职工薪酬　　B. 预收账款
C. 应交税费　　　　D. 应付票据

5. 资产负债表的格式主要有（ ）。
A. 单步式　　　　　B. 账户式
C. 报告　　　　　　D. 多步式

6. 下列关于利润表的作用说法正确的有（ ）。
A. 有助于分析企业的经营成果和获利能力
B. 有助于考核企业管理人员的经营业绩
C. 有助于预测企业未来利润和现金流量
D. 有助于企业管理人员的未来决策

7. 下列各项中，在所有者权益变动表中列示的内容有（ ）。
A. 实收资本或股本
B. 资本公积
C. 其他综合收益
D. 盈余公积和未分配利润

8. 下列应该在所有者权益变动表中反映的项目有（ ）。
A. 其他综合收益
B. 支付应付职工薪酬
C. 所有者投入资本和向所有者分配利润
D. 会计政策变更和差错更正的累积影响金额

## 三、判断题

1. 现金流量表是反映企业一定期间内现金流入量和流出量信息的报表。（ ）

2. 多步式利润表中的"营业收入"即指"主营业务收入"。（ ）

3. 利润表中的大部分项目都可以根据资产负债账户的发生额填列。（ ）

4. 资产负债表是静态报表，编制时主要根据有关总账和明细账户的发生额直接填列或分析计算填列。（  ）

5. 资产负债表一般有两种格式：报告式和账户式。（  ）

6. 所有者权益变动表是反映企业当期所有者权益各构成部分增减变动情况的报表。（  ）

7. 现金流量表编制中的直接法，是指以净利润为起算点，调整不涉及现金的收入、费用、营业外收支等有关项目，剔除投资活动、筹资活动对现金流量的影响，据此计算出经营活动产生的现金流量。（  ）

8. 企业"处置固定资产、无形资产和其他长期资产收回的现金"净额，应该在经营活动产生的现金流量中反映。（  ）

## 四、简答题

1. 简述会计报表的作用。

2. 中期财务报表有哪些？

# 项目 9 会计核算程序

### 知识目标

◎ 了解会计核算程序的意义和种类；

◎ 掌握账务处理程序的格式及编制方法。

### 技能目标

◎ 掌握财务处理程序的步骤。

### 案例导入

东方公司原本是一家小规模的生产企业，但经过几年的发展，已经成为规模较大、业务繁多的大型企业。随着业务量的增加，公司会计抱怨工作量越来越大，总是加班加点也无法及时完成必要的会计工作。虽然公司增加了会计人员，但仍然无法很好地解决这个问题。于是公司咨询天平会计师事务所注册会计师王某，王某在实地了解了东方公司的会计工作流程后发现，东方公司会计核算一直以来都是根据原始凭证填制记账凭证，根据记账凭证登记日记账、明细分类账并逐笔登记总分类账，月末按要求进行对账、编制会计报表。王某指出，这样的账务处理程序在公司规模不大时是完全适用的，但由于公司规模扩大，业务量增多，仍然采用这种账务处理程序，特别是逐笔登记总分类账，必然会导致记账工作繁杂，无法提高工作效率，所以应该适当改变公司的账务处理程序，建议每月定期编制科目汇总表，根据科目汇总表填制总分类账。东方公司采纳了王某的建议，果然大大减少了会计工作量，提高了工作效率。

#### 案例思考

究竟有哪些账务处理流程？每一种账务处理流程又有什么要求呢？

### 本章导语

会计核算程序是指会计凭证、会计账簿、财务报表相结合的方式，包括账簿组织和记账程序。作为财务人员，应掌握记账凭证账务处理程序、汇总记账凭证账务处理程序和科目汇总表账务处理程序。

# 任务 9.1　会计核算程序的意义和种类

## 9.1.1　会计核算程序的概念

会计核算程序也称"会计核算组织程序"或"账务处理程序"，是指运用会计凭证和账簿对经济业务进行日常核算和提供会计信息的步骤和方法。由此可见，会计核算程序是用来规定所采用的会计凭证和会计账簿的种类与格式，以及各种账簿的记账依据、记账程序及相互关系的。不同种类的会计凭证、会计账簿，可以组合成不同的会计核算程序。为了能够连续、系统、全面、综合地核算和监督本单位的经济活动内容，取得相关的会计信息，每个会计主体应结合本单位的具体情况，设计和选择适合本单位经营管理需要的会计核算程序。

## 9.1.2　会计核算程序的意义和作用

**1. 会计核算程序的意义**

科学、合理地选择会计核算程序的意义主要包括以下三点：

（1）有利于规范会计工作，保证会计信息加工过程的严密性，提高会计信息质量。

（2）有利于保证会计记录的完整性和正确性，增强会计信息的可靠性。

（3）有利于减少不必要的会计核算环节，提高会计工作效率，保证会计信息的及时性。

**2. 会计核算程序的主要作用**

科学、合理地选择适用于本单位的会计核算程序的主要作用：

（1）可以使会计数据的处理过程有条不紊地进行，确保会计记录的正确性和完整性，提高会计信息质量的相关性和可靠性。

（2）可以减少不必要的会计核算环节和手续，节约人力、物力和财力，提高会计工作效率。

（3）可以有效实现会计核算工作的分工协作和责任划分，充分发挥会计工作的监督职能。

我国目前主要采用的会计核算程序有：记账凭证核算程序、汇总记账凭证核算程序和科目汇总表核算程序。

## 9.1.3　设计会计核算程序的要求

选择科学、合理的会计核算程序是组织会计工作，进行会计核算的前提。虽然在实际工作中有不同的会计核算程序，但是它们都应符合以下要求：

（1）要适合本单位所属行业的特点，即在设计会计核算程序时，要考虑企业自身规模的大小、经济业务性质和简繁程度，还要有利于会计工作的分工协作和内部控制。

（2）要能够正确、及时、完整地提供本单位的各方面会计信息，在保证会计信息质量的前提下，满足单位内部各部门、人员和社会各有关方的信息需要。

（3）适当的会计核算程序应当力求简化，减少不必要的环节，节约人力、物力和财力，不断提高会计工作效率。

# 任务 9.2 记账凭证会计核算程序

## 9.2.1 记账凭证会计核算程序的特点

记账凭证会计核算程序是指对发生的经济业务，先根据原始凭证或汇总原始凭证填制记账凭证，再直接根据记账凭证登记总分类账的一种会计核算程序。

记账凭证会计核算程序的特点是，直接根据记账凭证逐笔登记总分类账。它是最基本的会计核算程序，其他各种核算程序基本上都是在这种会计核算程序的基础上发展和演变而来的。

## 9.2.2 记账凭证会计核算程序的流程

（1）根据原始凭证编制汇总原始凭证。

（2）根据原始凭证或汇总原始凭证，编制收款记账凭证、付款凭证和转账凭证（也可采用通用的记账凭证）。

（3）根据收款凭证、付款凭证逐笔登记现金日记账和银行存款日记账。

（4）根据原始凭证、汇总原始凭证和记账凭证，登记各种明细分类账。

（5）根据记账凭证逐笔登记总分类账。

（6）库存现金日记账、银行存款日记账和明细分类账的余额同有关总分类账的余额核对相符。

（7）期末，根据总分类账和明细分类账的记录，编制会计报表。

记账凭证会计核算程序流程如图 9-1 所示。

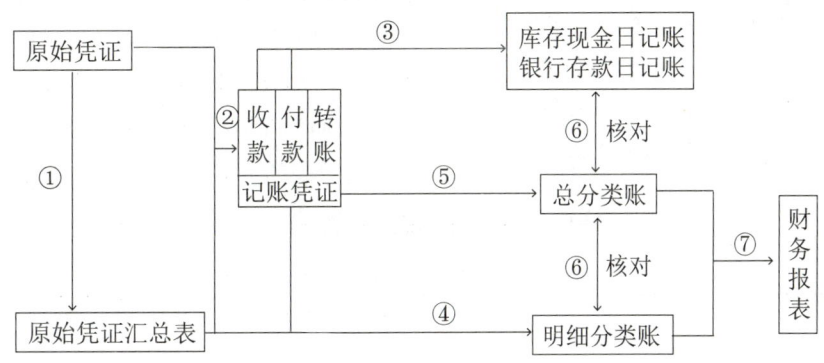

图 9-1　记账凭证会计核算程序流程

## 9.2.3 记账凭证会计核算程序的优缺点及适用范围

**1. 记账凭证会计核算程序的优缺点**

记账凭证会计核算程序的优点：简单明了，易于理解，总分类账可以较详细地反映经济业务的发生情况。

记账凭证核算程序的缺点：登记总分类账的工作量较大，账页耗用较多，预留账页多少难以把握。

**2. 记账凭证会计核算程序的适用范围**

由于记账凭证会计核算程序具有工作量大的特点，因而更适用于规模较小、经济业务较少、会计凭证不多的企业和单位。

# 任务 9.3 科目汇总表会计核算程序

## 9.3.1 科目汇总表的概念

科目汇总表是指根据一定时期内的全部记账凭证,按相同科目进行归类,并计算每一总账科目本期借方、贷方发生额编制的汇总表。

科目汇总表,又称记账凭证汇总表,是企业定期对全部记账凭证进行汇总后,按照不同的会计科目分别列示各账户借方发生额和贷方发生额的一种汇总凭证。

## 9.3.2 科目汇总表会计核算程序的特点

科目汇总表会计核算程序,又称"记账凭证汇总表账务处理程序",是指根据记账凭证定期编制科目汇总表,再根据科目汇总表登记总分类账的一种账务处理程序。

科目汇总表账务处理程序的特点是,首先将所有记账凭证汇总编制成科目汇总表;其次以科目汇总表为依据,登记总分类账。

## 9.3.3 科目汇总表的格式及编制方法

科目汇总表的编制方法是,根据一定时期内的全部记账凭证,按照会计科目进行归类,定期汇总出每一个账户的借方本期发生额和贷方本期发生额,填写在科目汇总表的相关栏内。科目汇总表可以每月编制一张,按月汇总,也可以根据需要按旬或其他期间汇总编制。任何格式的科目汇总表,都只反映各个账户的借方本期发生额和贷方本期发生额,不反映各账户间的对应关系。科目汇总表的一般格式如表 9-1、表 9-2 所示。

表 9-1 科目汇总表(格式一)

年  月  日至  日

| 会计科目 | 账页 | 本期发生额 | | 记账凭证起讫号数 |
| --- | --- | --- | --- | --- |
| | | 借方 | 贷方 | |
| | | | | |
| 合　计 | | | | |

表 9-2 科目汇总表(格式二)

年  月

| 会计科目 | 账页 | 自 1 日至 10 日 | | 自 11 日至 20 日 | | 自 21 日至 31 日 | | 本月合计 | |
| --- | --- | --- | --- | --- | --- | --- | --- | --- | --- |
| | | 借方 | 贷方 | 借方 | 贷方 | 借方 | 贷方 | 借方 | 贷方 |
| | | | | | | | | | |
| 合计 | | | | | | | | | |

## 9.3.4 科目汇总表会计核算程序的步骤

(1) 根据原始凭证填制汇总原始凭证。

(2) 根据原始凭证或汇总原始凭证填制记账凭证。

(3) 根据收款凭证、付款凭证逐笔登记库存现金日记账和银行存款日记账。

(4) 根据原始凭证、汇总原始凭证和记账凭证,登记各种明细分类账。

(5) 根据记账凭证编制科目汇总表。

(6) 根据科目汇总表登记总分类账。

(7) 期末,将库存现金日记账、银行存款日记账和明细分类账的余额与有关总分类账的余额核对相符。

(8) 期末,根据总分类账和明细分类账的记录,编制财务报表。

科目汇总表会计核算程序流程如图9-2所示。

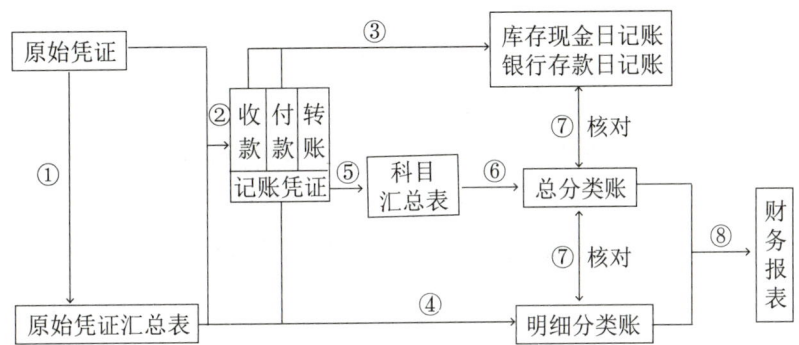

图 9-2　科目汇总表会计核算程序流程

## 9.3.5 科目汇总表会计核算程序的优缺点及适用范围

**1. 科目汇总表会计核算程序的优缺点**

科目汇总表会计核算程序的优点。

(1) 科目汇总表的编制方法比较简单,容易掌握。

(2) 可以大大减少登记总账的工作量。

(3) 科目汇总表可以起到试算平衡的作用,保证总分类账登记的正确性。

科目汇总表会计核算程序的缺点。

(1) 科目汇总表不分对应科目进行汇总,不能反映各科目的对应关系,不便于对经济业务进行分析和检查。

(2) 如果记账凭证较多,那么根据记账凭证编制科目汇总表本身也是一项很复杂的工作;如果记账凭证较少,那么运用科目汇总表登记总账就起不到简化登记总账的作用。

**2. 科目汇总表会计核算程序的适用范围**

科目汇总表会计核算程序一般适用于规模较大、经济业务较复杂、记账凭证较多的大中型企业。

# 任务 9.4 汇总记账凭证会计核算程序

## 9.4.1 汇总记账凭证会计核算程序的概念

汇总记账凭证会计核算程序,是指先根据原始凭证或汇总原始凭证填制记账凭证,定期根据记账凭证分类编制汇总收款凭证、汇总付款凭证和汇总转账凭证,再根据汇总记账凭证登记总分类账的一种会计核算程序。

汇总记账凭证会计核算程序是在记账凭证账务处理程序的基础上发展起来的,它与记账凭证会计核算程序的主要区别在于记账凭证和总分类账之间增加了汇总记账凭证环节。

## 9.4.2 汇总记账凭证会计核算程序的特点及编制方法

**1. 汇总记账凭证会计核算程序的特点**

汇总记账凭证会计核算程序的特点是先根据记账凭证编制汇总记账凭证,再根据汇总记账凭证登记总分类账。

**2. 汇总记账凭证的编制方法**

在汇总记账凭证会计核算程序中,记账凭证分为收款凭证、付款凭证和转账凭证,需要分别汇总编制"汇总收款凭证""汇总付款凭证""汇总转账凭证",然后再根据汇总记账凭证登记总分类账。

汇总记账凭证一般5天或10天汇总编制一次,每月编制一张。

(1)汇总收款凭证根据"库存现金"和"银行存款"账户的借方进行编制。汇总收款凭证是在对各账户对应的贷方账户分类之后,进行汇总编制的。总分类账根据各汇总收款凭证的合计数进行登记,分别记入"库存现金"和"银行存款"总分类账户的借方,并将汇总收款凭证卡各账户贷方的合计数分别记入有关总分类账户的贷方。汇总收款凭证的一般格式如图9-3所示。

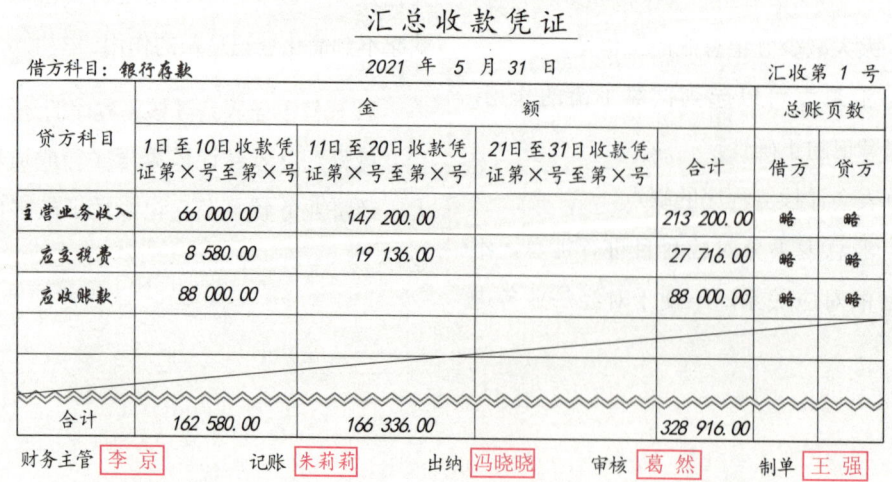

图9-3 汇总收款凭证

（2）汇总付款凭证根据"库存现金"和"银行存款"账户的贷方进行编制。汇总付款凭证是在对各账户对应的借方账户分类之后，进行汇总编制的。总分类账根据各汇总付款凭证的合计数进行登记，分别记入"库存现金""银行存款"总分类账户的贷方，并将汇总付款凭证上各账户借方的合计数分别记入有关总分类账户的借方。汇总付款凭证的一般格式如图9-4所示。

## 汇总付款凭证

贷方科目：银行存款　　　　2021 年 5 月 31 日　　　　汇付第 1 号

| 借方科目 | 金 额 | | | 合计 | 总账页数 | |
|---|---|---|---|---|---|---|
| | 1日至10日付款凭证第×号至第×号 | 11日至20日付款凭证第×号至第×号 | 21日至31日付款凭证第×号至第×号 | | 借方 | 贷方 |
| 原材料 | 160 000.00 | 24 000.00 | | 184 000.00 | 略 | 略 |
| 应交税费 | 56 420.00 | 3 120.00 | 369.60 | 59 909.60 | 略 | 略 |
| 管理费用 | | 800.00 | 440.00 | 1 240.00 | 略 | 略 |
| 库存现金 | | 5 000.00 | | 5 000.00 | 略 | 略 |
| 应付职工薪酬 | | 142 600.00 | | 142 600.00 | 略 | 略 |
| 制造费用 | | | 2 600.00 | 2 600.00 | 略 | 略 |
| 合计 | 216 420.00 | 175 520.00 | 3 436.60 | 395 349.60 | | |

财务主管 李京　　记账 朱莉莉　　出纳 冯晓晓　　审核 葛然　　制单 王强

图 9-4　汇总付款凭证

（3）汇总转账凭证通常根据所设置账户的贷方进行编制。汇总转账凭证是在对所设置账户相对应的借方账户分类之后，进行汇总编制的。总分类账根据各汇总转账凭证的合计数进行登记，分别记入对应账户的总分类账户贷方，并将汇总转账凭证上各账户借方的合计数分别记入有关总分类账户的借方。需要注意的是，在编制过程中，贷方账户必须唯一，借方账户可以是一个或多个，即转账凭证必须一借一贷或多借一贷。如果在一个月内某一贷方账户的转账凭证不多，可不编制汇总转账凭证，直接根据单张转账凭证登记总分类账。汇总转账凭证的一般格式如图9-5所示。

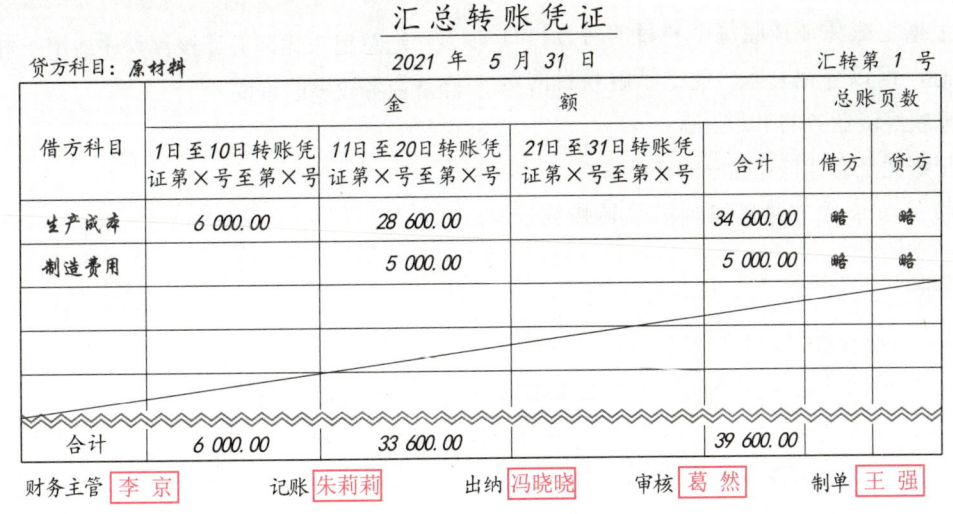

图 9-5　汇总转账凭证

### 9.4.3 汇总记账凭证会计核算程序的步骤

(1) 根据原始凭证填制汇总原始凭证。

(2) 根据原始凭证或汇总原始凭证，填制收款凭证、付款凭证和转账凭证，也可以填制通用记账凭证。

(3) 根据收款凭证、付款凭证逐笔登记库存现金日记账和银行存款日记账。

(4) 根据原始凭证、汇总原始凭证和记账凭证登记各种明细分类账。

(5) 根据各种记账凭证编制有关汇总记账凭证。

(6) 根据各种汇总记账凭证登记总分类账。

(7) 期末，将库存现金日记账、银行存款日记账和明细分类账的余额与有关总分类账的余额核对相符。

(8) 期末，根据总分类账和明细分类账的记录，编制财务报表。

汇总记账凭证会计核算程序流程如图9-6所示。

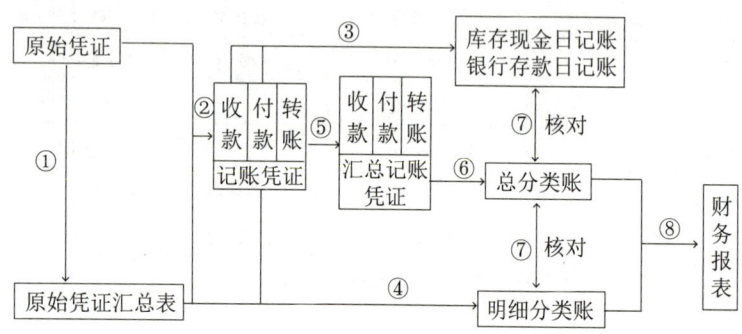

图 9-6 汇总记账凭证会计核算程序流程

### 9.4.4 汇总记账凭证会计核算程序的优缺点及适用范围

**1. 汇总记账凭证会计核算程序的优缺点**

汇总记账凭证会计核算程序的优点：

(1) 月末根据汇总记账凭证一次登记总分类账，减轻了登记总分类账的工作量。

(2) 根据记账凭证按照每个科目的对方科目整理、汇总，据以登记总账，便于了解科目的对应关系，反映经济业务的来龙去脉。

汇总记账凭证会计核算程序的缺点：

(1) 按每一个贷方科目编制汇总转账凭证，不利于会计核算的日常分工。

(2) 当记账凭证较多时，编制记总转账凭证的工作量较大。

**2. 汇总记账凭证会计核算程序的适用范围**

汇总记账凭证会计核算程序适用于规模较大、经济业务较多的单位。

## 项目小结

本项目介绍了会计核算程序的概念、会计核算程序的意义和作用、设计会计核算程序的要求、记账凭证会计核算程序的特点、记账凭证会计核算程序的步骤、记账凭证会计核算程序的优缺点及适用范围、科目汇总表的概念、科目汇总表会计核算程序的特点、科目汇总表的格式及编制方法、科目汇总表会计核算程序的步骤、科目汇总表会计核算程序的优缺点及适用范围、汇总记账凭证会计核算程序的概念、汇总记账凭证会计核算程序的特点及编制方法、汇总记账凭证会计核算程序的步骤、汇总记账凭证会计核算程序的优缺点及适用范围。

## 思考与练习

### 一、单项选择题

1. 下列各项不是会计凭证、会计账簿、会计报表相结合方式的称谓的是（　　）。
   A. 账务处理程序
   B. 会计核算组织程序
   C. 会计核算形式
   D. 会计组织形式

2. 直接根据记账凭证逐笔登记总分类账的账务处理程序是（　　）。
   A. 记账凭证账务处理程序
   B. 汇总记账凭证账务处理程序
   C. 科目汇总表账务处理程序
   D. 日记总账账务处理程序

3. 采用记账凭证账务处理程序时，登记总账的依据是（　　）。
   A. 原始凭证　　　B. 记账凭证
   C. 日记账　　　　D. 科目汇总表

4. 汇总记账凭证账务处理程序的特点是根据（　　），登记总账。
   A. 记账凭证
   B. 汇总记账凭证
   C. 科目汇总表
   D. 记账凭证和汇总记账凭证

5. 在科目汇总表账务处理程序下，登记总分类账的依据是（　　）。
   A. 记账凭证
   B. 科目汇总表
   C. 汇总记账凭证
   D. 记账凭证和科目汇总表

6. 下列选项中关于科目汇总表账务处理程序的表述正确的是（　　）。
   A. 适用于规模较小、经济业务量较少的单位
   B. 编制科目汇总表的工作量较大
   C. 减轻了登记总分类账的工作量，并可做到试算平衡
   D. 能够反映各个账户之间的对应关系

7. 科目汇总表是依据（　　）编制的。
   A. 记账凭证　　　　B. 原始凭证
   C. 原始凭证汇总表　D. 各种总账

8. 下列各项中，（　　）不属于科目汇总表账务处理程序步骤。

A. 根据原始凭证、汇总原始凭证和记账凭证，登记各种明细分类账

B. 根据各种记账凭证编制汇总记账凭证

C. 根据科目汇总表登记总分类账

D. 期末根据总分类账和明细分类账的记录，编制会计报表

9. 下列各项中，属于汇总记账凭证账务处理程序优点的是（　　）。

A. 减轻了登记总分类账的工作量

B. 可进行试算平衡

C. 有助于会计核算的日常分工

D. 简单明了，易于理解

10. 下列各项中，关于汇总记账凭证账务处理程序的表述正确的是（　　）。

A. 根据汇总记账凭证登记明细分类账

B. 根据汇总记账凭证登记总分类账

C. 根据原始凭证编制汇总记账凭证

D. 不能减轻登记总分类账的工作量

## 二、多项选择题

1. 会计核算组织程序主要是（　　）内容的合理组织过程。

A. 会计凭证　　　B. 会计分录

C. 会计账簿　　　D. 会计报表

2. 账务处理程序是指（　　）的结合方式。

A. 会计报表　　　B. 会计账簿

C. 会计凭证　　　D. 原始凭证

3. 在汇总记账凭证账务处理程序下，应设置（　　）等。

A. 收款凭证、付款凭证和转账凭证

B. 汇总收款凭证、汇总付款凭证和汇总转账凭证

C. 库存现金和银行存款日记账

D. 总分类账

4. 科目汇总表账务处理程序的主要特点包括（　　）。

A. 直接根据记账凭证登记总账

B. 直接根据记账凭证登记明细账

C. 定期编制科目汇总表

D. 根据科目汇总表登记总账

5. 下列凭证中，为汇总记账凭证账务处理程序特别设置的凭证有（　　）。

A. 汇总原始凭证　　B. 汇总收款凭证

C. 汇总转账凭证　　D. 汇总付款凭证

6. 对于汇总记账凭证核算形式，下列说法错误的有（　　）。

A. 登记总账的工作量大

B. 不能体现账户之间的对应关系

C. 明细账与总账无法核对

D. 当转账凭证较多时，汇总转账凭证的编制工作量较大

7. 在汇总记账凭证核算形式下，登记总分类账的依据有（　　）。

A. 汇总原始凭证　　B. 汇总收款凭证

C. 汇总付款凭证　　D. 汇总转账凭证

8. 汇总记账凭证账务处理程序与科目汇总表账务处理程序的共同点有（　　）。

A 减少了登记总账的工作量

B. 可以比较详细地反映经济业务的发生情况

C. 简单明了，易于理解

D. 均适用于经济业务较多的单位

9. 下列各项中，（　　）属于科目汇总表账务处理程序步骤。

A. 根据原始凭证、汇总原始凭证和记账凭证，登记各种明细分类账

B. 根据各种记账凭证编制汇总记账凭证

C. 根据科目汇总表登记总分类账

D. 期末根据总分类账和明细分类账的记录，编制会计报表

10. 下列各项中，关于科目汇总表账务处理程序表述正确的有（　　）。

A. 该账务处理程序不利于单位对账目进行检查

B. 该账务处理程序可减轻单位登记总分类账的工作量

C. 该账务处理程序下单位应根据记账凭证直接登记总分类账

D. 该账务处理程序通常适用于经济业务较多的单位

## 三、判断题

1. 各单位的组织结构不同,会计管理要求不同,会计处理的程序和形式也会有所不同。（  ）

2. 各种会计核算形式的主要区别在于编制记账凭证不同。（  ）

3. 在记账凭证账务处理程序下,需要设置银行存款日记账,一般采用三栏式、多栏式和数量金额式账页格式。（  ）

4. 科目汇总表账务处理程序是在记账凭证账务处理程序的基础上发展和演变而来的。（  ）

5. 汇总记账凭证账务处理可以简化总账的登记工作,所以适应规模较大、经济业务较多的大中型企业。（  ）

6. 不论采用哪种账务处理程序,都要设置和登记总账及明细账。（  ）

7. 记账凭证账务处理程序的缺点是登记总分类账的工作量较大,适用于规模较小、经济业务量较少的单位。（  ）

8. 科目汇总表账务处理程序又称"记账凭证汇总表账务处理程序",它是根据科目汇总表登记总分类账的一种账务处理程序。（  ）

9. 汇总记账凭证账务处理程序能减轻登记总分类账的工作量,且便于了解账户之间的对应关系。（  ）

10. 科目汇总表账户处理程序的缺点主要是不能反映账户的对应关系。（  ）

## 四、简答题

1. 简述会计核算程序的意义。

2. 简述会计核算程序的作用。

# REFERENCES 参考文献

[1] 陈国辉. 基础会计 [M]. 6版. 大连：东北财经大学出版社，2018.

[2] 朱峰，李铭元. 零基础学做账 [M]. 北京：电子工业出版社，2017.

[3]《中华人民共和国现行会计法律法规汇编》编委会. 中华人民共和国现行会计法律法规汇编 [M]. 上海：立信会计出版社，2020.

[4] 付桂彦，谢经渠. 基础会计 [M]. 上海：立信会计出版社，2017.